JN418586

정치가 바로서야 경제는 산다

류동길 지음

머리말

잘 사는 나라와 못사는 나라를 결정하는 요인은 무엇인가. 흔히 지리적 위치나 자연환경을 들지만 애쓰모글루와 로빈슨은 〈국가는 왜 실패하는가〉에서 국가의 빈부 결정은 경제제도가 핵심이고 경제제도를 결정하는 것은 정치와 정치제도이며 좋은 경제제도는 좋은 정치제도에서 비롯된다고 설명한다.

한국경제가 가야할 길을 정치에 물을 수밖에 없는 게 엄연한 현실이다. 경제문제는 정치문제일 수밖에 없기 때문이다. 경제가 계속 달릴 수 있게 환경을 만드는 일은 정치의 몫이다. 경제문제는 정치와 관련되지 않은 게 없다. 정책은 선택이고 그런 선택에 영향을 주는 게 정치가 아닌가. 이번의 책 '정치가 바로 서야 경제는 산다'는 지난 2003년('경제는 마라톤이다')과 2012년('경제는 정치인이 잠자는 밤에 성장한다')에 이은 세 번째 칼럼집이다. 칼럼은 그때그때의 상황에 따라 한정된 지면에 쓴 것이어서 자세한 설명이 생략된 경우가 있고 경제적 이슈가 불거질 때마다 쓴 것이 많아 중복적으로 언급된 것도 있다. 제목을 바꾼 것도 있다.

경제문제는 먹고사는 문제다. 지구촌시대라고 하는 오늘날 각국의 경제는 세계경제와 연결돼있어 세계경제의 흐름에 영향을 받는다. 그러나 세계경제 상황이 좋을 때에도 그 흐름을 타지 못하기도 하고 밖의 사정이 나쁠 때에도 성장을 지속하는 국가도 있다. 정책적 대응과 경제주체들의 행태에 따라 그런 결과가 나타난다.

역사에서 위기가 아닌 적은 없지만 경제에서도 언제나 위기상황을 맞는다. 중요한 것은 위기를 극복할 의지와 시스템을 갖추고 있느냐 하는 점이다. 위기를 극복한 나라는 발전을 거듭했다. 현재 한국경제는 성장 동력을 잃고 있다. 기업은 움츠리고 있고 노동은 제몫 늘리기에 몰두한다. 모든 부문에서 생산성과 경쟁력이 약화되고 있는 것이다. 그 탓의 큰 부분은 한국 정치에서 찾을 수 있다. 경제와 정치는 분야를 달리하면서도 서로 영향을 주고받는다. 정치가 정치논리를 앞세워 경제에 잘못 개입하면 경제활동은 위축된다. 정치적 인기관리에 경제가 예속되는 경우가 그렇다. 성장에 앞서 복지를 강조하는 게 그러한 예다.

복지의 중요성은 누구도 부정하지 않는다. 문제는 복지확대를 가능케 할 바탕인 경제성장과 재정건전성 등을 결코 소홀히 해서는 안 된다는 점이다. 선거에서는 복지보따리를 많이 풀려는 정치인이 이긴다. 유권자는 현명한 것 같아도 그렇지 않은 경우도 흔하다. 국민에게 땀과 고통분담을 요구하는 리더나 리더그룹이 있어야 한다. 2005년 독일의 슈뢰더 총리는 총선을 앞두고 개혁을 단행, '유럽의 병자' 독일 경제를 살렸지만 그 개혁 때문에 총선에 패배했다. 슈뢰더는 정파와 정당의 이익보다 국민의 이익을 먼저 챙기면서 "지도자는 선거에서 패배하더라도 개혁해야한다"고 했다. 슈뢰더를 이어 총리가 된 메르켈은 "새 시대를 열게 해준 슈뢰더 총리에게 감사한다"고 했다. 이와 같은 정권 이어받기 정치를 우리는 언제 볼 수 있을까. 이기든 지든 더 잘하기 경쟁을 벌여 다음을 기약하며 전진하는 그런 정치를 국민은 보고 싶은 것이다.

경제가 활력을 찾아 지속적으로 성장하려면 변화하는 환경에 선제적으로 대응해야한다. 고비용 저효율 구조를 벗어나야하고 어떤 부문에서든 생산성과 경쟁력을 키워야한다. 모든 경제주체가 제 역할을 다해야 경제는 성장한다. 그래서 경제를 오케스트라에 비유하는 것이다.

지금은 4차 산업혁명 시대다. 인류역사에서 지금처럼 큰 변화를 겪는 시대는 없었다. 초고속으로 기술발전이 이뤄지고 있는데 멈칫하면 쇠망하게 돼있다. 그런데 정치권을 보라. 과거를 붙들고 시비하면서 4차 산업혁명과 미래를 말한다. 그들이 말하는 4차 산업혁명과 미래는 어떤 것인가. 경제혁신을 가로 막는 장벽, 다시 말해 기업 옥죄는 규제와 시대착오적인 노동계 행태부터 헐어야한다. 이런 걸 그냥 두고 경제 활성화와 일자리 창출을 말하는 건 허공의 메아리다.

이 책을 펴내도록 도움을 준 숭실대 황준성 총장과 출판부 출판팀장 이기문님에게 고마운 뜻을 표한다.

2018년 8월

목 차

제7부 기업 살리기와 때리기

제8부 교육과 대학교수의 정치참여

제1부

문재인 정부 출범과 정책

01 새 정부 최우선으로 해야 할 일

새로운 대통령을 뽑는 선택의 날은 밝았다. 대통령 탄핵 전후과정과 대선전을 거치면서 증폭됐던 국론분열과 갈등은 이제 마무리돼야한다. 대선전은 정책대결 아닌 말씨름과 온갖 루머, 비방과 적대감이 난무한 혼란의 터널이었다. 터널을 빠져나오면 밝은 풍광이 전개돼야한다. 새 대통령과 정부에 맡겨진 과제는 이처럼 무겁다.

그동안 나라 안팎의 사정은 급박하게 돌아갔지만 우리는 6개월 이상 지도력 공백과 갈등의 시간을 보냈다. 하루 늦으면 1년, 10년 뒤처지게 돼있는 게 오늘의 세계다. 이제 뛰어야한다.

새 대통령은 당선 기쁨을 누릴 시간이 없다. 새 대통령과 정부는 국민통합을 이루어 안보 다지기와 경제 위기탈출, 법치(法治)에 모든 힘을 쏟아야한다. 안보가 무너지면 모든 것이 끝장이다. 북한의 핵위협과 도발은 현재 진행형이다. 그런데도 우리 사회의 위기의식은 실종됐다. 미국의 국무 · 국방장관과 중앙정보국장 등 외교안보라인 주요 인사들과 마이크 펜스 부통령이 한국을 다녀간 걸 보면 한반도 정세는 불안하다는 반증이다. 무슨 일이 일어날 것만 같다.

한국이 배제된 채 한반도 문제가 논의되고 있는, 이른 바 '코리아 패싱(Korea Passing)' 현상은 여간 우려할 일이 아니다. 트럼프 정부는 엉뚱하게 사드 비용 부담과 한미 FTA 재협상 이야기를 하고 있다. 미국 정부와 외교 · 통상교섭과 동맹관계를 강화할 필요성이 커졌고 한반도 위기 대처를 위한 논의를 다시 시작해야 한다. 한 · 일 관계도 복원해야 하고 사드문제로 한국에 치졸한 경제적 압력을 넣고 있는 중국에 대응할 전략도 짜야한다.

외교 · 안보 못지않게 중요한 건 먹고사는 문제, 다시 말해 경제 활성화와 일자리 만들기다. 이를 위해 진짜 중요한 건 '고통 분담'이다. 그런데 대선 후보들은 국민이 해야 할 일은 말하지 않고 재원대책 없는 퍼주기 복지공약만 쏟아냈다. 제왕적 대통령을 문제 삼으면서 제왕처럼 모든 걸 다 해주겠다는 건 공약(空約)이나 다름없다. 일찍이 영국의 처칠 총리는 국민에게 "(내가 여러분께 줄 수 있는 것은) 피와 노고와 눈물과 땀밖에 없습니다"라고 말해 영국 국민들을 단합시켜 2차 세계대전에서 승리하도록 만들지 않았던가.

우리는 어느새 경제성장의 중요성을 잊고 있다. 성장률을 1% 포인트 더 높이면 분배 가능한 부가가치는 15조원(국내총생산 1500조원의 1%) 증가한다. 복지증대를 위한 성장의 중요성을 어찌 외면한단 말인가.

일자리는 기본적으로 기업이 만든다. 기업을 겁박하면서 일자리 타령을 해서는 안 된다. 비리기업을 응징하는 건 당연하지만 기업을 옥죄는 규제와 반(反)기업정서 확산은 일자리를 없애고 경제를 죽이는 독이다. 기업의 발목을 잡는 규제만 없애도 수십만 개 일자리는 늘어난다. 규제와 반기업정서, 생산성을 웃도는 노동비용과 강성노조 등으로 대기업은 물론 중소기업도 국내투자를 접고 해외로 나간다. 국내에 일자리 만들지 못하는 이유가 여기에 있다. 지난 20년 간 현대・기아차는 국내 생산공장 건설을 중단했고 해외생산이 국내생산을 추월했다. 대한상의 보고서에 따르면 지난 10년 동안 해외로 나간 국내 기업의 일자리가 110만 개였다. 해외로 나간 기업을 다시 불러들일 방안도 찾아야한다. 벤처창업을 말하지만 중요한 건 청소년 때부터 기업의 역할과 기업가정신을 일깨워주는 일이다. 기업에 대한 부정적 인식을 가진 어린이가 성장해서 창업을 하거나 기업가가 되려고 하겠는가.

새로운 대한민국 건설에 필요한 건 법치 확립이다. 정치권은 물론 노사관계에도 교육계에도 일상생활에도 불법관행이 퍼져있다. 법을 어기는 일을 민주화나 정의로 포장되기도 한다. 그런 나라가 제대로 된 나라일 수 없다. 사건 사고가 나면 이를 정치 쟁점화 하는 행태도 뿌리 뽑아야 할 적폐다. 법치를 제대로 해야 나라는 바로 선다. 새로운 대한민국 만들기는 새 정부가 어떻게 하느냐에 달렸다.

〈디지털타임스. 2017-05-09〉

02 문재인 정부의 정책 평가

문재인 정부의 정책에 대한 평가는 현재로서는 제한적일 수밖에 없다. 정책은 선택이다. 정권이 바뀌면 정책이 달라지는 건 당연하다. 어떤 정부든 새로 출범하면 '하고 싶은 일'을 하고자 서둔다. 그러나 조급증을 떨쳐내야 유능한 정부가 된다. 물적 · 인적자원과 예산 등 동원할 자원에는 한계가 있다. 좋은 정책은 자원의 제약을 전제로 우선순위를 따져 시행하는 것이다.

어느 정권이든 집권기간에 무엇을 이루어내고자 한다. 하지만 집권 기간의 성취는 10년, 20년, 100년 후의 바람직한 모습의 국가를 만드는 주춧돌과 같은 것이어야 한다. 정권은 유한하지만 국가는 영속해야 하기 때문이다. 정권이 바뀌고 정책이 달라도 앞선 정부의 바턴을 이어받아 수정 보완하며 앞으로 달리는 계주(繼走)여야 국가는 발전한다.

미국 대통령경제자문위원회 위원장을 지낸 허버트 스타인 교수는 1992년 11월 한 신문 칼럼에서 클린턴 대통령 당선자에게 "대통령 당선자들은 취임 100일의 위업에 마음을 뺏긴다. 그러나 취임 후 100일 간 무엇을 할 것인가를 생각할 것이 아니라 앞으로 20년 동안 미국의 상황을 개선하기 위해 4년간 무엇을 할 것인가를 생각하라"고 했다. 문재인 정부 집권 기간의 성취는 10년, 20년, 100년 후의 바람직한 모습의 국가를 만드는 데 도움이 될 주춧돌과 같은 것이어야 한다. 5년 임기의 정권에게 20년 후를 생각하라는 주문은 무리일까.

국가적 과제를 해결해 가는 일이 쉬울 리가 없다. 어려움이 어디에서 비롯됐든 국가적 과제를 푸는 건 집권정권의 몫이다. 전(前) 정부에 탓을 돌린다고 책임에서 자유로울 수가 없다. 우리의 외교 · 안보상황과 경제전망은 밝지 않다. 안보를 다지는 일에 머뭇거릴 까닭이 있는가.

쌓이는 국가적 과제는 제때에 풀어야한다. 외교와 안보환경은 우리에게 유리하지 않다. 경제전망도 밝지 않다. 이런 상황에서 문재인 정부는 '하고 싶은 일'을 할 게 아니라 '해야 할 일'을 우선순위에 따라 해야 한다. 아무리 유능한 정부라도 모든 일을 한꺼번에 다 할 수 없고 그래서도 안 된다. 문재인 정부의 정책을 몇 가지 항목별로 평가해보자.

◆ 소득주도 성장정책

소득주도 성장정책은 임금과 사회보장 관련 이전(移轉)소득으로 가계소득을 늘려 소비를 진작하려는 정책이다. 가계소득이 늘어나면 소비가 증가할 것이고 이는 다시 투자와 생산을 증가시켜 경제성장이 이루어질 것이라는 논리다. 저성장과 양극화 해소를 위해 일자리와 소득을 늘리는 데 정책을 집중하고, 이를 통해 분배와 성장이 선(善)순환하는 방식으로 경제 시스템을 바꾸겠다는 것이다. 공공부문 일자리 창출, 비정규직의 정규직 전환, 최저임금 인상 등을 통해 우선 가계소득을 증가시키려는 것이 소득주도 성장정책의 주요내용이다.

소득주도 성장이 가능하려면 우선 어떻게 소득을 증가시킬 것인가, 소득증가가 소비증가를 가져올 것인가, 소비증가가 기업의 투자와 생산증가로 이어질 것인가에 대한 답이 있어야 한다. 그에 대한 답이 없다면 소득증가 → 소비증가 → 투자증가 → 소득증가로 이어질 것이라고 기대할 수 없다. 소득은 성장의 결과인데 소득(분배)을 늘려 성장을 이루겠다는 정책은 마차가 말을 끌고 가겠다는 것과 같은 말이나 다름 없다. 어느 나라도 본격적으로 추진하거나 성공시킨 사례가 없다.

정부는 소득주도 성장과 복지국가 실현을 위한 100대 국정과제를 확정, 2018~2022년까지 5년간 178조원의 추가 예산을 투입한다고 했다. 대규모 재정확장 정책이다. 과거 10년간 재정지출을 경제성장 범위 내에서 관리하던 것과는 달리 집권 5년 동안 매년 재정지출 증가율을 경상성장률보다 높게 유지해서 가계소득 증가와 일자리 창출에 재정을 총동원하겠다는 것이다. 정부의 100대 국정과제에는 2020년 시간당 최저임금 1만원 목표, 아동수당 10만원 신설, 공공부문 일자리 81만 개 창출, 청년 추가고용 장려금, 기초·장애인연금 인상·어린이집 전액 국고지원 등의 내용이 포함돼있다. 더욱이 100대 국정과제 가운데 91개는 법 개정이 필요하다. 국회에서 어떤 결과가 나올지는 알 수 없다.

재정확대를 말하면서도 재원조달 방법은 분명하게 제시하고 있지 않다. 일부 대기업과 고소득층 증세로는 턱없이 부족하다. 결국 광범위한 증세를 하거나 재정적자로 대처한다면 소득주도 성장정책은 실제로는 '세금주도 성장' 또는 '부채주도 성장'이 될 수밖에 없다. 재정건전성이 무너지면 그건 바로 국가부채의 증가다. 그리스 등 남유럽 국가들이 소득 주도 성장론과 비슷한 정책을 편 결과 국가 파산위기에 몰렸다는 걸 우리는 안다. 경제를 지속적으로 성장시키려면 모든 부문에서 혁신과 생산성이 제고돼야한다. 경제와 사회 전체의 효율과 생산성을 높이지 않는 소득주도 성장은 지속될 수 없는 것이다.

위기는 언제나 닥친다. 운동경기도 그렇지만 경제는 위기를 극복하면서 발전한다. 한국은 위기상황이다. 위기가 어디에서 비롯된 것이든 위기극복의 책임은 문재인 정부에 있다. 일자리 부족이나 기업 활력의 부진 등은 단기간에 쉽게 해소될 문제는 아니다. 기업을 마음껏 뛰게 해야 경제는 활력을 찾는다. 기업을 움츠리게 해놓고 경제를 살릴 방법을 찾는 건 모순이다. 기업을 뛰게 할 규제혁파 정책은 보이지 않고 투자심리를 위축시키는 정책은 쏟아진다. 법인세율 인상, 최저임금 인상 등이 그것이다.

❖ 복지확대와 재정적자

문재인 정부의 복지확대 보따리는 풍성하다. 미용과 성형을 제외한 모든 건강보험 비(非)급여 항목이 2022년까지 단계적으로 건강보험 적용대상이 된다. MRI(자기공명영상), 로봇수술, 2인실 사용 등도 보험적용대상이다. 건보보장 확대에 소요되는 비용은 2017~2022년 누적 30조6000억 원이다. 이 비용을 현재 21조원인 건강보험 적립금 중 일부를 쓰고 국고지원을 늘리거나 건강보험료 인상으로 조달한다는 것이다. 건강보험만 생각한다면 더 많이 혜택을 주는 걸 누가 마다하겠는가. 국고 지원이나 건보료 인상에도 한계가 있다. 국가가 챙길 일은 건강보험만이 아니다.

2006년 노무현 정부 때 '6세 이하 무상 입원비' 정책을 도입했다. 그러자 어린이 입원 환자폭증으로 비용을 감당할 수 없어 의욕을 앞세운 그 정책은 결국 2년 만에 폐기됐다. 우리 사회의 급속한 고령화는 그렇지 않아도 의료수요는 늘어나게 돼있는데 노무현 정부 때의 어린이 환자 폭증에서 보듯 과잉진료를 부추길 것이고 이는 필연적으로 소요비용을 당초 추산한 것보다 크게 증가시킬 것이다. 건강보험 보장 강화는 다른 한편으로 의료산업을 위축시킬 가능성도 충분히 예상된다. 의료비 보장 강화를 기뻐하고 있을 일만은 아니다.

건보 확대 추진에 소요될 금액은 30조6000억 원이라지만 더 늘어날 건 뻔하다. 기초연금을 월 30만원으로 인상하는데 21조8000억 원, 기초생활보장 수급자 약 90만명을 새로 늘리면 3년간 4조3000억 원이 들고 2022년까지는 총 10조원이 들어간다.

정부의 100대 국정과제 추진에 5년간 178조원 이외에 얼마가 추가될 것인지 누가 알겠는가.

세금을 더 걷어 들이지 못하면 국가부채를 늘일 수밖에 없다. 심각한 문제는 한 번 시행된 복지정책은 되돌리기는 불가능에 가깝다는 점이다. 우리 사회의 급속한 고령화로 기초연금이나 건강보험을 지금처럼 운영해도 늘어나게 돼있다. 지금도 국가예산의 3분의 1이 복지지출에 들어간다. 문재인 대통령은 취임 100일 기자회견에서 "산타클로스 같은 정책이라고 걱정하지만 충분히 재원을 감당할 수 있다"고 했다. 아무리 따져 봐도 재원마련방안은 분명하지 않다. 정부는 "5년 동안은 문제없다"고 하지만 5년만 버티면 될 일은 아니다. 한 번 늘여놓은 복지는 줄일 길이 없어진다. 문재인 정부 5년 동안은 버틸 수 있다고 하자. 그다음은 어떻게 할 것인가.

문 대통령은 "국민이 합의하면 증세를 검토할 수 있다"고 했다. 근로소득자의 거의 절반이 면세자인데 고소득자와 법인세 등 소수의 부담만으로 복지수요를 충당하기엔 턱없이 모자란다. 더욱이 법인세 인상은 세계적 추세와 역행할 뿐 아니라 일자리 창출과 배치된다. 복지확대는 우리가 가야 할 길이지만 국가재정을 축내면서 가서는 안 되는 길이다. 보편적 복지는 보편적 과세로만 가능한 것인데 "서민과 중산층에 대한 증세는 없다"고 했으니 복지비용을 누가 어떻게 감당할 것인가. 결국 미래 세대에 짐을 지우는 국가부채 증가로 이어질 수밖에 없다.

프랑스 혁명당시 좌파 자코뱅당의 지도자 로베스피에르의 '반값 우유'사건을 보라. 비싼 우유 값을 불평하는 서민들의 환심을 사기 위해 우유 값을 반으로 내리라고 명령 → 명령 어기면 단두대에 세우겠다고 협박 → 농민들 비싼 건초 값 때문이라며 젖소사육 포기 → 암시장 우유 값 폭등 → 건초 값 인하 명령 → 건초생산 감산 → 건초 값 폭등 → 우유공급 감소 → 우유 값 폭등을 가져왔다. 인기정책은 달콤해도 그 결과는 쓰다. 복지를 확충하기 위해 서두를 일은 복지의 기반 강화다. 그건 바로 기업의 기(氣) 살리기와 경제 활성화다.

◆ 일자리 창출

일자리 창출은 시급한 과제다. 그렇다고 해서 정부가 고용주체가 돼 직접 일자리를 만들려고 해서는 안 된다. 일자리는 기업이 만든다. 공무원 증원이 일자리 창출은 아니다. 정부가 만들겠다는 '공공부문 일자리 81만 개'는 국민 부담을 늘일 뿐이고 그건 세금으로 일자리 만드는 것에 불과하다. 민간 기업이 일자리를 만들지 못하니까 정부가 나설 수밖에 없다고 하는 건 축구선수들이 골을 넣지 못한다고 심판이 골을 넣겠다고 하는 것과 다를 바 없다.

정부의 일자리 사업은 좋은 일자리 만들기보다 일자리 숫자에만 집착하는 인상이 짙다. 심각한 청년실업은 공공부문이나 공무원 수를 늘려서 쉽게 해결할 수 있는 문제가 아니다. 청년들이 공무원이 되겠다고 몰리는 것은 좋은 일자리가 부족하기 때문이다. 중국 베이징 대학가의 중관촌(中關村)은 청년 창업의 천국이 돼있고 한국의 서울 노량진은 공시(公試)의 메카가 돼있다. 중국 청년들은 백만장자가 될 꿈을 꾸는데 노량진 청년들은 공무원 되겠다고 청춘을 건다. 공시 합격률은 2016년의 경우 1.8% 불과한데 그 많은 청년들은 어디로 가는가. 청년 취업난은 규제 입법, 타성적 행정, 기업을 적대시하는 사회적 풍토가 반영된 총체적 결과다.

정부는 기업이 일자리를 만들 수 있게 환경을 조성해야한다. 기업의 발목을 잡는 규제만 없애도 수십만 개 일자리는 늘어난다. 규제와 반(反)기업정서, 생산성을 웃도는 노동비용과 강성노조 등으로 대기업은 물론 중소기업도 국내투자를 접고 해외로 나간다. 규제의 그물은 촘촘하게 깔려있다. 설악산 오색케이블카의 무산, 각종 규제에 막힌 게임 산업 등으로 일자리를 앗아가면서 일자리 타령을 하는 이런 모순을 바로 잡는 일부터 해야 한다. 영리병원은 안 된다는 건 의료의 산업화를 막는다. 학교 근처에 호텔을 짓지 말라는 규제도 일자리를 앗아간다.

세계의 변화를 보라. 택시를 부르고 여행을 준비하거나 방을 빌리고 엔진부품을 설계하는 과정을 우버, 에어비앤비(Airbnb), 제너럴일렉트릭의 혁신으로 간단히 처리하고 있다. 맥킨지코리아의 분석에 따르면 세계 100대 벤처창업기업 중 57개는 한국에 있었다면 각종 규제에 발목 잡혀 시작도 못 했을 것이라는 것이다.

베트남의 인건비는 한국의 10분의 1이지만 생산성에서는 큰 차이가 없다고 한다. 지난 20년 간 현대・기아차는 국내생산 공장건설을 중단했고 해외생산이 국내생산을 추월했다. 대한상의 보고서에 따르면 지난 10년 동안 해외로 나간 국내 기업의 일자리가 110만 개였다. 한국 기업의 해외 공장이전은 근본적으로 반(反)기업정서, 가파른 임금상승, 강성노조, 규제 등이 작용한 결과다. 떠나는 기업을 붙잡고, 떠난 기업을 다시 돌아오게 하고 글로벌 투자를 유치해야 일자리는 늘어난다.

예컨대 한국의 자동차산업은 경직된 노동시장과 높은 인건비, 낮은 생산성 등으로 위기다. 한국경제신문사와 한국자동차산업협회가 분석한 국내 완성차 5개 사의 1인당 평균 임금(2016년 기준)은 연간 9213만원이었다. 일본 도요타(약 7961만원 · 2015년 기준)나 독일 폭스바겐(약 8040만원 · 2016년 기준)보다 훨씬 높다. 자동차 1대 생산 소요시간은 한국(26.8시간)이 도요타(24.1시간), GM(23.4시간)보다 많았다. 현대 기아 한국GM 르노삼성 쌍용 등 5개 국내 완성차업체 모임인 한국자동차산업협회(KAMA)가 10일 "통상임금에 따른 인건비 부담이 현실화되면 국내 생산 거점을 해외로 옮기는 방안을 검토할 수밖에 없다"는 성명을 냈다. 자동차 산업의 글로벌 생존경쟁은 치열하다. 그런데도 우리의 자동차 노조의 파업은 연례행사처럼 돼있다. 어느 나라 자동차가 앞으로 달려 나갈 것 같은가. 전기차와 수소차가 대세로 자리잡아가고 있는데 우리의 자동차산업 현장은 구름이 끼어있다.

우리의 반(反)기업정서를 보라. 그러면서 일자리 타령이다. 특히 20~30대와 학생층의 기업 비호감도는 아주 높다. 그렇게 된 데에는 일부 기업의 비리에도 책임이 있지만 더 큰 이유는 교육계와 정치권에 있다. 기업 특히 '재벌=악'이라고 가르치거나 외친다. 기업은 우리의 삶을 이 정도까지 올 수 있도록 크게 기여한 집단이다. 그런데도 기업을 매도하거나 죄인 취급한다. 한국경제와 기업의 역동성은 크게 떨어져 있다. 약화된 한국 경제의 역동성을 높이기 위해 기업가 정신을 북돋우고 기업의 혁신 활동을 조장해애 할 필요성은 절실하다. 무엇보다 중요한 건 '기업 활동 친화적 정치 · 사회 여건' 조성이다. 지금은 글로벌 경쟁시대다. 기업에 관한 규제든 법인세든 어떤 것이라도 세계적 추세를 따라야한다. 기업 활동은 기업인이 느끼는 분위기에 좌우된다는 점도 고려할 일이다.

2015년 영국 총선에서 복지 포퓰리즘으로 자멸한 노동당의 당수이자 총리였던 토니 블레어는 "좋은 일자리를 강조하면서도 우리는 일자리 창출 기업들에 적대적이었다"고 반성했다. '유럽의 병자' 독일이 고용을 늘이고 성장을 이룬 요인은 노동개혁이었다. 좌파 슈뢰더 전 총리와 하르츠 박사가 2003년부터 단기직, 시간제 근무를 도입하고 실업수당 수혜자격을 강화하는 등 노동개혁을 거세게 밀어붙였다. 정파가 다른 기민당 메르켈 총리는 전임정권의 개혁방안을 그대로 받아들여 오늘의 강한 경제를 이룬 것이다.

❖ 비정규직의 정규직화와 근로시간 단축

문재인 대통령은 취임 후 첫 외부행사로 인천공항공사를 방문, "임기 내에 공공부문 비정규직 제로시대를 열겠다"고 밝혔다. 인천공항공사 정일영 사장은 "올해 간접고용 비정규직을 포함해 1만 명을 정규직으로 전환하겠다"고 대통령에게 약속했다. 이에 따라 인천공항은 로봇도입을 통해 인력을 줄이려던 계획을 접은 것이다. 정규직 전환이 대통령 말 한마디로 해결할 수 있는 쉬운 일이었는가.

인천공항은 출발 때부터 기본 고용형태가 정부의 권장에 따른 아웃소싱이었고 이는 인천공항 흑자행진의 주요요인이었다. 2017년 5월 현재 인천공항 정규직은 1284명, 여기에 비정규직 1만여 명이 정규직으로 전환되는 경우 경영상태가 어떻게 될지 알 수 없다. 정규직 전환은 인천공항만의 문제가 아니다. 모든 공공기관에 관련될 뿐 아니라 민간 기업에도 영향을 미칠 건 분명하다. 곳곳에서 "정규직으로 전환해 달라"는 비정규직의 요구가 터져 나오고 있다.

공공기관의 비효율과 고임금 구조를 그대로 두고 비정규직만 없애라면 흑자는 감소하고 적자는 누적돼 결국 국민의 부담만 늘어날 것이다. 공공기관의 비효율과 고임금구조를 그대로 두고 비정규직을 없애는 게 그렇게 급한 일이었는가. 일자리 만들기와 비정규직의 정규직 전환은 앞뒤가 안 맞는다. 정규직화는 새로운 일자리 창출도 아니다.

똑같은 일을 하면서도 비정규직이 부당한 차별을 받는 일은 바로 잡아야한다. 그러나 직무와 급여체계가 전혀 다른 직원들을 정규직으로 전환하는 건 이와는 다른 문제다. 일시적으로 또는 계절적으로 일거리가 늘어 노동력이 필요한 경우 계약직을 쓰거나 건물관리와 청소 등을 외부 업체에 맡기는 것은 합리적 선택이다. 세계적 기업인 구글은 하도급 근로자를 7만 명이나 고용하고 있다. BMW 라이프치히공장 근로자의 절반 이상이 사내 하도급 근로자다. 나이키는 생산의 거의 대부분을 외주(外注)에 의존한다.

임금과 고용의 유연성이 없는 상황에서 저임금 비정규직을 고용할 수밖에 없는 사정도 있다. 비정규직 문제를 해결하려면 노동개혁을 통한 대기업 · 공기업 노조의 양보, 임금과 고용의 유연성 확보가 앞서야한다. 비정규직 근로자의 95%가 중소기업에 몰려있다. 기업마다 또한 업종에 따라 고용형태는 당연히 다르다. 기업이 일자리를 늘이지 못하는 건 각종 규제와 강성노조, 고비용 등 요인이 겹쳐있기 때문이다.

아무리 닦달하더라도 미래의 불확실성이 걷히지 않으면 기업은 투자와 고용을 꺼린다. 정부가 할 일은 기업이 뛸 수 있게 멍석을 펴는 일이다. 다른 사정은 그대로인데 정규직만 채용하라고 하면 신규 채용은 줄일 수밖에 없을 것이고 이는 바로 일자리 감소로 이어진다.

추진하려는 근로시간 단축(주 68시간 → 52시간)이 일자리를 늘릴 것이라는 기대는 환상에 가깝다. 근로시간 단축은 노조 등 특정 계층의 이익을 대변하는 것이지 기업, 특히 중소기업을 살리는 길도 아니다. 근로시간 단축은 우리의 과제임은 분명하다. 그러나 지금은 조금 더 많은 시간을 일해서 한 푼이라도 더 벌어야 할 근로자들이 많다. 업종에 따라 일시적으로 일거리가 밀릴 때도 있다. 지금은 과거처럼 악조건에서 장시간 노동으로 고통을 받는 그런 시대도 아니고 그런 환경도 아니다. 근로시간 단축은 인건비 증가로 이어질 것이고 그렇지 않아도 일손이 부족하고 구인난을 겪는 중소업의 어려움은 가중될 것이다.

동아일보 송평인 논설위원은 '왜 프랑스는 쇠하고 독일은 흥했나'라는 칼럼(동아일보 2017.8.9)에서 프랑스와 독일을 비교하고 있다. 프랑스는 2000년부터 일자리를 늘린다는 목적으로 법으로 주 35시간 노동제를 강제했다. 단기적으로는 일자리를 늘이는 효과가 있었지만 장기적으로는 프랑스 제품의 가격 경쟁력을 떨어뜨리고 결국은 일자리를 줄이는 결정적 요인이 됐다. 독일은 프랑스가 35시간 노동제를 도입한 것과는 달리 슈뢰더 총리가 노동시장의 유연성을 늘리기 위한 노동개혁에 성공한 결과 오늘의 독일 경제를 이루었다. 독일과 프랑스의 지도력 차이가 빚은 결과였다는 것이다.

4차 산업혁명시대는 이미 우리 곁에 와있다. 정규직 중심의 일자리 정책은 4차 산업혁명시대에 역행한다. 앞으로는 기술의 일자리 파괴효과와 자동화로 인해 자본이 노동을 대체하는 현상이 촉진된다. 기업과 근로자의 관계는 지속적 관계가 아닌 일련의 거래관계로 바뀐다. 모든 근로자가 계약직이 된다. 클라우드 슈밥 세계경제포럼회장이 '제4차 산업혁명'이라는 책에서 하는 이야기다. 그런 세상이 우리 곁에 오고 있는 것이다. 노동의 제공자는 더 이상 전통적 의미의 피고용자가 아닌 특정업무만을 수행하는 독립형 노동자가 된다. 기업은 원하는 자를 원하는 때에 원하는 방식으로 고용한다. 이른 바 긱 경제(gig economy)가 그것이다. 긱 경제는 1920년대 미국 재즈 공연장 주변에서 연주자를 그때그때 섭외해 단기공연 계약을 맺어 공연했던 '긱(gig)'에서 차용한 용어로, 필요에 따라 임시로 계약을 맺은 후 일을 맡기는 경제 형태를 뜻한다. 긱 경제는 '임시직 경제'로 표현할 수 있을 것이다. 4차 산업혁명 시대의 변화의 폭과 속도가 상상을 초월한다. 인공지능(AI)과 로봇이 인간의 노동력을 대체하거나 경쟁하고 있는데 정규직화와 근로시간 단축 등 노동시장의 낡은 틀에 사로잡혀있을 때가 아니다.

최저임금 인상

2018년도 최저임금(시간당)이 7530원으로 확정, 2017년(6470원)보다 무려 16.4% 인상됐다. 문재인 대통령의 공약인 '2020년 최저임금 1만원' 달성이 가시화된 것이다. 최저임금 인상으로 소비가 늘면 생산증대와 경제성장으로 이어질 것이라는 게 소득주도 성장론의 논리이자 희망사항이다. 최저임금은 본래 취약계층의 소득을 늘려서 분배를 개선한다는 선한 의도를 담고 있다. 그러나 지금까지의 연구를 보면 최저임금 인상의 불평등 완화효과는 미미하다. 저소득층의 삶의 질을 개선하기 위해 최저임금 인상은 필요하지만 속도가 너무 빠르다는 게 문제다. 최저임금이 오르면 상위 근로자의 임금도 오르게 돼 있는 구조는 기업의 인건비 부담 증가와 물가상승을 부채질할 가능성도 크다.

이미 사람 줄이고 근무시간 단축하고 무인 자동화기기를 들이는 곳이 늘어난다. 진짜 보호돼야 할 저임금 근로자들은 소득이 줄고 일자리에서 밀려난다. 취약계층의 소득을 늘려 분배를 개선한다는 논리는 실종된다. 선의로 포장된 정책이 어려운 사람을 더욱 어렵게 만드는 것이다. 한국은 제조업 공장의 로봇비율이 세계 1위다. 그 이유는 노조파업과 인건비 때문이다.

정부는 3조원 정도의 재정을 풀어 최저임금 인상으로 어려움을 받는 30인 미만 소상공인과 영세 중소기업을 직접 지원하겠다고 했다. 지원규모는 턱없이 부족한 것은 그렇다 치고 경제현실과 기업사정을 무시한 채 최저임금을 인상해놓고 세금으로 개인기업의 임금을 보전한다는 어이없는 정책을 편다. 그런 정책은 지속가능하지도 않다.

최저임금에는 기본급과 고정수당만 포함되고 각종 수당과 상여금 성과급 숙식비 등은 제외된다. 기업마다 임금체계가 다르지만 연봉 4000만~5000만원도 상여금·성과급과 각종 수당 등을 빼면 최저임금 대상이 될 판이다. 우선 불합리한 최저임금

기준과 산정방식부터 고쳐야 한다. 고용노동부에 따르면 100명 이상 근로자를 고용한 기업이 지급하는 실질임금 중 기본급과 고정수당의 비중은 67.1%에 불과하다.

헌법에 명시돼있듯이 최저임금제는 근로자의 고용증진과 적정임금을 보장하기 위한 제도다. 어떤 수준의 임금이 적정한가를 따지기는 쉽지 않고 국가별 비교도 기준이 달라 실상을 알기도 어렵다. 하지만 1인당 국민총소득(GNI)과 최저임금을 비교해보자. 이 비율을 보면 한국은 OECD 국가 중 상위에 속하고 2018년에는 3위 정도가 될 것으로 추정된다. 최저임금 산정기준이 다른 점을 감안하면 한국의 최저임금은 높은 편이다. 고용노동부 조사에 따르면 2016년 6월 비정규직의 시간당 임금은 1만2076원이었다. 저소득자를 실질적으로 돕겠다면 최저임금에 기댈 것이 아니라 예컨대 근로장려세제(EITC)의 확대 등 다른 방법을 찾아야 한다.

현재 최저임금 적용대상의 90% 정도는 자영업자와 영세중소기업이다. 더욱이 최저임금도 받지 못하는 근로자는 2015년 91만 5000명(한국노동연구원), 2016년에는 100만 명이 넘는 것으로 추산되고 있고 노동계는 200만 명에 이른다고 주장한다. 따지고 보면 이들은 불법 고용인 셈이다. 그렇다고 최저임금조차 지급하지 못하는 기업은 문을 닫으라고 해야 하는가. 높은 생산성에 따른 높은 임금은 모두가 바라는 바이지만 자영업과 영세기업 현장의 사정은 그러하지 못하다. 그래도 근로자는 밝은 미래를 꿈꾸며 버틴다. 그들이 희망의 끈을 놓지 않도록 배려하는 게 우리 사회 모두의 책무다. 미국 미주리주는 캘리포니아주와 뉴욕주 등에서 최저임금 올리기에 나서는 것과 정반대로 최저임금(시간 당)을 10달러에서 7.7달러로 내리기로 했다. 최저임금 인상이 자영업자와 소상공인을 파산으로 몰아 오히려 일자리를 위협하는 결과를 낳을 것이라는 이유였다.

최저임금 대폭 인상 발표 뒤에 '100년 기업' 국내 상장 1호 경방이 한국을 떠난다는 기사가 신문에 실렸다. 섬유업체를 비롯한 업체 대표들은 동남아 등지로 공장을 찾아 출장 중이라는 기사도 있다. 우리 기업들이 처해 있는 현실을 그대로 보여주고 있지 않은가. 한국의 1명 인건비로 베트남에서는 10명을 고용할 수 있다면 해외로 가지 않는 게 오히려 이상하지 않느냐고 한다. 최저임금이 오르면 제품가경을 올리고 소비자에게 비용을 떠넘기거나 비용전가 능력이 없는 대부분의 기업은 채용 축소, 자동화, 공장의 해외 이전 등으로 대응한다. 최저임금이 1% 오르면 고용은

0.14% 줄어든다는 연구도 있다. 지급능력이 낮은 영세자영업자 등 기업주들은 범법자가 될 가능성도 있다.

임금에 관한 한 노사 모두를 만족시킬 방법은 없다. 노사 대표들은 서로 상반된 주장을 하게 돼 있고 결국 공익위원들이 캐스팅보트를 쥔다. 내년 최저임금 결정에 '2020년 최저임금 1만원'은 공익위원들에게 가이드라인이 됐다. 최저임금위원의 구성과 임금결정방법에 대한 새로운 접근이 필요하다.

세계적 경쟁에서 앞서 나가며 고속도로를 달리는 기업과 고액 연봉을 받는 근로자가 있다. 그런가 하면 겨우 버티는 기업에서 최저임금에도 미치지 못하는 임금을 받는 근로자도 있다. 그게 현실세계다. 이런 현실을 타개하기 위해 노력하는 게 정책이고 또한 우리의 삶이다. 정부와 기업, 근로자와 국민 모두가 함께 힘을 보태야 한다. 정부는 기업사정을 외면한 정책을 펴서는 안 된다. 기업도 저임에만 의존하는 경영에서 탈피하는 노력을 해야 한다. 성급하게 서둘면 일을 그르친다. 어느 한 문제만 풀면 모든 게 해결될 것이라는 망상은 버려야 한다. 중요한 건 경제성장이다. 성장잠재력이 추락하면 일자리 창출도 복지증대도 불가능하다. 성장이 멈춰진 곳에 어떤 잔치가 흥겹고 풍성하겠는가.

탈(脫)원전

원전 중단과 탈(脫)원전 강화는 어이없는 일이었다. 이미 1조6000억 원이 투입됐고 공정률이 거의 30%에 이른 신고리 5 · 6호기 건설을 중단시켜놓고 법적 대표성이 없는 공론화위원회라는 걸 만들어 여론을 물어보고 건설 계속과 중단을 결정하게 한 것은 참으로 어이없는 일이었다. 차라리 어설픈 코미디라면 웃고 말 일이지만 국가 중요정책이 그렇게 결정된다는 건 웃고 그만둘 일이 아니었다.

여론은 중요하다. 그러나 여론에 물어볼 게 있고 그래서는 안 되는 게 있다. 원자력안전위원회가 법적으로 존재하고 있는데도 원전 전문가가 한 명도 없는 공론화위원회에서 원자력에 관한 전문적 지식이 없는 시민들의 의견을 물어 과학기술에 관련된 국가적 대사를 결정한다는 게 말이 되지 않는다. 탈(脫)원전을 공론으로 결정하겠다는 건 책임회피를 위한 꼼수일 뿐이다. 공론화위의 조사결과는 건설 찬성 59.5%, 건설 중단 40.5%였다. 이런 결과로 공사를 계속하게 된 건 그나마 다행스런 일이지만 공사 중단 조치로 협력사 피해액은 1000억 원, 공론조사에 투입한 예산도

46억 원에 이르렀다. 그동안 치른 사회적 갈등 비용은 헤아릴 수도 없다. 그걸 누가 보상할 것인가. 공사 중단을 지시한 당국과 최종 결정을 한 한수원 이사회에 책임을 물어야 마땅하다.

탈(脫)원전과 신고리 5·6호기 건설 중단은 문재인 대통령의 대선 공약이었다. 하지만 반대여론이 강하게 나타나자 공약을 강행하는 대신 우회하는 방법을 택했다. 원자력에 관한 전문지식이 없는 시민을 상대로 공론화과정을 거쳐 탈원전의 당위성을 확보하려는 정부의 어설픈 정책시도는 시민들의 이성적 판단에 막혔다. 공약은 중요하다. 하지만 공약에 들어있다고 해서 그것을 모두 국민이 승인 또는 동의한 것은 아니다. 공약의 정책화에는 현실적 제약이 따른다. 굳이 원전정책을 공약대로 추진하고 싶다면 당연히 법적 기구인 원자력안전위원회의 검토를 거치고 국민의 뜻을 알고 싶다면 국민을 대표하는 국회에 물어야한다. 어떻게 대통령 말 한마디로 에너지 백년대계가 백지화될 수 있는가.

문재인 대통령은 공론화위 조사 결과를 수용. "조속한 건설재개"를 천명하면서 "신규 원전 전면중단과 차질 없는 탈원전 지속추진"의 뜻을 밝혔다. 신고리 5·6호기 재개 결정 후 신규 원전 6기(신한울 3·4호기, 천지 1·2호기 등) 백지화와 노후 원전 조기 폐쇄 등 '탈원전 로드맵'을 확정함에 따라 탈원전 에너지 정책은 오히려 강화됐다. 신규 원전 매몰비용 또한 천문학적이다.

공론화위는 '원전 축소'(53.2%)의견이 '유지와 확대'(35.5%+9.7%)보다 높게 나온 것을 근거로 원전축소를 권고했지만 이는 설치 목적을 위배한 공론화위의 월권적 행위다. 공론화위는 신고리 5·6호기 건설 중단에 관한 찬반만을 도출하기 위해 설치된 것이었다. 공론화위 의견조사의 '건설 재개 이후 필요 조치사항'이라는 문항에서는 '향후 원전 안전에 더 노력해야 한다'는 의견이 제일 많았고 '탈원전 정책 유지' 의견은 13.3%에 불과했다. 그런데 이런 통계는 드러내지 않고 감추려고 했다. 어쨌든 공론화위의 조사결과와 권고에 따른다면 탈원전의 명분은 사라진다. '원전 축소'와 '탈원전'은 전혀 다른 개념이 아닌가.

풀리지 않는 의문은 여전히 남는다. 왜 건설 중인 원전을 멈춰놓고 이를 폐쇄하려 했는가 하는 점이다. 진짜 목적은 무엇이었는가. 안전성 때문이라면 전문가의 판단에 따라야지 일반 시민에게 물을 일은 아니다. 정부는 처음 원전은 위험하다고 했다가 탈원전을 해도 전기료가 오르지 않는다고 했고 원전은 경제성이 떨어진다는 사실과 다른 이야기도 했다. LNG나 신재생에너지, 대체에너지 연구개발에 힘쓰겠다는 것을 누가 마다하는가. 일본은 후쿠시마 원전사고 후 탈원전에서 원전 재가동으로 회귀한 까닭을 살펴보라. 탈원전을 밀어붙이는 경우 우리의 원전생태계와 산업기반이 무너지는 건 불을 보듯 뻔하다.

현재 원전만큼 효율성을 내는 에너지는 없다. 한국은 전체전력의 30%를 원전이 차지하고 있다. 한국은 에너지 부족 국가다. 원전에 의존해야할 필요성은 상존한다. 태양광과 풍력 등 신재생에너지로의 대체에 기대하기에는 때 이를 뿐 아니라 한계가 있다. 한국 원전기술의 우수성과 안전성은 세계가 인정한다. 한국은 원전수출 강국이다. 세계원전시장 규모는 엄청나다. 우리가 이를 외면할 이유는 어디에도 없다. 탈원전을 하면서 어떻게 원전수출을 하겠다고 할 수 있는가. 원전과 에너지문제는 정치문제도 이념문제도 아니다. 전문가의 판단이 요구되는 문제이고 경제와 안보와 우리의 생존과 직결되는 문제다. 탈원전 에너지정책을 밀어붙여서는 안 된다. 적법한 절차와 국회논의를 거치고 민관 전문가에 맡겨 풀어가야 한다.

정부는 탈원전을 해도 앞으로 5년간 전기료가 오르지 않는다고 했다. 그러나 그것은 이미 가동 중인 원전 덕택이기 때문이지 탈원전에 문제없다는 근거가 될 수 없다. 전기료 인상에 대한 우려는 앞으로 5년의 문제가 아니라 그 다음의 문제다. 문재인 정부가 5년간 원전 건설을 중단하면 그 여파는 10년, 20년 후에 나타난다. "5년 안에 전기료 올리지 않는다"는 건 의미 없는 이야기다.

전력난이 몰고 올 산업과 생활전반에 미칠 파장은 바로 국가적 재앙으로 이어진다. 원전은 곧 국가안보와 직결된다. 원자력 발전(發電)은 세계적으로 확대 추세다. 한국은 원전기술 거의 전부를 국산화했고 세계 최고의 안전도와 기술 경쟁력을 갖추고 있다. 더욱이 원전수출 강국, 세계 원전 3강인 우리가 탈원전 국가가 된다면 원전수출을 할 명분을 잃는다. 세계 원전시장 규모는 600조원에 이른다. 원전 운영까지 포함하면 원전 시장규모는 1000조원을 넘는다. 이런 걸 외면하는 우리는 어디로 가고 있고 어쩌자는 것인가.

한국은 원전 기술이나 안전성은 세계 최고 수준으로 평가받고 있다. 한국이 독자 개발한 3세대 원자로 APR 1400(신고리 5・6호기 모델)이 전 세계에서 가장 까다롭다고 평가받는 미 원자력규제위원회(NRC) 설계 인증 심사를 사실상 통과했다. 세계

최고 안전기준을 넘은 것이다. "세계 원전시장 석권이 코앞인데…"라며 한국 원자력 발전의 산증인 중 한명인 이종훈 전 한전 사장은 한탄한다.

프랑스 사회당 좌파 정부를 이끈 미테랑 대통령은 탈원전을 내걸고 집권했지만 집권 후에는 오히려 원전을 발전시켰다. 그 결과 프랑스는 지금 70% 이상의 전력을 원전에서 공급받는다. 1986년 체르노빌에서 사상 최악의 원전 사고가 발생하면서 그 직후인 1987~1989년 우리나라에선 영광 원전 3·4호기 건설을 둘러싸고 탈(脫)원전 논란이 벌어졌다. 당시 김대중 전 대통령과 평민당은 안전성 등을 문제 삼아 원전건설 중단을 요구했다. 그러나 김 전 대통령은 전문가의 조언을 듣고 '우리 상황에서 원전은 불가피하다'는 결론을 내렸고 1998년 집권 뒤에도 '원전 위주의 에너지 정책'을 유지할 것을 천명했다.

탈원전은 발전(發電)문제만은 아니다. 당초 계획한 원전을 모두 취소하면 4만개의 일자리가 사라진다. 원전 건설은 통상 계획·설계·시공·준공까지 10년 이상 걸리고 실제 공사기간만 7년이 넘는 대형 프로젝트다. 이 과정에서 대규모 인력이 필요하기 때문에 경제 활성화와 고용에 직간접적으로 미치는 영향이 크다. 전력이 남아돌아 탈원전 해도 상관없다던 정부는 지난 7월 두 차례에 걸쳐 전국 3000여 개 기업에 각각 3시간, 4시간 동안 전기 사용 감축을 지시했다고 한다. 정부가 전력 수요가 최대일 때도 가동하지 않고 예비로 남겨두는 발전설비 비중을 대폭 낮추기로 한 것으로 알려졌다. 설비예비율을 낮추면 발전소를 더 많이 지을 필요가 없다는 결론으로 이어진다. 이 때문에 정부가 '탈(脫)원전' 논리를 뒷받침하는 근거를 만들기 위한 것 아니냐는 지적이 나온다. 전력 공급 예비율이 내려가면 탈원전 홍보에 문제가 생기는 걸 막기 위한 조치였다는 걸 의심하기에 부족함이 없다.

유럽 국가는 급할 때 전기를 이웃 나라에서 수입하지만 우리는 그럴 수 없는 전력에 관한 한 섬나라다. 신고리 5, 6호기와 같은 제3세대 원전은 과거 원전보다 10배 이상 안전성이 높다. 세계 최고 수준이다. 가장 안전한 원전부터 폐쇄한다는 게 말이 되는 일인가. 탈원전을 해야 신재생, 신산업이 된다는 논리도 황당하다. 신재생에너지 개발이 어느 수준에 오른 후 원전문제를 논의하면 안 되는 이유는 어디에 있는가. 백년대계 에너지정책을 여론몰이를 하고 공론에 부쳐 결정하다는 건 어이없는 일이다. 탈원전 거두고 전기 수요를 폭발시킬 수 있는 4차 산업혁명을 감안한 에너지 백년대계를 세워야한다. 탈원전을 밀어붙이면 그건 재앙이 될 수 있다.

◆ 법인세율 인상과 부자증세

문재인 정부가 내놓은 세법개정안은 법인세율(최고세율을 22%에서 25%)과 소득세율(최고세율은 40%에서 42%로)을 인상하는 내용이다. 세율인상으로 증수될 것으로 예상된 액수가 연간 3조6300억 원(법인세 2조5500억 원+소득세 1조800억 원)에 불과, 세수 효과는 크지 않다. 이밖에 비과세 감면 등을 더한 세수 효과는 연 5조5000억 원이다. 단순 계산으로 5년간 27조5000억 원이다. 법인세와 고소득자 세율인상은 새 정부의 복지지출을 위한 재원이 되기에는 턱없이 부족하다.

세금에 대한 여론을 보면 자기의 부담은 없으면서, 남이 부담하면 모든 세금은 좋다고 답한다. 법인세와 고소득자에게 세금을 많이 매기는 부자증세는 매력적인 구호다. 그러나 법인세는 법인인 기업이 부담하는 것처럼 보이지만 기업이 부담하는 것이 아니다. 일부 정치권은 '기업=부자'로 인식, 법인세 인상을 부자증세로 둔갑시킨다. 그러나 기업은 부자가 아니다. 법인세는 주주와 소비자, 종업원에게 귀착된다. 기업의 대주주가 부자다. 부자증세를 하려면 개인소득세에 초점을 맞춰야한다.

법인세율은 세계적으로 인하하는 추세다. 한국은 반대로 가고 있다. 한국의 상위 10% 기업이 법인세수의 90% 이상을 떠맡고 있다. 법인세율 인하는 각국이 기업을 더 많이 유치하거나 해외에 나간 자국 기업을 다시 불러들이기(리쇼어링) 위해서다. 각국 정부는 법인세율을 인하하면서 기업 및 투자 유치 경쟁을 벌이고 있다. 법인세율을 올린 국가들은 대부분 재정 위기나 천재지변 등을 맞아 단기 세수 증대를 위해 불가피한 선택을 한 것으로 나타났다. 그동안 법인세율을 올렸거나 기존 수준을 유지해 온 국가들도 인하 행렬에 동참하는 추세다.

한국은 전체 세수 중 법인세가 차지하는 비중이 선진국 평균보다 높고 소득세 비중은 낮다. 2015년 기준 한국의 전체 세수 중 법인세 비중(12.8%)은 OECD 평균(9% 추정)보다 높은 반면 소득세 비중(17.7%)은 OECD 평균(26% 추정)에 미치지 못했다. 자영업자 소득 파악이 잘 안 되는 등 세원 확보가 제대로 안 된 영향이 크다. 근로소득 면세자 비중이 높은 것도 한 요인이다. 한국은 납세자 상위 1%가 소득세수의 45.7%를 차지한다. 이는 미국(37.8%), 영국 (28.9%), 캐나다(23.6%)보다 훨씬 높다. 상위 납세자 10%가 세수에서 차지하는 비중은 한국이 87%로 미국(69.8%), 영국(59.8%) 캐나(53.8%)보다도 역시 높다.

우리 사회는 소득격차에 분노하면서 세금격차에는 침묵한다. 2015년 기준 한국의 근로소득자 면세 비율은 46.5%인 반면 미국(32.5%), 독일(19.8%), 캐나다(17.8%), 일본(15.5%,) 영국(2.3%)등 OECD 평균은 16% 정도다. 헌법의 납세의무를 들먹이지 않더라도 이는 정상이 아니다. 역대 정권이 세금을 국민의 의무가 아니라 포퓰리즘 측면에서 다뤄왔기 때문이다. 정치권은 세금 안 내는 자를 부추겨 세금 많이 내는 자를 때리는 일을 부자증세라고 호도해서는 안 된다. 해법은 세원(稅源)을 넓히고 세율을 낮추는 것이다. 그러나 정치권은 소득세면제자를 양산하며 부자증세만을 외쳐왔다. 다수에게 선심을 베풀고 소수에게 부담이 집중되는 걸 선호하는 건 표를 얻기 위해서였다.

사드갈등

사드는 북한 핵미사일을 방어하기 위한 최소한의 군사 조치다. 사드보다 더 강력한 방어체계가 있다면 이의 도입을 마다할 까닭이 없다. 국가안보는 아무리 강조해도 지나침은 없다. 사드배치는 박근혜 정부에서 이미 결정되고 착수된 것인데 문재인 정부에서 환경영향평가 기준을 변경하여 '잠정중단'을 선언했다가 북한의 미사일 도발에 따라 '임시배치'로 정책이 변경됐다. 임시배치는 앞으로 철회할 수 있다는 것인지, 환경영향평가가 생략되는 것인지는 알 수 없다.

사드배치가 중단되지 않았다면 미국의 불만도 없었을 것이고 중국의 '사드중단' 기대도 사라졌을 것이다. 결과적으로 중국의 경제보복은 계속돼 한중관계는 껄끄럽게 됐다. 사드배치에 대한 중국의 뜻을 물어보겠다며 '중국 여행'하고 온 더민주 초선 국회의원 6인은 그들의 의도가 무엇이었든 나라 망신시키는데 일조했다. 그들은 왜 미국에 가서 사드배치를 하지 말라고 하지 않았을까. 그들은 한반도 남쪽을 겨냥하고 있는 중국의 미사일 위협에 대해서는 한마디 말도 하지 않는다. 중국의 비위를 거스르지 않으려는 일부 정치권은 청나라 군대가 이 땅을 짓밟던 병자호란의 악몽을 떠올리며 지레 겁을 먹고 있는 것인가.

묻고 싶은 건 국방과 안보문제와 군사작전을 주민의 동의를 얻어 하는 나라가 있는가 하는 점이다. 북의 미사일 공격을 방어할 수단도 없는데 주민동의나 환경영향평가 타령을 하는 게 말이 되는가. 성주 주민들과 사드반대단체들은 당초 사드의 전자파 위험을 반대 근거로 내세웠다. 이제는 전자파 위험이 없다고 해도 막무가내다.

그들은 도로를 점거하고 진입로를 봉쇄하며 불법검문도 계속했다. 군사당국은 필요한 장비를 헬리콥터로 수송할 수밖에 없는 일도 벌어졌다. 화급한 국가안보를 위한 대통령의 발사대 4기 임시배치 결정조차 못하게 막는다. 그런데 그런 일을 경찰은 막지도 못한다. 공권력이 힘을 못 쓰는 이런 나라가 있는가. 한반도 위기는 진행 중인데 우리는 안보 불감증과 이념갈등에 빠져있다. 북한 미사일을 막을 방어체계를 놓지 말라는 우리는 어디로 가고 있는가.

◈ 법치(法治)

도금시대(Gilded Age)는 마크 트웨인과 찰스 두들리 워너가 쓴 풍자소설의 제목에서 유래한 말이다. 도금시대는 19세기 말 미국에서 자본주의가 급속하게 발전하면서 이름난 부호가 등장했지만 정치는 부패했고, 서민들의 삶은 어려웠던 시대를 말한다. 당시는 황금기처럼 보여도 황금기가 아니라 황금처럼 보이도록 번쩍이게 도금한 시대라는 의미다. 한국경제는 이미 위기에 빠져있고 탈출방법도 의지도 보이지 않는다. 그러면서 황금시대로 착각하고 있다.

얽히고설킨 모든 문제를 한 번에 풀기는 쉽지 않다. 우선 법치주의를 올바로 세우는 것은 문재인 정부에 주어진 당면과제다. 사설 검문소를 차려 사드 부대를 봉쇄한 성주 사태를 보라. 국방 안보시설이 주민의 반대로 설치되지 못하거나 불법도로 점거, 광화문에 몇 년째 설치돼있는 천막, 노조의 불법파업 등 법치 실종모습은 우리 사회 곳곳에서 발견된다. 경제 활력과 일자리 창출을 위해서도 중요한 건 법치다. 지금은 법을 어기는 걸 정의로, 민주화로 착각하는 시대는 아니다. 우선 법치부터 다져야한다. 그래야 문재인 정부에 대한 기대를 가질 수 있을 것이다.

〈지역사회연구소, '지역사회'(2017년 가을호)에 게재한 글을 수정 보완〉

03 규제철폐-노동개혁, 더 미루지 말라

경제성장, 오랜만에 듣는 말이다. 지난 3분기 경제성장률이 1.4%(전 분기 대비)로 7년3개월 만에 최고치를 기록, 올 목표치 3%를 달성할 것이라고 한다. 그러나 민간소비와 고용상황은 여전히 저조하고 가계와 기업의 체감경기는 차갑다. 3분기 성장을 '깜짝' 성장이라고 하는 건 지속가능성에 대한 확신은 없다는 뜻이다. 성장률과 수출, 종합주가지수 등 지표는 괜찮지만 내용을 보면 좋아하기엔 아직 이르다.

3분기 수출호조는 추석 장기연휴를 앞두고 9월에 밀어내기 수출을 한 실적이 반영돼 있어 4분기에도 호조를 보일 것인지는 두고 봐야한다. 9월 수출은 전년 동월 대비 35% 급증한 551억3000만 달러로 통계 작성 이래 월간 최대 실적을 기록했다. 반도체 등 몇몇 품목에 의존하는 수출은 구조적으로 취약하다. 올 상반기 반도체는 수출비중 16%, 무역수지 흑자의 53%를 차지했다. 반도체 호황은 반길 일이지만 반도체 특수(特需)가 끝나는 경우 한국경제와 수출의 취약성은 그대로 드러난다. 지금의 삼성전자 반도체 실적은 과거 무모하다는 평가를 받으면서도 기업가가 투자를 결행한 결과다. 이제 반도체를 보완할 새로운 산업은 보이지 않는다. 제조업을 주도하던 자동차 조선 등의 미래는 밝지 않다.

코스피 사상 최고치 기록은 반도체 호황을 맞은 삼성전자에 힘입은 바 크다. 삼성전자와 SK하이닉스의 시가총액은 2015년 말 유가증권시장 전체의 17%에서 현재 4분의 1을 웃돈다. 더욱이 삼성전자는 경영권 방어 등을 위해 자사주를 큰 규모로 매입했고 앞으로도 매입할 것이라고 한다. 이게 주가상승을 이끈 주요요인의 하나다. 코스피 동향만으로 한국경제의 미래가 밝다고 속단해서는 안 된다.

우리의 앞길은 험난하다. 북핵과 중국의 사드 보복, 한·미 FTA 재협상 등에 대응하면서 경제문제를 풀어가야 한다. 일자리 창출과 경제성장은 기업을 뛰게 해야 가능한 일이다. 정권이 바뀔 때마다 기업인이 죄인처럼 매도되는 상황은 끝내야한다. 최저임금 인상, 근로시간 단축, 비정규직의 정규직 전환, 법인세율 인상 등은 모두 기업의 부담을 늘린다. 더욱이 일자리를 찾는 청년들에게 도움이 되지도 않는다. 우리의 노동시간은 최장이지만 생산성은 꼴찌권이라는 사실도 직시해야 한다.

일자리 만들기에 주력한다는 정부가 일자리 창출 주체인 기업과 경제에 도움이 될 규제 철폐와 노동개혁은 왜 서들지 못하는가. 저성과자의 해고를 허용하고 취업규칙 변경 요건을 완화하는 '양대 지침'은 폐기돼 기업이 자발적으로 고용을 늘릴 길을 막고 있다. '양대 지침' 폐기를 주장했던 노동계는 이제 "대통령이 직접 나오라"는 등 또 다른 요구를 한다. 민주노총은 대통령이 마련한 '노동계 초청 대화'자리에도 불참했다. 정부의 친(親)노동 정책에도 여전히 불만인 모양이다.

경제는 오케스트라에 비유된다. 오케스트라 지휘자는 각기 다른 악기를 가진 연주자들을 통솔, 같은 느낌으로 곡을 잘 연주할 수 있게 이끈다. 대통령과 정부는 경제를 챙기려면 오케스트라 지휘자와 같은 역할을 해야 한다. 다시 말해 각기 다른 분야에서 활동하는 경제주체들을 경제를 활성화시키는 방향으로 행동할 수 있게 정책을 펴야한다는 것이다. 갈 길은 먼데 겨우 성장률 3% 벽을 넘는데 만족할 수 없다. 성장잠재력을 지속적으로 높이는 일에 힘을 쏟아야한다.

지금은 4차 산업혁명 시대다. 인류역사에서 지금처럼 큰 변화를 겪는 시대는 없었다. 초고속으로 기술발전이 이뤄지고 있는데 멈칫하면 쇠망하게 돼있다. 그런데 정치권을 보라. 과거를 붙들고 시비하면서 4차 산업혁명과 미래를 말한다. 그들이 말하는 4차 산업혁명과 미래는 어떤 것인가. 경제혁신을 가로 막는 장벽, 다시 말해 기업 옥죄는 규제와 시대착오적인 노동계 행태부터 헐어야한다. 이런 걸 그냥 두고 경제 활성화와 일자리 창출을 말하는 건 허공의 메아리다.

〈디지털타임스, 2017-11-02〉

04 중기부가 할일과 하지 않아야할 일

문재인 정부는 중소기업청을 승격, 중소벤처기업부를 신설하기로 했다. 경제구조를 중소기업 중심으로 전환, 중소기업을 일자리 창출의 터전으로 삼겠다는 것이다. 문제는 중소기업을 어떻게 활성화시켜 좋은 일자리를 많이 만드느냐다. 중소기업을 잡풀처럼 생존력을 과시하는 중소기업으로 만드는 일이 중기부에 맡겨진 과제다.

중소기업계는 노동개혁이 진정한 중소기업 지원책이라고 주장한다. 정부는 비정규직의 정규직 전환과 근로시간 단축, 최저임금 인상 등 중소기업계의 기대와 상충되는 정책을 추진하려한다. 이런 정책은 정책방향의 옳고 그름을 떠나 특히 소상공인과 자영업자를 비롯한 중소기업의 어려움을 가중시킬 것이다. 비정규직의 대부분이 일하고 있는 중소기업은 대기업과의 임금격차로 일손부족에 시달리고 있다. 중소기업을 챙기겠다는 정부라면 중소기업의 당면문제를 단계적으로 어떻게 풀어갈 것인가에 대한 설명이 있어야 한다.

강소기업(히든 챔피언)의 나라 독일에는 차관급인 중소기업정책실이 경제에너지부에 속해있고 개별기업에 대한 지원책은 없다. 일본의 중소기업청은 경제산업성에 속해 있다. 해양국 영국과 일본에 해양수산부는 없다. 바다의 중요성을 몰라서가 아니다. 우리 사회는 인구절벽과 노령사회로 가고 있는데 인구부와 노인부를 만들면 해결될 수 있는가.

제도를 바꾸거나 기구를 새로 만들면 목적하는 바가 이루어진다는 보장은 없다. 중소기업의 어려움은 중소기업부가 없었기 때문이었을까. 중소벤처기업부 신설을 시비하자는 이야기가 아니다. 부처를 신설한다고 해서 모든 문제를 해결할 수 있는 게 아니라는 걸 말하고자 하는 것이다. 예컨대 중소기업 관련 조세 · 금융 · 환경 · 노동 문제 등은 중기부가 관련부처와 협력해서 풀어야한다. 미국은 연방정부기관의 중소기업관련 정책에 대해 조정권한을 갖고 있는 중소기업청(SBA)을 대통령 직속으로 두고 있다. 우리의 대통령 직속 중소기업특별위원회(1998-2008년 활동)도 중소기업의 애로 해소와 육성시책의 수립 · 심의 · 조정, 각 부처 중소기업 지원시책 간의 연계성과 실효성 제고를 위해 설치한 조직이었다.

중소벤처기업부는 중소기업을 살리는 만병통치약을 가지고 있을까. 중소기업의 어려움은 정책과 환경 탓도 있지만 많은 경우 중소기업 스스로가 풀어야할 문제다.

'남 탓'아닌 '내 탓'은 정책의 대상이 아니다. 공부하는 방법도 모르고 의욕도 없는데 작은 책상을 큰 책상으로 바꾼다고 성적이 오르는 건 아니지 않는가.

쓰레기 더미로 악취가 나던 난지도 월드컵공원에 온갖 식물이 자라고 동물이 찾아오는 것은 동식물이 서식하기 좋은 환경 때문이다. 중소기업정책의 핵심은 중소기업이 성장할 수 있는 환경조성, 다시 말해 인력과 기술, 자금 등 인프라를 까는 일이어야 한다. 경쟁력 없는 중소기업의 구조조정과 노동개혁, 중소기업에 부담을 떠넘기는 대기업 강성노조의 횡포와 대기업의 부당한 거래관행 근절, 규제혁파 등이 이어져야한다. 생태계 조성은 정부의 몫이고 살아남는 건 기업의 몫이다. 치열한 경쟁을 이겨내지 않고 살아남는 방법은 없다.

벤처기업의 경우도 생태계 조성이 먼저다. 공무원시험 준비에 매달리기보다 대박을 꿈꾸며 미래를 개척하려는 젊은이들이 창업에 매달리는 그런 판을 널리 펼쳐야 한다. 육성 목표 벤처기업수를 내세우는 일을 한다면 '무늬만 벤처'를 양산하게 된다. 이는 과거 벤처육성을 강조했던 정부에서 겪었던 빗나간 현상이었다.

"경제를 살리려면 정부는 제발 가만히 있어라." 노벨 경제학상 수상자 밀턴 프리드먼 교수의 말에 담긴 뜻을 곱씹어보라. 중소기업계의 기대가 크고 요구하는 바가 많겠지만 중소벤처기업부는 기업하기 좋은 생태계 조성에 주력하는 자세를 굳건히 가져라. 무언가 결과를 빨리 보이려는 조급증을 떨쳐 버려야한다.

〈디지털타임스. 2017-06-19〉

05 '기업하기 좋은 나라' 왜 못 만드나

"아직도 한국에서 기업을 하느냐?" 한국의 기업환경이 척박하다는 걸 빗댄 말이다. 기업은 정치적 상황이 바뀔 때마다 홍역을 치르기도 하고 비리의 온상처럼 비쳐지기도 한다. 어쨌든 기업할 분위기를 해쳐서는 안 된다. 기업은 미래에 대한 확신을 갖지 못하면 투자를 망설이고 해외로 나간다. 일자리가 늘어날 수 없는 건 당연하다. 기업이 일자리를 늘리지 못하니까 정부가 공공부문 일자리를 늘리겠다는 건 정상일 수 없다.

일자리 창출의 주체는 기업이다. 정부가 할일은 기업하기 좋은 환경을 만드는 것이다. 그런데 정부는 이른 바 '양대지침'(저성과자의 해고 허용과 취업규칙 변경 요건 완화)을 폐기, 기업이 자발적으로 고용을 늘릴 길을 막았다. 기업에 좋은 일이면 근로자에게도 좋고 국가에도 좋은 일인데 말이다. 얼마 전 김상조 공정거래위원장은 확대 경제장관회의에 늦게 오면서 "재벌 혼내고 왔다"는 말을 했다. 정부 각료는 완장을 차고 기업을 혼내고 기업에 군림하는 권력자인가. 권력의 피폐한 모습을 풍자와 해학의 기법으로 표현한 윤흥길의 소설 '완장'이 떠올라 씁쓸하다.

중소기업의 사정은 더욱 어렵다. 최저임금 인상, 근로시간 단축, 비정규직 문제, 통상임금 등으로 중소·자영업자는 직격탄을 맞고 있다. 노동생산성 향상 없이 근로시간을 단축하면 그 부담은 고스란히 기업의 몫이 된다. "정부의 친(親)노조 정책으로 중소기업이 다 죽게 생겼다." 이동근 대한상의 상근부회장이 김상조 위원장에게 했다는 말이다.

최저임금 인상의 여파는 곳곳에서 나타난다. 사람을 줄이고 무인 자동화기기를 도입하는 곳이 늘어나 보호한다던 취약계층 저임금 근로자들은 일자리에서 밀려나 희생양이 된다. 최저임금 인상부담을 덜어주려고 정부는 3조원의 세금으로 종업원 30인 미만 사업체에 1인당 최대 월 13만원까지 1년간 지원하는 방안을 발표했다. 해당자가 300만 명쯤 될 것이라고 한다. 최저임금을 무리하게 올려놓고 고용감소를 막고자 그 뒤처리를 재정이 담당한다는 게 말이 되는가. 한국은 민간기업의 임금을 세금으로 보전하는 유일한 나라다. 그것으로 문제가 해결되는 것도 아니다. 재정지원 3조원은 최저임금 인상에 따른 인건비 추가부담의 극히 일부에 불과하다. 내년 1년만 지원하면 그 다음은 어떻게 하려는가. 한번 시행한 지원정책이나 복지정책은 되돌리기 어렵다는 걸 실감할 수밖에 없을 것이다.

비정규직 문제나 최저임금 문제 등은 바로 중소기업 문제다. 대상 근로자의 절대다수가 중소기업에서 일하기 때문이다. 중소기업을 위한다면서 중소기업을 죽이는 정책을 펴고 있는 것이다. 오죽하면 민노총 출신 문성현 노사정위원장은 "중소기업의 지급능력을 고려하지 않는 노동정책은 성립하지 않는다"고 했겠는가.

정부의 친노동정책은 기존 근로자 보호에만 초점이 맞춰져있다. 일자리를 찾는 청년들에게 도움이 되지 않아 청년들은 말할 것 없고 그들 부모의 심장은 터질 지경이다. 한국에 자영업자가 많은 이유는 제대로 된 일자리가 적고 노동시장이 유연하지 않아 취업 또는 재취업이 어렵기 때문이다. 그래서 자영업자가 양산되고 수많은 자영업자들이 소리 없이 명멸을 거듭한다. 공시생이 많은 이유도 일자리가 부족하기 때문이다.

문재인 정부야말로 제대로 된 노동개혁을 할 역사적 책무가 있다. 어느 정부보다 노동자에게 호의적이기 때문이다. 노동개혁을 통해 기업하기 좋은 나라 만들어 일자리 늘리고 복지를 확충하는 게 결과적으로 근로자를 위하는 정책이 아닌가. 고용유연성과 생산성 향상 없이 일자리를 늘리고 성장을 이루는 길은 없다.

〈중소기업뉴스, 2017-11-22〉

06 장수기업 가로막는 상속세 손질해야

2018년 예산안에는 공무원을 9,475명 증원, 법인세 최고세율 25% 인상 등의 내용이 담겨있다. 미국이 법인세를 35%에서 20%로 낮추자 일본도 20%까지 낮추는 방안을 추진한다. 글로벌 경쟁을 해야 하는 한국의 기업환경은 척박하다. 기업은 어떻게 성장하며 오래 견디는가. 다시 말해 기업의 수명(壽命)에 한계가 있는가. 오늘날 급속한 변화의 물결은 기업의 생존을 위협한다. 그런 가운데 수백 년은 물론 천년을 뛰어 넘어 장수(長壽)하는 기업도 있다. 혁신을 거듭하며 경쟁력을 유지하기 때문이다.

"일본 오사카 소재 건설회사 공고구미(金剛組)는 1440여 년의 역사를 자랑한다. 여관 1400년, 부엌 칼 만들기 1100년, 과자 만들기 1000년의 역사를 기록하는 기업을 비롯해서 백년 넘은 기업은 2만7천여 개에 이른다. 이들 가운데 가업(家業)과 소규모 기업이 전체의 61.7%을 차지한다. 조사대상에서 제외된 가업을 포함시키면 백년 넘은 기업은 10만여 개에 이를 것으로 추정하고 있다."(전 동아출판사 권태명 사장의 기행문 '수 백 년을 이어온 일본의 노포-그 생존의 비결')

한국은 100년 이상의 업력을 가진 기업은 7개사에 불과하다. 미국(1만2780개사), 독일(1만73개사), 네덜란드(3357개사) 등에 비할 바가 못된다. 물론 굴곡의 시대를 거쳐 온 탓도 있다. 정부는 지난해 중소기업이 글로벌기업으로 성장할 수 있도록 유도하기 위한 '명문 장수기업 확인제도'를 마련했고 지난 2월에는 명문 장수기업을 선정하기도 했다. 그렇다고 무엇이 달라지는가. 정책의 몫은 장수기업의 출현을 실질적으로 돕는 것이어야 한다. 장수기업은 가족기업에서 많이 나온다. 가족경영은 선진국에서도 보편적인 경영형태다. 월마트, 도요타, BMW, JP모건, 포드, 피아트 등 세계적 기업도 가족기업이거나 가족기업에서 출발했다. 가족기업의 비중은 미국(92%) 독일(84%) 영국(76%) 호주(75%) 등에서 매우 높다.

우리 중소기업의 대부분은 가족기업의 형태다. 중소기업 경영자의 고령화도 빠르게 진행되고 있어 경영권 승계문제는 피할 수 없는 경영과제가 돼있다. 가업(家業)을 승계하는 경우 상속세는 상속재산의 50%에 최대 주주는 30% 할증돼 65%의 세율이 적용된다. 중소기업의 재산 대부분은 공장 · 건물 등 부동산이다. 상속세를 내기 위해 공장 일부 매각, 경영권 포기 또는 회사정리 등의 사례가 생길 수밖에 없다. 쓰리세븐(세계 1위 손톱깎이 기업)과 농우바이오(국내 종자업계 1위), 유니더스(최대

콘돔 제조사) 등이 상속세 때문에 회사를 매각했다. 공장 일부를 매각한 결과 고용과 생산규모를 축소한 기업도 있다. 기업을 키울수록 경영권 승계는 더 어렵게 돼 있어 중소기업 경영자들 대부분은 기업을 키울 생각을 접고 온갖 편법을 동원하기도 한다.

현재 가업영위기간에 따라 200억 원~500억 원까지 상속재산 공제를 받을 수 있다. 하지만 공제 대상은 매출 3000억 원 미만의 중소·중견기업으로 피상속인이 60세 이상, 상속자는 상속 후 10년 간 주된 업종을 변경할 수 없고 고용규모도 줄여서는 안 된다는 조건이 붙어있다. 구글이 자동차를 만들겠다는 세상인데 업종을 변경하지 못한다는 건 시대착오적이다.

선진국들이 가업상속 지원에 나서고 있는 건 중소기업의 폐업을 막아 일자리를 지키기 위해서다. 일본은 중소기업의 상속세를 대폭 감면해주기로 했고 미국은 아예 상속세 폐지로 기업의 기 살리기를 추진 중이다. 가족기업의 비중이 높은 독일은 가업상속 후 5년~7년간 가업을 영위하고 지급한 급여총액이 상속 당시 급여 지급총액의 400% ~700% 이상이면 85%~100%를 공제한다.

가업승계는 제2의 창업이다. 부(富)의 대물림으로 보고 과중한 상속세를 매기면 기업이 장수할 길은 없다. 황금알을 낳는 거위를 움츠리게 하거나 죽여서는 안 된다. 회사를 팔아야 상속세를 낼 수밖에 없는 현실을 그대로 둘 것인가. 가업승계를 통해 고용과 사회적 이익을 실현하고 중소기업이 대기업으로 성장하는 길을 열어야 한다.

〈디지털타임스, 2017-12-07〉

07 희망의 싹을 틔우려면 새해 벽두부터 달라져야 한다.

2018년 벽두, 새로운 세상이 열리기를 고대하는 마음은 간절하다. 그러나 새로운 세상은 과거를 붙들고 씨름해서는 오지 않는다. 미래의 모습은 우리가 하기에 따라 달라진다. 그래서 미래를 창조한다고 하는 것이다. 우리는 어떤 세상, 어떤 미래를 설계하고 있는가.

문 대통령의 중국 국빈방문 뒷맛이 씁쓸하다. 국빈을 홀대하고 기자를 폭행하는 중국의 오만과 횡포에 우리의 자존심은 상처를 입었다. 중국은 정상회담 이후 전투기의 한국방공식별구역 무단 침입, 한국행 단체관광을 다시 막다가 또 허용하는 등 우리의 대응을 시험하는 행태를 보인다. 희망의 노래를 부르기에 앞서 외교·안보, 특히 한·미 동맹의 중요성과 국력증강의 필요성을 다시 확인하고 구체적으로 대비할 때다. 국력의 바탕은 역시 경제다. 경제에 비약도 기적도 없다. 적당히 나눠 가지며 즐기겠다는 풍조를 방치하면 경제성장도 일자리도 복지도 헛구호에 그친다. 생산현장은 채용 축소와 자동화 설비 도입 등 고용감축 경영에 나서는 모습이 곳곳에서 나타난다.

일자리 만들기가 국정의 중요목표라고 하면서 일련의 정책은 엇박자다. 최저임금 인상·비정규직 정규직화·근로시간 단축·법인세 인상 등이 그렇다. 강성노조의 불법행태도 여전하다. 미국 영국 독일 일본 등 주요국은 경제 활성화와 기업투자 유인을 위해 법인세를 낮추는데 우리는 세계 흐름과 달리 오히려 올렸다. 글로벌 경쟁시대에 한국만 역주행이다. 잠시 주춤하면 사라지는 게 기업의 세계인데 기업을 옥죄며 일자리 창출을 외치고 있다.

이제는 기업이 뛸 수 있는 환경을 조성하자. 불법과 탈법을 제대로 다스리고 기본을 지키자. 당연한 걸 강조한다는 건 부끄러운 일이다. 노조의 불법파업은 일상사가 돼있다. 한국 자동차의 엔진이 꺼지는 소리도 들린다. 민노총은 마포대교 남단을 점거, 교통대란을 일으켰지만 책임을 묻는다는 소리는 듣지 못했다. 정부는 제주 해군기지 불법 시위자들에게 구상권 소송을 철회하기로 결정, 불법에 면죄부를 주었다. 한 편으로 불법집단행동을 부추기면서 불법을 다스릴 수 있겠는가. 불법집단행동에 공권력이 제대로 대처하지 못하는 사회에 희망이 싹틀 리가 없다. 세월호 참사·인천 영흥도 낚시어선 사고·제천 화재 참사 등은 불법·무질서의 일상화와 기본적인 안전수칙을 지키지 않아서 생긴 사고였다. 그런 참사를 당하고도 똑같은 불법 · 무질서가 반복되고 있는 게 우리 사회다.

정치판의 행태는 조금도 나아지지 않는다. 선거 때마다 여야는 국회의원 특권 내려놓기 경쟁을 벌였다. 세비 30% 삭감 법안은 1274일 끌다 자동 폐기됐고 세비를 오히려 2.6% 인상했다. 국회의원 한 명이 인턴 1명 포함, 총 9명의 보좌진을 두고 있다. 전국에 종업원 9인 이하 업체는 330만 개가 있고 760여만 명이 먹고살기 위해 땀 흘리며 경제에 이바지한다. 국회에는 300개의 회사가 있는 셈인데 그렇게 많은 보좌진을 거느리고 있는 국회의원은 무얼 하는가. 국회가 바로 적폐대상이다.

우리는 보릿고개를 넘으며 "잘 살아보세"를 외쳤고 IMF 환란을 당하자 '금 모으기 운동'을 펼쳐 세계를 감동시켰다. 그런 위기가 다시 온다면 어떤 행동을 할 것인가. 외교안보와 정치, 경제와 사회 모든 부문에서 위기는 현존하고 있거나 싹트고 있다. 그러나 위기의식이 없다. 갈등이 없는 사회도 시대도 없다. 갈등을 풀어가는 게 발전이다. 정치권이 갈등의 근원지가 돼 있다. 이제는 국민이 나서서 정치권의 일그러진 행태를 제대로 심판해야 한다. 정부부터 달라져야 한다. 불법과 무질서를 제대로 다스려라. 국정기조를 민생으로 바꿔라. 기업을 뛰게 하라. 노동개혁에 힘써라. 국민들에게 땀 흘리기를 주문하라. 우리는 어디에 서 있고 어디로 가야 하는가를 분명히 하라. 희망의 싹을 틔우려면 새해 벽두부터 달라져야 한다.

〈디지털타임스, 2018-01-01〉

08 올림픽 열기에도 중소기업 경기는 싸늘

평창 동계올림픽 개막이 코앞이다. 올림픽 열기와는 달리 기업들이 느끼는 체감 경기는 계속 나빠지고 있다. 특히 중소기업은 인건비 인상과 내수부진으로 장사가 잘 안 돼 더 춥고 괴롭다고 호소한다. 신명나는 올림픽 잔치판을 깨는 우울한 이야기를 왜 하느냐고 할지 모른다. 올림픽의 중요성을 왜 모르겠는가.

하지만 올림픽은 올림픽이고 경제는 경제다. "중소기업 정책을 현장에서 체감되도록 하겠다." 문 대통령이 중소 · 벤처 · 소상공인을 청와대로 초청한 자리에서 한 언급이다. 그 내용이 포괄적이어서 어떤 중소기업을 어떻게 도와준다는 것인가를 가늠하기는 어렵다.

흔히 중소기업을 동질적인 집단처럼 이야기 하지만 중소기업은 벤처기업과 소상공인, 영세자영업자를 비롯해서 업종과 규모, 업태 등이 천차만별이다. 어떤 정책을 내놓아도 모든 중소기업을 만족시키기 어려운 까닭이 여기에 있다.

정부는 중소기업을 위한다고 하면서 일련의 정책은 엇박자다. 최저임금 인상이 대표적이다. 소상공인과 영세자영업자들의 애로사항을 들으러 현장을 방문한 장하성 청와대 정책실장은 "사람들이 임금 올라간다고 좋아하겠지만 장사가 잘 돼야 임금을 올려줘도 마음이 편하겠는데 요즘 장사가 안 돼서 짜증 나 죽겠다"는 종업원의 말을 들어야했다. 정부는 3조원의 세금으로 최저임금 인상부담을 덜어주려고 일자리안정자금을 마련했지만 자금 신청이 저조하다고 한다. 그래서 정부부처 공무원들이 지원금 신청서를 들고 현장을 찾는다.

자영업자나 소상공인의 현장사정을 제대로 살피지 않고 최저임금 인상을 밀어붙인 결과가 이렇다. 정책의 실패를 우리는 확인한다. 중소기업인들은 지금 누굴 믿고 장사를 해야 하는가를 묻고 있다. 우선 최저임금 산정방식부터 바꿔야한다. 중소기업은 실업난 속에서도 일손이 부족한데 근로시간 단축을 밀어붙이려고 한다. 근로시간 단축은 최저임금보다 더 큰 충격을 줄 것이다. 근로시간이 줄면 일감이 넘쳐도 공장을 돌릴 수 없다.

많은 중소기업자들은 회사를 정리할 생각을 하고 있다는 이야기도 들린다. 그만큼 기업하기가 어렵다는 걸 말해준다. 비정규직의 정규직 전환은 기존 취업자의 신분이 바뀌는 것일 뿐 새로운 일자리 창출이 아니다. 강성노조와 높은 임금 때문에 기업은 해외로 나간다. 한국 기업이 해외에 만든 일자리가 160만개에 이른다. 지난 20년간 국내에 자동차공장 하나 신설하지 못했다. 대기업 강성노조는 중소기업 근로자의 몫을 빼앗는다. 노동개혁 없이는 중소기업 문제도 풀리지 않고 한국경제에 미래도 없다.

청년일자리 점검회의에서 문 대통령은 '민간과 시장이 일자리를 만든다'는 걸 고정관념이라고 규정하며 정부부처가 일자리 만들기에 나서라고 주문했다. 그렇다면 공무원을 비롯한 공공부문 일자리를 늘리는 길밖에 없다. 세금으로 늘리는 일자리라면 누군들 못 만들겠는가. 물론 지금 청년 일자리가 부족한 것을 모두 현 정부 탓으로 돌릴 수는 없다. 하지만 일자리 대책이 잘못되고 있다.

엇박자 정책 바로 잡고 노동개혁과 규제혁파를 서둘러야한다. 지난해 벤처인들이 '벤처기업 육성은 시장에 맡겨 달라'고 호소하며 "정부가 규제를 혁파하면 좋은 일자리 200만개를 새로 만들겠다"고 했다. 정부는 '혁명적 규제혁신'을 다짐하고 있다. 기대해도 될까? 일자리 늘어날 곳은 서비스산업인데 '서비스산업발전기본법'은 5년째 국회에 발목 잡혀있다. 기재부는 '청년일자리대책본부'를 출범시켰다. 정부가 서두른다고 일자리가 늘어나는 게 아니다. '기업의욕 살리기 본부' '기업 투자부추기기 본부'를 만들면 어떨까. 다시 말하지만 일자리는 기업, 특히 일자리의 터전인 중소기업이 창출한다는 사실부터 확인해야 한다.

〈중소기업뉴스, 2018-02-07〉

09 기업경영은 시간과의 싸움, 생산성 · 경쟁력 높여야

최근 고용상황이 먹구름이다. 출구가 보이지 않는다. 최저임금의 대폭 인상에다 근로시간 단축까지 시행됨에 따라 특히 중소기업의 어려움은 가중된다. 엎친 데 덮친 격이다. 이제 근로시간은 일주일 기준 최대 68시간에서 52시간으로 줄어든다. 노사가 더 일하기로 합의해도 법정 근로시간을 어기면 사용자는 징역형의 제재를 받는다. 오는 7월 300인 이상 사업장부터 적용된다. 뒤이어 50~299인 사업장은 2020년 1월부터, 5~49인 사업장은 2021년 7월부터 근로시간을 지켜야하고 30인 미만 사업장의 경우 2022년까지 8시간의 특별연장근로가 허용된다.

열심히 일하고 근로시간을 줄여 일찍 퇴근해서 가족들과 함께 보내는 '저녁이 있는 삶', 일과 삶의 균형을 뜻하는 '워라밸'(Work and Life Balance)을 누가 반대하겠는가. 하지만 일하고 싶어도 일자리가 없으면 쉰다는 건 의미가 없다. 일자리는 있어도 일할 시간이 줄어 임금이 줄어든다면 매력적이지도 않다.

근로시간 단축도 최저임금 인상도 그 자체만을 놓고 보면 이상적이다. 문제는 무엇인가. 근로자도 만족할 수 있어야 하고 업체나 기업의 사정도 좋아져야한다는 점이다. 근로자의 복지증대는 중요하다. 그러나 그 보다 더욱 중요한 건 기업의 생산성과 경쟁력이다. 그래야 일자리도 임금도 늘어난다. 산업현장의 사정을 외면하고 이상만을 좇는 정책은 부작용과 후유증을 남긴다. 특히 저임금 중소기업 생산직과 시급제 근로자들은 근로시간 단축에 따른 임금감소를 고스란히 감당해야 한다. 우리의 임금체계는 대부분의 경우 기본급은 낮고 연장 · 초과근로 등에 따른 수당이 많기 때문이다.

한 푼이라도 더 벌기 위해 퇴근 후 아르바이트 등 또 다른 일거리를 찾아야한다는 소리까지 나온다. '저녁이 있는 삶'을 즐기기는커녕 저녁거리 살 돈이 필요하다는 중소기업 근로자들의 하소연이다. 시내노선버스와 전세버스 업계도 비상이 걸렸다. 근로시간을 지키려면 운전기사 부족으로 교통대란은 피할 수 없게 된다는 것이다. 이와 비슷한 예는 많다. 기업이 버티지 못하면 고용관련 정책은 의미가 없다.

대기업은 버틸 수 있겠지만 중소기업의 생산차질과 비용증가는 불을 보듯 뻔하다. 근로시간을 단축하면 고용이 더 늘어날 것이라는 게 정책의도였을 것이다. 하지만 대부분의 중소기업체는 사람 구하기 어렵고 인건비 부담증가로 자동화하거나 생산시설과 연구개발(R&D) 연구소의 해외이전에 눈을 돌린다. 해외 이전을 못하면 폐업까지 고려한다. 주문량이 폭주할 때 납기를 맞추기 위해 연장근무는 불가피한데 어떻게 대처하느냐는 것이다.

미국은 연장근로시간에 대한 규제가 없다. 시간외 수당만 제대로 주면 된다. 영국의 경우도 연장근로를 포함해 주 48시간을 초과하는 경우 근로자가 서면으로 동의하면 주 14시간 추가 근로가 가능하다. 일본의 경우도 최장 근로시간에 법적 제한이 없다. 우리는 탄력근로 단위기간이 3개월로 제한돼 있다. 외국의 경우처럼 1년으로 연장하는 방안을 당장 마련해야 한다. 체력의 한계를 넘나드는 노예노동도 아닌데 1년으로 연장하지 못할 까닭이 있는가. 입법 취지를 살리면서 기업의 숨통을 터주어야 기업도 살고 근로자도 사는 길이 열린다.

기업경영은 시간과의 싸움이다. 모든 업종이 그렇지만 특히 전자와 게임 · 바이오 업체 등은 한발 앞서야 시장을 석권할 수 있다. 남의 지시를 받는 게 아니라 자발적으로 일하는 스타트업의 근로시간을 제한한다면 '벤처의 꿈'이 사라질 수 있다. 입시를 앞둔 수험생에게 공부시간을 제한하라는 것과 다를 바 없다. 근로시간 단축이든 최저임금 인상이든 비정규직 정규직화든 기업의 생산성과 경쟁력을 높이지 못하면 일자리는 오히려 줄어들고 경제는 쇠락한다는 점을 생각해야한다.

〈중소기업뉴스, 2018-04-25〉

10 일자리, 세금으로 만드는 게 아니다

바늘로 코끼리를 죽일 수 있다는 주장이 있다. 코끼리가 죽을 때까지 계속 찌르면 된다는 것이다. 물론 허튼 우스갯소리지만 그 방법은 옳지도 효과적이지도 않다는 걸 누가 모르겠는가. 어떤 정책이든 바늘로 코끼리 죽이려는 것과 같은 정책은 결국 실패한다.

정부는 얼마 전 청년실업문제를 풀기 위한 특단의 대책으로 중소기업에 취업하는 청년에게 3년간 3000만원을 만들어 주고 청년취업기업을 지원하는 정책을 발표했다. 지원 재원은 물론 세금이다. 이런 3~5년 시한부 정책은 지속가능하지 않다. 최저임금을 대폭 인상해놓고 문제가 불거지자 중소기업의 부담을 덜어주려고 꺼낸 정책도 임금 일부를 세금으로 지원하는 것이었다. 민간기업의 임금을 세금으로 보전한다는 것 자체는 전례 없는 잘못된 정책이다. 그런데 또 다시 세금으로 일자리를 만들겠다는 카드를 꺼낸다. 청년들이 일하고 싶은 중소기업 생성에 초점을 맞춰야 한다. 청년실업문제가 심각한데 어떻게 기다릴 수 있느냐고 할 게 아니다. 급할수록 돌아가야 하고 기본을 생각해야 한다. 청년들의 취업을 내세워 고비용 저효율의 덫에 빠진 좀비기업을 지원하는 것은 그런 기업의 연명을 도울 뿐 효과적이지도 지속가능하지도 않다. 일자리 바탕이 벤처기업으로 이동하고 있다는 사실에 왜 눈을 돌리지 않는가.

정부는 지난 해 11조원의 추경으로 11만개 일자리 만들겠다고 했지만 직접 일자리는 6만 7000개에 그쳤다. 더욱이 그 절반이 '60~65세 알바'였다. 추경의 효과에 대한 분석도 제대로 하지 않고 청년 일자리 창출에 필요하다며 또 다시 추경편성을 추진하고 있다. 추경편성이 연례행사인가. 기업이 일자리를 만들지 못한다고 해서 정부가 직접 나서서는 건 정도가 아니다. 정부가 할 일은 기업이 일자리를 만들 수 있게 꼬인 매듭을 푸는 일이다. 그런 게 정책이다. 돈으로 일자리를 만들겠다는 것이나 공공기관을 비롯해서 공무원을 늘이는 것은 일자리해법이 아니다. 2017년 국가부채가 사상 처음 1500조원을 돌파했다. 주요 원인은 장차 공무원 · 군인에게 연금으로 줘야 할 돈이 급격히 늘어났기 때문이다. 이대로 간다면 국가부채는 눈덩이처럼 늘어난다. 재정건전성이 무너지면 국가는 거덜 난다. 그런데도 공무원 수를 늘리겠다는 게 옳은 일인가. 정권의 임기는 유한하다. 임기동안만 좋으면 좋은 게 아니다. 국가의 장래를 생각하는 정책을 펴는 게 정권의 역사적 책무다.

근로시간 단축도 성급했고 문제투성이다. 어느새 우리사회는 발전의 피로가 쌓였는지 근로의욕은 상실돼가고 더욱이 제도적으로 일을 못하게 한다. 일감이 몰릴 때는 많이 일하고 일감이 없을 때는 쉬는 '탄력적 근로시간제'는 3개월로 제한돼있다. 주당 52시간을 초과하면 이를 3개월 안에 해소해야 한다는 것이다.

기업에 따라 계절 또는 시기별로 일감이 몰리는 경우가 있다. 외국의 예를 들지 않더라도 탄력근로제를 6개월 또는 1년으로 허용, 연간 평균 근로시간을 준수하도록 하지 못할 까닭이 있는가. 입시를 준비하는 학생에게 공부시간을 제한한다면 어떨까. 최저임금 인상에 따른 인건비 부담과 구인난을 겪고 있는 중소기업은 해외로 눈을 돌리거나 자동화를 서둔다. 근로시간을 단축하면 더 많은 근로자를 고용해 일자리가 늘어날 것이라는 게 정책의도였는지 모르지만 그런 예상은 빗나가고 있다.

기업이 투자를 하고 경제가 성장하면 일자리가 늘어난다. 말이 마차를 끄는 것과 같은 이치다. 마차가 말을 끌고 갈 수는 없는 것이다. 서둘 일은 규제완화 등 기업하기 좋은 환경 만들기와 노동시장개혁이다. 미국과 일본의 예를 보라. 이런 뻔한 해법을 외면하고 엉뚱한 곳을 두드리며 일자리타령을 한다. 세금으로 일자리를 만들겠다는 건 첫 단추를 잘못 끼운 것이다. 그렇게 단추를 계속 끼워 가면 복지수요는 팽창하고 곳간은 비게 된다. 우선 먹기는 곶감이 달다. 하지만 즉석 불고기식 정책을 접어야 미래가 보인다.

〈디지털타임스, 2018-04-03〉

11 활력 잃은 제조업, 이러다 성장엔진 꺼진다

남북정상회담으로 한반도에 봄이 온 것 같은 분위기와 장밋빛 전망이 확산되고 있다. '봄은 왔지만 봄 같지 않다'는 느낌이 드는 건 왜일까? 우리의 최대 관심사는 북의 핵 폐기였다. 그러나 판문점선언에는 북한이 언제 어떻게 핵을 폐기할 것인가를 나타내는 표현은 들어있지 않다. 남북 정상이 만나고 만찬을 즐긴 건 이제 시작일 뿐 아직 근본적으로 달라진 건 없다. 알맹이는 보이지 않은데 포장만 요란한 모양새만 연출됐다. 바라는 마음이 간절할수록 대비하고 기다리는 지혜가 필요하다. 김칫국은 맨 나중에 마셔도 결코 늦지 않다. 희망의 끈을 놓치 않아야 하지만 미망(迷妄)에 빠져서는 안 된다.

남북관계 개선을 위해서도 안보와 경제를 챙기는 일의 중요성은 더욱 크다. 그런데 경제 챙기는 일은 뒷전으로 밀려나 있다. 호황을 구가하는 세계경제와는 달리 경기둔화를 알리는 경고음은 곳곳에서 들린다. 최근 제조업 가동률은 70%로 떨어졌다. 공장 30%가 멈췄다는 것이다. 9년 전 세계금융위기 이후 가장 나쁜 수준이다. 산업생산은 감소하고 설비투자는 마이너스를 기록하고 있다. 내수부족을 메우고 우리 경제를 떠받치고 있는 수출도 증가율은 감소세를 보인다. 정부는 특정기간의 실적만으로 경기 동향을 판단할 게 아니라고 한다. 그랬으면 얼마나 좋을까만 경기흐름은 우리의 우려를 자아내기에 부족함이 없다. 반도체가 한국경제를 떠받치고 있지만 반도체에 의존하는 경기도 오래 지속되지 못한다. 반도체 경기의 특성이 그렇고 또한 중국이 거세게 도전해오고 있다.

지난해 세계 평균성장률은 3.6%였지만 우리는 3.1%, 올 세계 평균성장률 전망치는 3.9%인데 우리는 3% 달성도 힘겨울 것이라는 예상이다. 경제를 이끌어가고 일자리를 만들어야 할 기업이 움츠리고 있기 때문이다. 최저임금 인상과 비정규직의 정규직화, 근로시간 단축, 법인세 인상 등 기업의 부담을 늘리고 규제를 강화하는 정책은 기업의 활력을 떨어뜨린다. 이유가 어디에 있건 세계시장에서 최대실적을 올리는 한국의 대표기업 삼성에 제재를 가하는 것도 기업계에서는 기업에 대한 비우호적 신호라고 생각한다.

유연성이 요구되는 노동시장은 오히려 경직돼간다. 자금난에 부딪친 한국GM이 성과급 지급을 연기한다고 하자 노조는 쇠파이프로 사장실 집기를 부수는 등 집단

행동을 한 것은 하나의 작은 예에 불과하다. 한국GM이 어떤 선택을 할지는 지켜볼 일이지만 기업은 이익이 나면 머물 것이고 그렇지 않으면 문을 닫는 건 당연하다. 우리의 걱정은 한국GM이 아니라 한국 자동차산업의 불안한 미래다. 한국 자동차 엔진 꺼지는 소리는 곳곳에서 들리는데 아무런 대책이 없다. 1997년 이후 국내에 단 한 곳의 자동차 공장도 신설되지 않았고 그 사이에 현대차만 해도 해외에 11개 공장을 세웠다. 일자리가 해외로 빠져나간 것이다. 국내 생산기반이 약하면 해외경쟁은 어렵게 된다. 일본 도요타는 56년째 무파업, 현대 · 기아 · 한국GM 등 자동차 3사 노조는 최근 10년간 345일을 파업했다. 이러고서도 엔진이 꺼지지 않는다면 그건 기적이고 마술이나 다름없다. 한국은 자동차 생산량에서 인도 멕시코 등 후발주자에게 밀려 세계 7위 생산국이 됐다.

산업기반이 흔들리고 경기는 내리막이고 실업률은 높아가고 있는데 우리 사회는 남북 해빙무드에 젖어 이런 심각한 상황을 느끼지 못한다. 경제 챙기려는 정책도 보이지 않고 사회분위기도 기업에 우호적이지 않다. 제조업 경쟁력은 떨어지고 성장잠재력은 잠식되고 있는 걸 그대로 두고 일자리 타령만 한다. 우리 사회는 집이 불타는 줄도 모르고 처마 밑에서 재잘거리는 제비와 참새를 뜻하는 연작처당(燕雀處堂)에 비유되는 상황이 아닌가. 역사 이래로 인류는 전쟁도 했고 힘을 합치기도 했다. 먹고사는 문제를 풀기 위해서였다. 우리는 먹고 사는 문제를 안심하고 해결할 수 있는가.

〈디지털타임스. 2018-05-08〉

12 한반도에 '봄'이 온다지만 경제는 겨울

평창 동계올림픽과 남북회담을 계기로 우리사회는 어느새 한반도에 '봄'이 온 것 같은 분위기에 빠져있다. 그러나 근본적으로 달라진 건 없다. 북은 변화가 없는데 우리만 김칫국을 마시는 모양새를 보인다. 경제는 겨울로 들어서는 징표들이 곳곳에서 나타난다. 그런데도 경제는 회복세가 지속되고 있다는 게 기획재정부의 평가다. 이와는 달리 대통령 직속기구인 국민경제자문회의 김광두 부의장은 한국경제는 침체국면의 초입에 들어서고 있다고 하자, 김동연 경제부총리는 월별통계로 경제상황을 성급하게 판단할게 아니라고 했다. 또한 김 부총리는 "최저임금 인상이 고용에 영향을 주었을 것으로 생각한다"고 했는데 장하성 청와대 정책실장은 최저임금의 급격한 인상이 고용을 줄이는 효과는 없다고 주장했다.

정책을 다루는 책임 있는 당국자들의 진단과 평가가 이렇게 엇갈린다. 그러니 제대로 된 대책이 나올 리가 없다. 정부는 지난 해 3.1% 성장했다고 자찬한다. 세계 평균성장률은 3.8%였고 세계경제는 호황을 누렸다는 점에 비추어보면 자찬할 일이 아니다. 올해 세계 평균성장률 전망치는 3.9%인데 한국은 3%에 미치지 못할 것이라는 전망이 지배적이다. 반도체가 호황을 누리고 있을 뿐 산업동향을 나타내는 생산과 투자지표들이 하향곡선을 그리고 있고 수출도 감소세다. 공장 30%가 멈춰 섰다. 올 들어 4월까지 3개월 연속 취업자수 증가폭은 12만 명 수준에 불과하다. 증가폭이 최소 30만 명을 넘어야 고용을 안정시킬 수 있는데 이 수준에 크게 미달한다. 특히 제조업 취업자수는 감소세로 전환됐다. 미국과 일본은 완전고용에 가깝고 세계경제는 호황을 누리고 있는 데 우리만 역주행이다.

비록 실적이 저조하더라도 구조조정 등 멀리 뛰기 위해 준비를 한 결과라면 참을 수 있다. 뛸 준비도 않고 뛸 힘을 기르지도 않는데 이렇다면 문제는 심각하다. 산업현장의 분위기와 경제의 흐름을 보면 월별통계로 경제상황을 판단할 게 아니라는 김 부총리의 판단에 동의하기 어렵다. 일자리와 성장의 축인 기업이 흔들리고 있기 때문이다. 노동개혁의 필요성은 절실한데 지난 1년 간 노동개혁을 시도한 적이 없다. 대기업은 경영권을 위협하는 지배구조를 강요받거나 영업 비밀을 공개하라는 압박을 받고 있는 상황이다. 기업이 뛸 힘을 어디서 찾겠는가.

노동약자를 위한다는 선의로 포장한 최저임금 인상은 신규채용을 기피하고 저임금 근로자를 일자리에서 몰아낸다. 또한 근로시간 단축으로 소득이 줄어든다면 저임금 근로자에게 도움이 되지 않는다. 최저임금 인상이나 근로시간 단축의 최대 피해자는 저임금 근로자라는 역설이 성립되고 있는 게 오늘의 한국이다. 문재인 대통령이 취임 직후 인천공항공사를 방문, '비정규직 제로' 약속을 했지만 정규직 전환은 현재 11% 수준에 머물고 있고 기존 정규직과 비정규직 간의 갈등에다 양대 노총 간의 기(氣)싸움 등으로 혼란은 가중되고 있다. 최저임금 인상·· 근로시간 단축 · 정규직화는 기존취업자에게 혜택이 돌아갈 뿐 일자리 찾는 실업자에게는 그림의 떡이다. 노동자를 위한다는 설익은 정책으로 기업이 어려워지면 노동자는 더 어려워진다. 친(親)기업은 친(親)노동이다. 기업이 살아야 노동자도 산다. 모든 나라가 기업에 혜택을 주는 이유도 여기에 있다.

부작용이 나타나는데도 공약사항이라고 밀어붙이거나 정치논리와 선심 베풀기 또는 보여주기 방식으로 경제를 운용해서는 안 된다. 경제는 정치인이 잠자는 밤에 성장한다는 말이 왜 나오겠는가. 탈(脫)원전정책을 보라. 원전 가동률을 떨어뜨리면서 한전은 작년 4분기에 이어 올 1분기에도 1200억 원 적자를 기록했다. 전기요금 인상은 불가피할 것이다.

일자리 만들고 노동약자를 위하겠다면 국정의 최우선과제를 경제 활성화로 돌려야한다. 기업을 뛰게 하고 성장 동력을 확충해야 일자리가 생기고 국민의 삶은 풍요로워진다. 저조한 경제실적이 한반도 '봄' 분위기에 가려져서도 안 된다. 남북교류가 어떻게 진전되든 경제는 제대로 챙겨야한다. 남북교류는 남북교류이고 경제는 경제다.

〈선사연 칼럼 2018-05-21〉

13 최저임금 긍정효과 가당치 않다

"최저임금 인상의 긍정효과는 90%"라는 문재인 대통령의 언급은 논란을 불러왔다. 청와대는 소득 10분위 자료를 근거로 하위 10%를 제외한 나머지 90%의 소득이 증가했기 때문이라고 했다. 하지만 논란이 계속되자 청와대 경제수석은 다시 해명에 나섰다. 가구 단위가 아니라 개인별 근로소득을 별도로 분석한 결과가 그렇다는 것이다. 이 통계에는 최저임금 인상으로 고용시장에서 밀려난 자영업자와 실직자는 반영되지 않았다. 그렇다면 이는 현실을 호도한 꿰맞춘 통계다. 그러니 실업률이 치솟고 취약계층이 일터에서 밀려나는 현실과는 너무나 다르다는 평가가 나올 수밖에 없는 것이다.

대통령은 5월 29일 "소득분배 악화는 매우 아프다"고 했는데 5월 31일 국가재정전략회의를 주재한 자리에서 "저임금 근로자의 임금이 크게 늘었다"며 소득주도 성장의 효과를 강조했다. 대통령의 인식이 바뀐 것은 청와대 참모들이 이와 같은 통계를 보고했기 때문일 것이다. 대통령을 보좌하는 청와대 참모들의 능력과 지혜가 얼마나 중요한지는 아무리 강조해도 지나침이 없다.

경제를 보는 눈은 대통령은 물론 정책당국자와 기업인, 근로자, 소비자, 전문가에 따라 다를 수 있다. 경제전체를 보는 경우와 개별부문을 분석하는 경우에도 다를 수 있다. 하지만 정책당국자는 보고 싶은 것만 보고 주장하고 싶은 것만 주장하면 정책은 겉돌게 마련이다. 최근 KDI는 경제의 성장판인 투자불안으로 한국경제는 성장이 둔화될 조짐이라고 했고, OECD에서는 한국이 생산성 향상 없이 최저임금을 급격하게 인상하면 고용둔화 경쟁력 약화를 가져올 것이라고 경고했다. 이들 기관의 경고는 우리가 이미 알고 있는 걸 다시 확인하고 있는 것이다.

최저임금 산입범위에 정기상여금과 복리후생비 일부를 포함하는 내용의 최저임금법 개정안이 국회를 통과했다. 노동계는 최저임금제도에 사형선고를 내렸다며 투쟁을 예고하고 나섰다. 내년 최저임금 논의도 가시밭길이 예상된다. GM 군산공장이 문을 닫자 "진짜 떠날 줄 몰랐다. 위기를 느꼈어야 했는데"라는 노동자의 때늦은 후회는 허공의 메아리다. 어디 GM에만 해당되는 문제인가. 강성노조는 이미 기득권층이 돼있다. 노동개혁 없이 일자리 만드는 일은 불가능에 가까운데 노동개혁 정책은 보이지 않는다.

우리가 풀어야할 과제는 즐비하다. 일자리 부족과 투자부진, 성장저조 타개는 물론 기업을 부추기고 미래 산업 창조에도 나서야 한다. 구호를 외친다고 해결되지 않는다. 재정을 풀어 일자리를 만드는 것도 옳은 방법이 아니다. 오는 7월부터 단계적으로 근로시간 단축이 시행된다. 속도경쟁을 벌여야 하는 기업은 물론 52시간을 지키기 어려운 업종의 기업은 비상이다. 절대다수 기업은 근로시간이 단축돼도 고용을 늘리지 않을 계획인 것으로 조사됐다. 기업은 일손이 부족하고 근로자는 소득이 감소하는 상황을 맞는다. 근로시간 단축은 대기업부터 시작하기 때문에 충분히 감당할 수 있을 것이라고 생각한다지만 대기업이 어려우면 중소기업도 어려워진다. 시장 생태계가 그런 관계를 맺고 있기 때문이다. 세계는 미래 산업 전쟁이 한창인데 한국은 안 보이고 우리의 주력산업은 무너지고 있다. 무엇을 하고 무엇을 먹고살 것인가를 생각하면 아득하다.

원하는 기업에 들어가지 못하는 사람은 있어도 직장을 구하지 못하는 사람은 없다는 게 일본의 실상이다. 왜 우리는 이런가. 성장이냐 분배냐의 논쟁은 부질없다. 성장보다 분배를 앞세운 정책을 실시한 나라의 성공사례는 없다. 최선의 분배정책은 일하고자 하는 사람에게 일자리를 마련해주는 것이다. 기업을 뛰게 하는 정책으로 선회하라. 그러면 투자가 늘고 일자리도 생기고 소득도 는다. 경제의 흐름이 어긋나거나 상황이 바뀌면 정책방향을 선회하는 것은 현명한 용기다. 최저임금 인상효과나 소득주도 성장정책을 자찬하거나 홍보할 겨를은 없지 않은가.

〈디지털타임스. 2018-06-05〉

14 '주 52시간 근무제' 개선이 답이다

'주 52시간 근무제' 시행은 7월부터다. 그런데 얼마 전 시행을 코앞에 두고 고위당·정·청회의에서 시행을 사실상 6개월 연기했다. 법은 그대로 두고 법 위반에 대한 단속과 처벌을 6개월 유예하기로 한 것이다. 법을 어겨도 눈감아 주겠다는 법치도 있는가.

법 위반에 대한 처벌을 유예한다고 하지만 그 대상에 중견·중소기업만 포함되고 대기업은 들어가지 않는다는 소리도 나오고 계도기간이라도 직원이나 노조가 고발하면 범법 사업장 대표를 처벌해야할 것이라는 이야기도 나온다. 그래서 산업현장은 여전히 혼선이다.

그동안 정책당국은 근로시간 단축의 문제점에 대한 산업현장의 목소리를 외면하면서 일단 시행해보고 문제가 생기면 보완하겠다고 했다. 정책이 실험대상일 수 있는가. 정책의 시행 가능성과 그 효과 등을 면밀하게 따지는 노력은 아무리 철저해도 부족하다. 정책을 수립하고 법을 만들었지만 그 후의 상황이 달라질 경우 시행을 연기하거나 폐기할 수 있다. 하지만 근로시간 단축은 이런 경우에 해당하는 것이 아니라 처음부터 문제를 안고 있었다. 그러다가 급하게 불을 끄려고 시행을 유예한 것을 보면 얼마나 준비가 소홀했는가를 알 수 있다. 사업주를 형사 처벌할 수 있는 법을 시행하면서 근로시간에 어떤 게 포함되고 어떤 게 포함되지 않는지, 어떤 행위가 법을 어기는 것인지를 정부 담당부처도 잘 모른다고 했다.

고용노동부는 지난 6월 19일 경총이 근로시간 단축 시행을 6개월 정도 연기해 계도기간을 달라고 건의문을 냈을 때 "6개월 더 있어도 달라질 게 없다"고 하더니 하루만에 입장이 바뀌었다. 고용노동부의 준비부족과 무능함이 이런 정도다.

근로시간 단축으로 기업에서 일손이 부족하면 고용이 늘어날 것이라는 게 당국의 희망사항이었을 것이다. 그러나 기업계는 그대로 버티거나 기계화로 대처하거나 기업의 해외이전 등을 고려하며 고용을 늘릴 계획이 없다고 한다. 여러 조사를 통해 확인되고 있는 사실이다. 일자리가 늘어나지 않는 원인은 복합적이다. 하지만 가장 큰 원인은 고용의 원천인 기업이 활력을 잃고 있다는 점이다. 그런데도 최근 정부는 일자리가 줄어든 원인이 "비가 많이 내려 건설업 일자리에 영향을 미쳤기 때문"이라는 구차한 설명을 했다.

노동시간을 줄이는 건 우리의 과제다. 그런 과제는 부작용을 최소화할 보완대책도 마련하면서 풀어가야 한다. 장시간 노동을 줄여야할 필요성에 누가 반대하겠는가. 하지만 현실적으로 장시간 노동을 할 수밖에 없는 그럴만한 이유가 있다. 계절별로 생산 활동이 집중되거나 일시적인 주문이 쇄도하는 경우도 있고 업종별 특수사정도 있다. 해외건설 현장에서 공기(工期)를 단축해야할 필요성도 있다. 김동연 경제부총리는 지난 6월 26일 "불가피한 경우 특별 연장근로를 인가받아 활용할 수 있도록 구체적 방안을 강구하겠다"고 말했지만 근본적으로 제도를 손질하는 게 해법이다.

탄력적 근로시간 제도의 허용 한도를 6개월~1년으로 확대하는 방안을 왜 고려하지 못하는가. 노사가 자율적으로 합의해서 근로시간을 정하게 하는 걸 못하게 할 까닭이 어디 있는가. 지금은 육체적으로 견디기 어려운 그런 노동을 하는 시대는 아니다. 근로시간 단축으로 소득이 줄어든다면 열심히 일하고 가족과 함께 저녁을 즐기는 생활, 소위 '워라밸'(일과 삶의 균형)이 가능한 것인가.

혼란을 수습하고 정책을 수정하는 건 현명한 일이다. 많은 문제가 불거지고 있는데도 결정된 정책을 고집하는 건 옳지 않다. 정책은 결코 실험대상이어서는 안 된다. 제도시행 6개월 유예보다 근본적으로 제도를 개선하는 방안을 강구하는 게 옳다.

〈중소기업뉴스. 2018-07-04〉

15 최저임금 차라리 지자체가 결정하게 하라

내년 시간당 최저임금이 올해(7530원)보다 10.9% 오른 8350원으로 결정됐다. 올해 16.4% 인상에 이은 과속인상은 경제 전반에 큰 파장을 일으키고 있다. 최저임금에 주휴(週休)수당을 포함하면 내년 최저임금은 사실상 1만 30원이 된다. 주휴수당은 1주 동안 규정된 근무 일수를 다 채운 근로자에게 유급 주휴일을 주고 일하지 않아도 지급하는 수당이다. 경제가 좋아져서 임금이 오른다면 얼마나 좋은 일일까. 그러나 임금을 올려 경제를 좋게 만들겠다는 것은 말이 마차를 끌고 가는 것이 아니라 마차가 말을 끌고 가겠다는 것이나 다름없다.

'2020년 최저임금 1만원'은 문 대통령의 공약이었다. 1만원이라는 숫자에 어떤 의미가 있는지는 알 수 없지만 그게 목표가 돼 있다. 노동계는 인상률이 낮다고 불만이다. 자영업자와 소상공인들은 현재의 최저임금에도 견딜 수 없다고 최저임금 동결과 업종별 차등적용을 주장해왔다. 이제 그들은 "나를 잡아가라"며 최저임금 불복종 운동을 벌이겠다고 한다. 문 대통령은 1만원 공약을 지키지 못하게 된 걸 사과하고 있지만 소상공인들의 반발에는 아무 말이 없다.

최저임금이 적정한가를 재는 잣대는 마땅한 것이 없다. 하지만 노동생산성과 지급능력이 고려돼야 한다는 점은 분명하다.

올해만 해도 최저임금을 받지 못하는 근로자가 206만 명을 넘었고 올 상반기 최저임금을 지급하지 못해 고용노동부에 적발된 최저임금 위반업체는 전년보다 43.7% 급증한 928곳이었다. 이게 노동시장의 현실이다.

최저임금 인상이 고용에 영향을 미칠 것이라는 건 굳이 경제부총리의 말을 빌리지 않더라도 다 아는 사실이다. 최저임금을 경제적으로 접근해서 결정했다면 이런 결과는 나오지 않았을 것이다. 경제 현실을 외면하고 시장을 거스르는 정책이 성공한 적이 있던가. 기업은 지급능력이 없으면 문을 닫거나 고용을 줄일 수밖에 없다. 값을 올려 받을 수 있다면 모를까 경쟁사회에서 그게 쉬운 일인가.

저임 근로자만 보호해야 할 사회적 약자가 아니다. 근로자는 물론 자영업자도 영세상공인도 하루하루를 버티는 서민들도 보호해야 할 사회적 약자다. 그동안 생활물가가 많이 올라 서민의 삶이 팍팍해졌다. 최저임금 인상 탓이 크다.

최저임금위원회와 최저임금 결정방식이 과연 바람직한가를 한 번 생각해 보자. 최저임금위원회는 근로자위원과 사용자위원, 공익위원이 각 9명, 모두 27명으로 구성돼 있다. 근로자위원과 사용자위원의 주장은 당연히 상반된다. 공익위원은 정부가 임명하기에 최저임금은 사실상 정부의 뜻에 따라 결정하게 돼 있는 구조다. 공익위원이라면 중립적 입장에서 국민경제 전반에 대한 이해와 판단을 할 수 있어야 하고 정부는 그런 자를 임명해야 한다. 그러나 이번의 경우 공익위원은 친노동위원이었다는 게 일반적 평가였다.

공익위원 선정방법을 보완하고 개선할 점을 찾아야 한다. 최저임금 결정을 각 지자체에 맡기는 방법도 생각할 수 있다. 지자체의 결정에도 문제가 발생할 여지는 있지만 검토해볼 만하지 않을까. 지역사정과 생활비에 차이가 있는데 최저임금을 전국적으로 동일하게 정할 까닭이 없다. 지역별 업종별 최저임금을 달리하는 외국의 예는 수두룩하다.

정부는 최저임금 인상으로 고통받는 소상공인들을 도와주려고 카드 수수료 인하 등 보완책을 마련한다고 하지만 그것으로 봇물을 막을 수는 없다.

올해에 이어 내년에도 3조원의 세금을 풀어 민간기업의 임금을 세금으로 지원하는 걸 생각하는 모양이지만 그건 정상이 아니다. 최저임금 인상 결정이 잘못됐다고 판단하면 재심요청이 가능하다. 하지만 고용부장관에게 그걸 바랄 수 없는게 현실이다. 임금은 누가 주는 것이며 최저임금 인상은 누굴 위한 것인가를 묻지 않을 수 없다.

〈디지털타임스 2018-07-18〉

16 예산확대에 앞서 예산낭비요인부터 없애라

먹고 마실 게 많고 선물까지 주는 잔치판은 흥겹게 보인다. 그런 잔치판에 초대받은 사람의 숫자는 적어야 하는데 잔치가 계속될수록 그 수가 늘어나고 잔치판은 커진다. 누가 잔치비용을 계속 감당할 수 있을까. 빚을 내면서 잔치를 계속할 수 없다. 결국 화려한 잔치는 끝나고 모두 먹고살아갈 길이 막막해진다. 남미 여러 나라가 겪고 있는 일이다. 예산은 잔치판의 기본목록, 세금은 잔치비용 부담이다.

민주당은 내년도 예산을 올해보다 10% 이상 늘린 '초 슈퍼예산' 편성을 정부에 요구하고 있다고 했다. 여당의 요구가 아니더라도 내년 예산은 크게 늘어나게 돼있다. 내년 경제성장률은 2%대로 낮아질 게 분명한데 예산을 크게 확대하면 재정건전성은 위협받고 국가부채는 계속 늘어난다. 이미 국가부채는 1550조원을 넘었다.

정부가 마땅히 해야 할 일이라도 예산의 제약을 받는다. 해야 할 일도 그런데 '하고 싶은 일'을 하려 할 경우에는 급히 서둘 일인가를 따지는 지혜는 있어야한다. 증세에는 한계가 있다. 근로소득자의 거의 절반이 면세자이다. 비과세 · 감면세 대상을 줄여야할 필요성은 크다. 소득과 재산에 합당한 세금을 내야하는 국민 개세주의(皆稅主義)를 실현해야한다. 세율은 낮추고 세원은 넓혀야하는 것이다. 그러나 정치권은 세금 안 내는 자를 부추기며 부자증세를 외친다. 특정계층에 대한 징벌적과세여서는 안 되는 것이다. 자기 부담은 적고 남이 많이 부담하는 세금은 좋다고 하는 게 국민여론이다. 이미 부동산 보유세는 크게 올랐고 또 오를 것이다. 의료보험료도 올랐다. 생활물가도 크게 올랐다. 소득은 없거나 그대로인데 집 한 채 가진 게 재산의 전부인 대부분의 사람들에게 집 소유하고 있으면 보유세, 팔면 양도세 폭탄이다. 일반 서민의 삶이 막막하고 먹먹하고 팍팍해지고 있다.

복지증진을 누가 반대하는가. 복지를 늘여가되 감당할 수 있는 수준의 복지여야 한다. 복지예산은 현재 전체예산의 3분의 1을 넘었다. 내년에는 예정보다 2년을 앞당겨 기초연금을 30만원으로 올린다. 저소득층을 지원하는 근로장려세제(EITC)도 4조원으로 확대한다. 최저임금을 올려놓고 세금을 풀어 뒷감당을 하려고 올해에 이어 내년에도 3조원의 재정지원으로 민간기업의 임금을 보전하려한다. 최저임금 인상 후유증도, 일자리도, 복지도 세금을 풀어 해결하려한다. 소득주도성장정책의 궤도수정이 정답인데 세금주도성장의 길로 가고 있다.

일자리 만들고자 지난해에 11조원의 추경 편성에 이어 올해도 19조2000억 원의 본예산에 3조9000억 원의 추경을 편성했다. 34조원이 넘는 예산을 쏟아 부었지만 결과는 참담한 '고용쇼크'다. 정부는 최저임금, 비정규직 문제, 근로시간 단축, 법인세 인상 등을 밀어붙이며 기업의 발목을 잡았고 노동개혁에는 한마디 말도 하지 않았다. 이제 영세소상공인들은 "나를 잡아가라"며 최저임금 불복종 운동에 나섰다. 어떻게 일자리가 늘어나겠는가.

예산이 새는 구멍은 곳곳에 뚫려있다. 국정원 특활비는 특정정권이 아니라 역대 정권의 쌈짓돈이었고 국회에서도 국회의장, 원내대표, 상임위원장들이 사용처를 밝히지 않아도 되는 눈먼 돈 을 특활비 명목으로 매년 80억 원을 받아 나눠 썼다. 금액의 크고 작음이 문제가 아니다. 국가예산이 그렇게 쓰이거나 예산을 심의하는 국회가 그래서는 안 되는 것이다. 이는 예산낭비의 작은 예에 불과하다. 정부가 계획하고 있는 18만 여명의 공무원 증원도 일자리 창출로 호도해서는 안 된다. 그건 국민의 혈세를 축내는 요인일 뿐이다. 오히려 공무원 수를 줄여야한다.

세금 걷고 돈부터 푸는 일에 앞서 국민혈세가 낭비되는 요인부터 막아야한다. 일자리도 복지도 세금을 풀어 해결하려는 발상부터 접어야한다. 기업을 뛰게 하고 경제가 활성화돼야 일자리도 늘고 예산도 아끼고 세수도 늘어날 것이 아닌가.

〈선사연 칼럼, 2018-07-23〉

제2부

대통령에 대한 기대와 좌절, 대통령 탄핵과 언론보도

01 대통령을 헌신짝처럼 내버리는 나라는 대한민국

대통령은 힘이 있는 높은 자리다. 정치인 치고 그 자리에 도전하고 싶지 않은 사람은 없을 것이다. 여야 정당은 정권을 잡겠다고 대통령 자리를 향해 이리 뛰고 저리 뛴다. 국민들도 덩달아 뛴다. 국민의 관심이 집중되고 있으니 매스컴도 이런저런 이야기를 쏟아낸다.

새누리당(한나라당) 비대위에서 얼마 전 이명박 대통령이 당을 떠났으면 좋겠다는 주장이 나왔다가 지금 잠잠해졌다. 대통령이 탈당하면 선거에서 유리할 것이라고 여기는 모양이다. 그런 주장이 언젠가 또 나올 가능성이 있다. 대통령 탈당은 집권당의 악습이자 전통이었기 때문이다. 전두환 대통령 다음의 노태우(민자당), 김영삼(신한국당), 김대중(민주당), 노무현(열린우리당) 대통령이 모두 임기 5년 차에 당을 떠났다. 사실상 당에서 쫓겨난 것이다.

그런데 지금 민주통합당은 노무현 전 대통령의 정신을 계승하겠다고 한다. 당에서 쫓아낼 때와 지금은 세상이 달라졌다고 여기는 것 같다. 집권당의 '전통'에 따라 이명박 대통령도 당을 떠나게 될 것인가. 올 12월에 뽑히는 다음 대통령도 집권 5년 차에 같은 과정을 밟을 것인가. 임기 후반의 대통령 모습은 보기에 딱하다. 화려하게 등장했다가 초라하게 떠나는 게 전통 아닌 전통이 돼버리다니!

대통령 임기는 5년이라지만 국정주도 기간은 3년여 밖에 안 된다. 국가 지배구조가 이렇게 비효율적일 수 없다. 집권 초기든 말기든 국가적 과제는 수두룩한데 이를 효율적으로 이끌어갈 힘이 없으면 결국 국정은 표류할 수밖에 없고 그 대가는 국민이 치르게 된다.

집권 초에는 대통령 곁에 있고 싶어 안달을 하다가 퇴임 때가 가까워지면 대통령을 멀리하려고, 그래서 탈당까지 강요하는 한국의 정치풍토는 '너 죽고 나 살자'는 막가파들이나 하는 짓거리다. 정부 여당이 인기가 없으면 왜 인기가 없는가를 따져 그걸 개선하려는 의지와 노력을 보이고 국민의 뜻을 살펴야한다. 그게 발전이고 그게 집권전략이어야 한다. 대통령을 탈당시키는 잔꾀를 부리면 교통사고 내놓고 뺑소니치는 것과 다를 게 없다. 그게 정당정치일 수도 책임정치일 수도 없는 일이다.

정당의 후보로 나서서 대통령에 당선되고 국정을 이끌다가 그 정당과 결별해버리면 집권기간의 책임을 누구에게 물어야하는가. 이처럼 '대통령 무한무책임제'가 어디에 있다는 것인가. 미국의 2월 셋째 주 월요일은 대통령의 날로 공휴일이다. 초대 대통령인 조지 워싱턴의 생일을 기념하는 날이었다가 아브라함 링컨 대통령까지 포함시켰고 지금은 미국 역대 모든 대통령을 기념하기 위한 날로 받아들여지고 있다. 한국에도 대통령의 생일을 온 국민이 진심으로 축하하는 날이 올까. 대한민국을 건국한 초대 이승만 대통령과 지독한 가난에서 탈출시킨 박정희 대통령에 대한 평가는 아직도 엇갈리고 있는데 그런 날이 언제 올 수 있을까.

미국과 한국에서도 올해 대통령을 다시 뽑는다. 현직 대통령이 되기 위한 경쟁이 뜨겁다. 임기 말 '현직' 대통령의 힘이 없어지는 건 어쩔 수 없는 일이라고 쳐도 '전직' 대통령에 대한 대우와 평가는 한국과 미국에서 엄청나게 다르다. 대통령을 지낸 사람 탓일까, 정치풍토와 국민성 탓일까.

때마침 박정희 기념관이 21일 열렸다. 그가 남긴 빛과 그림자에서 어떤 교훈을 찾아야할 것인가. 정파를 떠나 전직 대통령들의 정책에 대한 평가를 올바르게 해야 역사를 바르게 써갈 수 있을 것이다.

〈Ukopia.com, 2012-02-23〉

02 박근혜 정부에 대한 기대와 우려

박근혜 정부 출범에 많은 기대가 걸려있다. 우려 또한 없지 않다. 세계경제 위기는 한국경제의 발목을 잡고 있고 국내경제는 성장을 지속할 힘을 잃고 있는데도 성장보다 복지를 외치는 소리가 요란하기 때문이다. 한국은 어느새 복지천국이 된 것 같은 착각에 빠져드는 분위기다.

잘 사는 나라와 못사는 나라를 결정하는 요인은 무엇인가. 흔히 지리적 위치나 자연환경을 들지만 애쓰모글루와 로빈슨은 〈국가는 왜 실패하는가〉에서 국가의 빈부 결정은 경제제도가 핵심이고 경제제도를 결정하는 것은 정치와 정치제도이며 좋은 경제제도는 좋은 정치제도에서 비롯된다고 설명한다. 담벼락을 기준으로 갈라진 미국 애리조나 주의 노갈레스 시 주민과 멕시코 소노라 주 노갈레스 주민의 삶이 사뭇 다른 것과 남북한의 경제적 차이가 나는 것은 경제제도 때문이라는 것이다.

남유럽 등 반면교사

선거를 통해 집권자와 집권당을 선택한다고 해서 좋은 정치제도를 보장하는 것은 아니다. 선거로 뽑히는 정권이 포퓰리즘 정책으로 치달으면 경제가 수렁에 빠질 수밖에 없다. 오늘날 그리스 스페인 등 남유럽 국가와 일찍이 선진국 대열에 들어섰다가 후퇴한 아르헨티나의 경우가 그렇다. 일본 민주당은 2009년 총선 때 자녀 보육수당 · 고교교육 무상화 · 고속도로 통행 무료화 등 무상복지 정책을 쏟아내 집권했지만 무리한 공약을 지키지 못하고 국민에게 사과하고 결국 3년 만에 대부분 포기하거나 수정했다.

영국은 2011년부터 고소득자에 대한 육아수당 지급을 중단했고 학생들의 폭력시위에도 불구하고 대학 등록금을 3배로 올렸다. 스웨덴은 기초연금을 노인 전원에게 주다가 재원 마련에 어려움을 겪자 개인이 낸 돈만큼 기초연금을 주는 방식으로 고쳤다. 경쟁적으로 복지와 재정을 늘렸던 유럽 각국은 늘어나는 재정부담 때문에 복지를 축소하고 있는 추세다.

박근혜 당선인은 많은 공약을 내놓아 일일이 거론할 겨를은 없지만 공약 실천에 들어갈 돈은 연간 27조원, 5년간 135조원으로 돼있다. 그러나 당초 추계했던 규모 이상으로 늘어날 가능성은 크다. 0~2세 영 · 유아 무상보육을 시행한 2012년 첫해부터 서울의 구청장들이 재정파탄을 호소한 걸 생각한다면 무상보육 대상을 0~5세로 확대하는 경우 부담증가는 당연할 것이다.

노인인구비율은 2010년 11%에서 2020년 15.6%, 2040년에는 40%로 늘어난다. 세금 낼 생산연령은 감소하기 시작했다. 현재의 복지제도를 유지하기만 해도 고령화와 저성장으로 재정 건전성은 위협을 받을 것이다. 재벌 회장을 포함한 65세 이상 노인 모두에게 지금의 2배인 월 20만원씩 지급한다는(지급대상을 선별한다는 말이 나오고 있지만) 기초연금 공약을 지키는데 들어갈 돈에 대한 걱정이 없을 수 없다.

개인 빚 갚아줘선 안 돼

4대 중증 질환(암 · 심장병 · 뇌질환 · 희귀병) 100%보장은 어떤가. 그동안 환자가 부담한 비급여 진료비가 급속도로 늘어났다는 사실로 미루어보면 100% 보장을 하는 경우 재정에 엄청난 압박을 가할 것이고 예상한 재정 부담을 훨씬 초과할 것이다. 국민행복기금 18조원을 마련해 채무불이행자 · 저신용자 등을 지원하겠다는 건 개인 빚을 국가가 대신 갚아주겠다는 것이다. 이는 도덕적 해이를 초래함은 물론 신용사회의 근본을 흔들 것이다.

한국의 대학진학률이 세계최고라는 건 자랑거리가 아니다. 대학의 구조조정과 대학교육의 질적 제고가 시급하고 대학가지 않아도 성공할 수 있는 세상을 만들어가야 하는데 국가재정에 압박을 가하면서 반값등록금을 서두른다는 게 얼마나 허황한 일인가. 그런 돈은 청년 일자리 창출에 써야 마땅하다. 포퓰리즘의 극치는 택시를 대중교통수단이라면서 택시법까지 만든 것이다. 군복무 기간 18개월 단축 공약도 성급했다. 10년 전 노무현 전 대통령의 대선 공약이었지만 여러 문제점이 드러나 시행하지 못한 것이 아닌가.

후보-대통령 입장 달라야

복지정책은 신중하게 추진해야한다. 일단 시행하면 후퇴가 거의 불가능하기 때문이다. 복지수혜자에게는 그게 일종의 권리가 된다. 누가 권리를 빼앗기겠다고 하겠는가. 재원 마련 대책도 없이 급조한 공약을 지키는 것이 국정을 잘 챙기는 게 아니다. 국가가 나아가야할 방향을 설정하고 목표를 달성하기 위해 힘을 쏟는 것이 국정을 잘 챙기는 것이다.

1992년 대선 때 대통령직을 걸고 쌀 개방을 막겠다고 큰소리친 김영삼 후보와 1997년 내각제를 하겠다고 한 김대중 후보는 대통령이 된 후 공약을 지키지 못했거나 지키지 않았다. 노무현 정부는 100가지가 넘는 로드맵을 만들어 의욕을 보였지만, 결과적으론 로드맵에 그친 것도 많았다. 이명박 대통령의 '747 공약'은 공약이 될 수 없는 공약이었다.

약속과 신뢰의 정치인으로 알려진 박 당선인은 이제 더 큰 약속과 더 큰 신뢰를 쌓아야할 대통령이다. 각종 공약을 쏟아냈던 대선 후보의 입장과 국정을 책임지는 대통령의 입장은 분명 다른 것이고 달라야한다. 공약 덫에 걸리면 국가가 휘청거릴 수밖에 없다. 세계적 경제위기 속에서 독야청청할 수 없는 한국이 먹고살 길이 어디 있는가도 따져야 한다. 나라 곳간을 국민에게 공개하고 공약을 합리적으로 순차적으로 지킬 방법을 찾아야한다.

증세는 없다고 하면서 세출구조조정과 세제개혁으로 복지예산을 충당한다는 건 분명 가능하지 않다. 비과세·감면을 정비하려고 해도 거의 대부분이 중소기업과 서민 지원용이다. 그렇다면 결국 국가부채를 늘릴 수밖에 없을 것이다.

◆ 정치개혁 발동 걸어야

아무리 해야 할 일, 하고 싶은 일, 또 약속한 일이라 하더라도 예산과 자원의 제약을 받지 않을 수 없다. 국민생활과 재정에 직결되는 공약은 우선순위를 정해 실행하고 당장 추진하기 어려운 것은 다음 정부나 다음 세대에서 추진할 수 있게 기초를 닦아라. 공약을 팽개치거나 무시하라는 이야기가 아니다. 박정희 대통령은 많은 저항을 받으면서도 오늘날 한국을 이 정도 수준에 오르도록 기초를 닦았다.

통 큰 복지는 통 큰 재정적자로 이어지거나 중요한 국가사업을 팽개치게 만든다. 정부가 해야 할 일은 국방 외교 교육 과학기술 문화 등등 모든 분야에 걸쳐있다. 소홀히 다룰 수 있는 분야는 없다. 5년 안에 모든 걸 끝낼 건 아니다. 정권은 유한해도 대한민국은 영원히 뻗어 가야한다. 국민은 정치개혁과 쇄신에 발동을 거는 박근혜 대통령의 모습을 우선 보고 싶은 것이다.

〈대한언론인회보 2013년 2월호〉

03 '반기문 대망론'

'반기문 대망론'이 뜬금없이 불거졌다. 대선의 계절이 벌써 왔는가. 여야 일부 계파에서 반기문 유엔사무총장을 대선후보로 영입하려고 "우리 쪽 사람이야"라고 한다. 같은 사람을 놓고 서로 끌어당기려는 건 한편의 희극이다.

대통령 뽑아놓고 대통령 흔들고 대선 끝나면 다음 대선 바람에 휩싸이는 나라가 한국이다. 5년 내내 대선게임이다. 박근혜 정부가 출범한 지 1년 8개월이 조금 지났다. 임기가 3년 3개월 이상이나 남은 대통령을 두고 다음 대권논란이 불거지고 있다. 어떤 일이든 터지면 대통령 탓으로 돌린다. 정부의 잘못을 지적하고 질타하는 것은 당연하지만 그렇다고 모든 걸 대통령 탓으로 돌리고 정부가 해야 할 일을 막아서는 안 된다. 박근혜 정권을 지지하고 안 하고의 문제가 아니다. 대선바람에 휩싸이면 경제는 바람에 날아가 버린다. 한국경제가 가야할 길을 정치에 물을 수밖에 없는 게 안타깝다. 하지만 그게 현실인데 어떡하나.

반기문 총장 영입설은 새누리당 내 친박(親朴)에서 아예 공개 세미나까지 열어 거론했다. 새정치민주연합의 일각에서도 반기문 영입설을 흘렸다. 일부 계파에서 나온 이야기지만 여야 정당 스스로 국민의 지지를 받을 인재가 없다는 걸 고백한 것이나 다름없다. 반기문 총장 측은 "어이가 없다"는 반응이라고 한다.

어떤 정당, 어떤 계파든 정권을 잡으려고 머리를 굴리는 걸 누가 뭐라 하겠는가. 정당이 뜻을 같이 하는 인사를 영입하는 건 자연스러운 일이다. 그렇지만 정당정치를 한 게 언제부터였는데 스스로 대선후보감이 없어 외부에서 사람을 찾는다면 그게 제대로 된 정당인가. 정치를 제대로 하려면 퍼주기 사탕발림 정치, 분노와 막말과 떼쓰기 정치부터 털어내고 나라 곳간 생각하며 국민의 뜻을 헤아리는 일부터 해야 한다. 지금 벌어지고 있는 무상복지 논란도 정치인들이 표만 노리고 무책임하게 공약을 남발했기 때문에 벌어진 일이 아닌가.

반 총장 영입설을 보면서 '안철수 현상'을 되돌아본다. 2011년 서울시장 보선 무렵 안철수 서울대 교수는 서울시장 선거에 나설 뜻을 비치면서도 대권을 노리는 듯 하는 말을 하며 정치에 발을 들여놓았다. 그의 등장은 한바탕 휘몰아친 바람, 돌풍이었다. 정당 배경도 없이 무당파 한 '개인'의 등장으로 여야 정치권은 고강도의 지진을 만난 듯 허둥댔고 일반 시민들의 반응은 대단했다. 이른 바 안철수 현상이었다. 2012

년 그의 대선출마 선언과 사퇴를 전후해서 안철수 현상은 거품으로 끝났다. 당시 50%를 넘는 안철수에 대한 열광적 지지는 그의 정치적 능력과 그가 구상하는 정책에 대한 평가의 결과가 아니었다. 분노의 정치, 감정의 정치로 정쟁만 일삼는 구태정치에 실망한 국민들의 반응이었고 기존 정당에 대한 뿌리 깊은 불만과 불신 바로 그것이었다.

반 총장은 여야 정당 각 계파의 대권놀음에 떠밀려 언론에 등장했다. 어쨌든 반 총장의 인기도는 40%에 육박한다. 대선 후보로 떠오르는 다른 사람들과 격차가 크다. 그러나 그가 어떤 능력과 어떤 정책구상을 하고 있는가를 따진 결과가 아니다. 현 정치권과 정치인들에 대한 불만과 불신을 반영한 것이나 다름없다.

반 총장이 대선후보가 되지 말란 법은 없다. 그가 어떤 선택을 할 것인지는 그의 몫이다. 하지만 지금은 정치권이 임기 중인 유엔사무총장을 흔들고 국내 정치무대에 끌어들일 때는 아니다. 시도 때도 없이 정쟁만 일삼는 정치에 국민은 이제 분노할 가치조차 없다고 생각한다. 오죽하면 정치인들을 공적(公敵) 1호라고 하거나 국회를 없애자는 소리까지 나올까. 우선 정치권이 할 일은 대선놀음이 아니라 민생과 경제, 안보와 안전을 제대로 제때에 챙기는 일이다. 그런 일 잘 하는 정당은 국민의 선택을 받을 것이다. 이런 단순한 이치를 정치권이 모르고 있다는 것인가.

〈선사연 칼럼, 2014-11-17〉

04 정치인들이 말하는 '사람'과 국민은 누구인가

대선후보의 슬로건은 단순명료해야 한다. 후보의 생각과 하고자 하는 바를 쉽게 각인시켜야 유권자의 마음을 잡을 수 있다. 사람들은 복잡하게 생각하기 싫어하기 때문이다. '문제는 경제야, 이 바보야!'는 미국 대통령 후보 빌 클린턴이 재미를 본 성공한 슬로건이었다.

박근혜 새누리당 후보는 '준비된 여성대통령', 문재인 민주통합당 후보는 '사람이 먼저다'를 내세웠다. 박 후보는 오래 전부터 대통령 꿈을 꾸어왔다고 하지만 유권자의 마음을 사로잡는 것 같지는 않다. 문 후보의 슬로건은 어떤가. 문 후보 캠프의 설명은 말 그대로 사람을 맨 앞에 두겠다는 뜻이라며 홍익인간과 동학의 인내천 사상과 맞닿아 있다고 했다. 그런 설명에도 불구하고 '사람이 먼저다'는 말이 어떤 의미인지 쉽게 가슴에 닿지 않는다.

사람이 중요하다는 건 강조할 필요조차 없다. 사람을 평가할 때나 결혼 상대를 고를 때 재산이나 사회적 지위, 학벌 등 조건보다 사람 됨됨이를 보아야 한다고 흔히 말한다. "가난하다고 다 인색한 것은 아니다. 부자라고 모두가 후한 것도 아니다. 그것은 사람의 됨됨이에 따라 다르다." 박경리의 '사람의 됨됨이'라는 글의 일부다.

"나는 투자를 했지만 너는 투기를 했다"거나 "내가 한 것은 로맨스, 네가 한 것은 스캔들"이라는 말은 같은 사실을 두고 제멋대로 해석하거나 억지를 부리는 경우다. 흔히 정치인들은 자신의 주장을 국민의 뜻이라고 한다. 자신의 뜻이라고 말해야 하는 데도 괜히 국민을 팔고 국민을 들먹인다. 그런 경우 정치인들이 말하는 국민은 누구인지 분명하지 않다. 많은 국민은 정치인들이 말하는 국민에서 빠지고 싶어 한다. 그렇다면 정치인은 함부로 국민이라는 단어를 선택해서는 안 되는 것이다.

이미 알려져 있는 단어의 뜻이 달리 해석된다면 어떨까. 오해를 불러일으키기 십상이다. 우리가 쓰는 애인(愛人)이라는 말은 중국에서는 결혼한 부부를 서로 부를 때 사용한다. 우리의 애인에 해당하는 중국말은 정인(情人)이다. 한국과 중국의 말뜻이 다른 건 하등 이상할 게 없다. 문제는 같은 말을 쓰는 남북한의 말뜻이 전혀 다른 경우다. 우리가 즐겨먹는 오징어는 북한에서는 낙지, 낙지는 오징어로 불리고 있다는 것이다. 오징어를 주문했는데 낙지가 나온다면 황당한 일이 아니겠는가. 사람이라는 말뜻도 남북이 다르다. 북한이 1991년에 펴낸 '조선말사전'에는 "민주주의란 근로인민대중, 즉 사람의 의사를 집대성하는 정치제도"라고 돼 있다. 북한에서 사람이란 근로인민대중, 즉 가진 것이 없는 무산계급의 사람을 말하는 것이다. 북한 헌법을 보자. 조선민주주의인민공화국은 '사람중심'의 세계관을 갖는 국가(헌법 제3조), 사회제도는 근로인민대중을 위해 복무하는 '사람중심'의 제도(제8조)라고 규정하고 있다.

사람의 사전적 정의는 두 발로 걸어 다니고 언어와 도구를 사용하며 사회를 이뤄 사는 동물이다. 그런데 북한에서 쓰는 사람이라는 말은 우리가 알고 있는 사람과 다른 의미를 갖고 있다니! 그렇다면 북한에서는 근로인민대중이 아닌 자는 사람이 아니란 말인지 알 수 없다.

사람이 세계의 주인이라는 인본주의를 빌리지 않더라도 사람의 소중함은 더 강조할 필요조차 없다. 문 후보는 "이념, 성공, 권력, 개발, 성장, 집안, 학력보다 사람이 먼저인 세상을 만들겠다"며 사람을 중요하게 생각한다고 했다. 지난 1월 민주통합당의 경선에서 뽑힌 한명숙 대표는 "정의롭고 사람이 사는 사회"라는 표현을 썼다. 박원순 서울시장도 지난 5월 노동절에 축사를 하면서 "사람이 사람답게 사는 세상"을 역설했다. 노무현 전 대통령도 일찍이 '사람 사는 세상'을 내세웠다. 모두 사람을 강조하고 있다.

상처받은 사람들을 따스하게 감싸주고 사람을 중하게 여기고 사람을 우선하는 사회는 좋은 사회다. 그런데 '사람이면 다 사람인가'라는 말이 있듯이 모두가 강조하고 있는 '사람'은 누구를 말함인가. 모든 국민인가, 아니면 진영논리에 치우친 일부 국민인가.

〈한국경제신문. 2012-12-18〉

05 '최순실 사태' 극복하고 정치 · 경제위기 돌파할 길 찾아야

박근혜정부가 최순실이라는 여인에게 농락당하고 발목이 잡혔다. 참으로 어이없다. 누구 탓도 아니다. 대통령이 자초한 것이다. 그동안 대통령 주변의 비선실세 잡음이 제기된 게 한 두 번이 아니었다. 하지만 대통령은 "근거 없는" 이야기로 치부하다가 이 지경에까지 이르렀다. 국민은 참담하고 울분을 참을 길이 없다.

국민의 분노는 하늘을 찌르고 있고 경제는 동력을 잃고 있는데다 경제사령탑은 마비돼있다. 각계의 시국선언이 뒤따르고 대통령 하야와 탄핵까지 요구하는 상황에서 대통령의 영(令)이 서지 않는데 박근혜 정부에 더 이상 기댈 것이 없어졌다. 난파선에 선장이 안 보이면 비극적 결과를 초래한다.

분개하기는 쉽다. 대통령 물러가라는 이야기를 못할 까닭도 없다. 하지만 정권은 유한해도 대한민국이 무너져서는 안 된다. 이런 때일수록 안보를 챙기고 경제추락을 막아야한다. 그러나 정치권은 이런 걸 걱정하지 않는다. 대통령의 직위 자체는 공백이 돼서는 안 되는 것이다. 박근혜 대통령을 옹호하자는 이야기가 아니다.

이런 판국에 여당은 계파싸움 하는 모양새고 야당의 목소리도 그때그때 다르다. 문재인 전 더불어민주당 대표를 비롯한 야당 대선주자들은 일제히 거국중립내각 구성을 촉구했다가 새누리당이 이에 동조하고 나서자 얘기가 달라졌다. 거국내각을 제의했던 자들이 거국내각은 '꼼수'라고도 하고 또 다른 편에서는 대통령이 탈당하고 거국내각을 구성하라고도 했다. 솔직히 말해 거국중립내각을 구성한다해서 정쟁이 없어질까.

거국내각은 말로만 제기됐을 뿐 그 구성과 대통령과의 관계에 대한 구체적 합의도 없었다. 그러다가 김병준 새총리 내정을 두고 야권은 강력 반발한다. 야당과 협의가 없었다는 게 표면적인 이유지만 그 속내는 복잡하다. 이제 다시 대통령 탄핵과 하야를 본격적으로 입에 올리기 시작했다. 그러면서도 대안은 없다. 대통령이 하야하는 경우 어떤 상황이 전개될까. 상상하기 겁난다. 헌법이 정한 범위 안에서 할 수 있는 최선의 해법을 찾아야한다. 대통령은 외교와 안보만 챙기고 총리는 내치를 담당하는 게 현실적 대안이다.

야권이 반대하는 한 새총리의 국회동의는 어렵게 된다. 김병준 새총리가 임명된다면 책임총리가 될 수 있는가. 총리는 각료제청권과 각료 해임 건의권을 실질적으로 행사하게 돼있다. 이는 헌법이 보장하고 있지만 제대로 행사된 적이 없었다. 이제 대통령이 총리에게 국정의 전권을 맡길 것을 선언하고 국민이 지켜보면 될 일이다. 지금은 비상사태다. 대통령부터 마음을 비워야한다. 여야의 정치적 계산이 달라 현실적 해법을 찾기는 쉽지 않지만 어쨌든 국정공백은 빨리 메워야한다.

경제 침몰은 심각하다. 정부는 시장에서 청산 가능성까지 나왔던 대우조선을 그대로 두는 등 현재의 '조선 3사' 체제를 유지하기로 결정했다. 시급한 구조조정을 미룬 채 다음 정부로 공을 넘긴 셈이다. 주요산업은 경쟁력을 잃고 있다. 세계는 4차 산업혁명의 진행 중인데 우리의 경직된 노동시장과 후진적 정치로 4차 산업혁명의 빠른 변화를 따라가기는 사실상 불가능하다. 비효율을 걷어내기 위한 노동 · 공공 등 4대개혁은 한 발짝도 나가지 못하고 있다.

울분이 치밀어 문제를 이성적으로 접근하기도 쉽지 않은 분위기다. 하지만 '한국호'라는 배의 침몰은 막아야한다. 난파선에 선장하겠다는 정치인은 침몰하는 한국호를 구할 수 없다. 여야 정치권이 내년 대선을 겨냥하는 건 당연하다. 하지만 정치권이 명심할 일은 국민은 정치싸움 잘하는 편을 선택하지 않는다는 사실이다. 여야할 것 없이 내년 대선은 잊고 지금의 위기를 돌파하는 일에 매달려라. 그러면 국민의 선택을 받는다.

지금은 나라 살려내는 일이 급하다. 위기를 벗어나는데 언론의 역할도 중요하다. 최순실의 행태에 울분을 참을 수 없지만 그의 비리와 권력농단을 파헤치는 게 중요하지, 그의 구두가 얼마짜리라는 등 흥미위주의 보도는 언론의 본분은 아니다. 거국내각이든 책임총리든 우선 안보 챙기고 난국을 추스르고 경제침몰을 막는 일에 힘을 쏟아야한다. 지금의 위기극복은 국민의 힘을 결집할 수 있느냐에 달렸다. 이런 판국에 대통령의 진솔한 고백은 왜 없는가.

〈선사연 칼럼, 2016-11-03〉

06 언론의 자유와 언론의 횡포

박근혜 대통령 탄핵안이 국회에서 가결돼 헌법재판소로 넘어갔다. 헌재가 어떤 결정을 할지 예단할 수 없지만 헌재의 결정과는 관계없이 박 대통령의 권위와 도덕성은 회복하기 어렵게 됐다. 누구 탓도 아니다. 박 대통령의 자업자득이다.

이제는 헌법재판소의 판단을 기다려야한다. 그런데도 일부 야권과 촛불시위에서는 대통령 즉각 퇴진을 외친다. 헌법절차를 어기는 주장이다. 모든 걸 광장에서 결정해야한다면 국회의 탄핵가결은 무엇인가. '이게 나라냐'며 국민이 분노하는 건 당연하다. 그러나 법치를 따라야한다. 법치주의 아니고서는 국민을 하나로 통합할 수 없기 때문이다.

국민의 격한 분노와 법질서는 마찰을 빚고 있다. 하지만 법을 어겼다고 해서 그 제재를 법을 어기면서 할 수는 없다. 이런 경우 누군가는 중심을 잡아야한다. 정치권에 기대할 수 있는가. 여당인 새누리당은 존재감도 없이 서로 갈등하고 있고 분당 직전이다. 야당은 정권을 다 잡은 듯이 행동하며 그때그때 말이 바뀌고 정국을 오히려 혼란시킨다. 그렇다면 언론이 중심역할을 할 수 있는가.

최순실 사태를 둘러싼 신문과 방송, 특히 '종편'방송의 보도를 보면 언론에 중심역할을 기대하기 어렵다. 일부 언론은 기초적인 사실 확인도 없이 근거 없는 소문과 '찌라시'를 보도하고 방송하는 일에 주저함이 없었다. 사실이 어떻든 진상이 드러나기도 전에 보도를 통해 기정사실화시키는 일도 서슴지 않았다. 각종 인터넷 언론의 헷갈리는 정보까지 겹쳤다. 대통령의 의료기록이 공개된다. 최순실의 아버지 최태민 묘 사진까지 대서특필한다. 누구의 아들이 탤런트라는 이야기까지 등장한다. 사태의 본질과 관계없는 개인의 사생활까지 까발리는 언론의 행패는 그 도가 지나치지 않은가. 국민의 분노가 아무리 하늘을 찌른다고 해도 광장의 촛불시위 전 과정을 실시간으로 밤늦게까지 방송하는 건 지나친 것이다. 최순실과 대통령 탄핵과 퇴진 아니면 할 말이 없다는 것인가.

언론이 제대로 분석하지도 않고 한 쪽으로 치우친 편파적인 보도를 하는 경우를 들자면 한이 없다. 미국 대선보도만 해도 그렇다. 거의 모든 사람들은 민주당 힐러리의 당선이 확정적이라고 생각했다. 신문과 방송의 영향을 받고 그런 생각을 한 것이다. 그래서 공화당 트럼프가 당선된 게 이변이라고 했다. 그건 미국 유권자의 표심을 제대로 읽지 못한 국내외 언론의 왜곡된 보도를 그대로 믿었기 때문이다. 트럼프 당선은 이변이 아닌데 언론의 잘못된 보도 탓으로 이변으로 둔갑한 것이다.

2008년 광우병 난동을 되새겨보라. 미국 쇠고기 먹고 단 한 명도 광우병에 걸리지 않았다. 그런데 미국 쇠고기 먹으면 뇌에 구멍이 숭숭 뚫린다는 언론의 거짓 선동에 국민은 흥분했고 서울 한복판을 수개월 간 무법천지로 만들었다. 그 거짓 선동을 한 방송사는 아무런 제재도 받지 않고 건재하다.

2002년에 발생한 여중생 두 명이 미군장갑차에 치어 숨지는 사건(효순 미선 사건)을 기억하는가. 그건 안타까운 교통사고였다. 그런데 이 사건을 두고 미군이 살인했다면서 반미를 외쳤고 추모 촛불집회로 이어졌다. 이 경우에도 언론이 중심을 잃고 국민의 분노를 부추기는데 한몫을 하지 않았던가.

한국 언론의 일탈은 오래 전부터 지적돼왔다. 박대통령의 어이없는 행태를 아무리 생각해도 이해할 수 없다. 최순실의 잘못에 분노하지 않은 국민은 없다. 그렇다고 해도 특히 종편에 나오는 일부 패널들은 사태의 본질을 파헤치기는커녕(그들은 그럴 능력도 없는 것 같지만) 추측성・힐난조 발언을 일삼고 시골 사랑방 야담이나 우물가 아낙네들의 수다보다 못한 이야기로 시청자를 오도하거나 우롱할 수는 없는 일이다. 일부 패널들의 막말은 우리 사회 전체의 품위를 떨어뜨리는데 기여한다. 오죽하면 그런 방송을 안 본다는 사람도, 일부 신문의 구독을 끊었다는 사람도 늘고 있겠는가.

언론은 사회를 비추는 거울이다. 거울은 있는 그대로를 비춘다. 어떤 걸 비출 것인가에 따라 강조하는 바가 다르다. 사실을 있는 그대로 본다는 것도 쉬운 일은 아니다. 객관적으로 본다고 하는 것도 사실은 주관적이다. 객관적이라고 판단하는 것 자체가 주관적이라는 말이다. 이런 이야기를 해보자. 목동이 양떼를 몰고 들판으로 나갔다. 그때 늑대가 나타나 양떼를 잡아먹으려고 했다. 목동은 막대기로 늑대를 쫓아냈다. 사건은 이렇다. 그런데 양떼는 목동을 보고 평화를 사랑하는 사람이라 했고 도망치는 늑대는 목동을 자유경쟁을 방해한 사람이라 했다. 어느 말이 맞는가. 양떼의 입장이나 늑대의 입장에서는 자기들 말이 맞다.

냉정하게 생각해보자. 박근혜 대통령만 퇴진하면 모든 문제가 해결되는가. 결코 박 대통령을 옹호하자는 이야기가 아니다. 한국경제는 정치적 혼란까지 겹쳐 안개 속에서 추락하고 있다. 국민은 잘 먹고 잘살아야 하고 대한민국은 발전해야한다. 이

과제를 누가 어떻게 풀 것인가를 생각해야한다. 우리가 걱정하는 바가 바로 이것이다. 현재 거론되는 대권주자들은 대통령 퇴진만 외칠 뿐 나라를 어떻게 운영할 것인지에 대한 비전을 제시한 적이 없다. 그러면서 대권주자인체, 지도자인체 한다. 그들은 표밭 챙기고 집권욕심만 있을 뿐 촛불민심에 기대어 곁불 쬐려한다.

언론이 사회의 비리와 권력의 횡포·오만을 고발하는 비판기능을 갖는 건 당연하다. 하지만 언론 스스로 오만하고 횡포해서는 안 된다. 언론은 진실을 보도하지 않고 사회적 갈등을 증폭시키고 의혹을 부추기는 역할을 해서는 결코 안 되는 것이다. 감시자여야 할 언론이 심판자가 되고 있는 현상은 안타깝다. 언론은 거듭나야 한다. 사회가 얼마나 발전했는데 아직도 언론과 언론인들은 일반 국민보다 우월하다고 생각하고 사회를 계도하고 국민을 계몽해야 한다는 의식을 가지고 있는가. 그렇다면 그건 시대착오적이다. 자유에는 책임이 따른다. 지극히 평범하고 당연한 말을 다시 강조한다.

〈남해포럼 '회보'. 2017년 1월〉

07 박근혜 대통령 탄핵

박근혜 대통령은 결국 탄핵됐다. 국가적 불행이고 안타까운 일이다. '촛불'은 축제 분위기, '태극기'는 "헌재 판결 불복"을 선언했다. 갈등봉합은 쉽지 않을 조짐이다. 박 전 대통령은 청와대 관저를 떠나 사저로 돌아갔다. 몇 마디 남긴 메시지에 야권은 토를 달지만 패장에게 화살을 쏘지 않는 아량이 아쉽다.

지난 4개월여에 걸친 탄핵정국을 겨우 넘겼는데 곧바로 대선이다. 선거를 축제라고 한 건 거짓이다. 혼란과 갈등의 시간은 계속될 것이다. 국민이 뽑은 대통령을 탄핵했는데 이제 국민은 대통령 뽑는 일에 더 큰 눈을 떠야 한다. 선거전이 본격화되면 분위기에 휩쓸려 이성적 판단이 흐려지기 쉽다. 대선주자들은 좋은 세상 만들겠다고 큰소리지만 어설픈 인기몰이 공약으로는 좋은 세상 만들지 못한다. 안보에 공짜 없다. 일자리도 경제성장도 땀 흘려야 가능하다.

시급한 건 안보 다지기와 국민의 안정된 삶의 보장이다. 북한의 핵·미사일은 언제 터질지 모를 위협이다. 이를 막으려는 사드배치에 중국은 저급한 보복을 하고 있다. 롯데를 비롯한 한국기업 죽이기와 한국산 제품 불매운동, 반한(反韓)감정 유발 가짜뉴스 등 비열한 보복행태를 서슴지 않는다. 지난 1월 스위스 다보스포럼에서 시진핑 국가주석이 '자유무역 수호'를 강조하던 중국은 어디로 갔는가.

사드 레이더가 두 군데 배치돼있는 일본과 중국전체를 내다볼 수 있는 레이더 시스템을 갖춘 러시아에 대해서는 중국은 아무 말을 하지 않는다. 우리에게 시비를 거는 건 한국을 만만하게 보고 한미동맹을 이간시키고자하는 정치적 계산이 깔려 있다. 중국은 한반도 전체를 꿰뚫어보는 미사일 체계를 이미 전개했다. 그런 사실을 우리에게 통보하고 가부를 물어본 적이 없다.

이제는 그동안 중국을 잘못 본 우리의 시각을 바로 잡을 때다. 다행스럽게 중국의 비열한 행태가 우리를 일깨워주었다. 수출과 기업의 진출국 다변화를 지속적으로 추구, 중국 의존도를 줄여야한다. 중국관광객이 안 오면 안 오는 것이다. 우리가 안달해서 될 일이 아니다. 중요한 건 우리의 각오다. 중국 산품을 멀리할 대비도 해야 하고 우리의 중국관광도 자제함이 마땅하다. 중국은 한국제품 없으면 그들의 수출도 타격을 받을 것이라는 걸 모를 리 없다. 중국의 사드보복에 굴복하면 한국은 나라도 아니다.

이미 사드 배치는 시작됐는데 더불어민주당은 사드배치와 관련해 국회 동의가 필요하다는 걸 당론으로 결정했다. 또한 이를 관철하기 위해 헌법재판소에 권한쟁의 심판을 청구하는 것을 검토키로 했다는 것이다. 중국의 사드보복에 국민이 일치단결해도 부족할 텐데 우리 스스로 갈려 싸우고 있으니 중국으로서는 얼마나 고마운 일이겠는가. 중국은 사드에 부정적인 한국의 다음 정권을 기대하고 있다는 소식도 들린다. 반미(反美)주장 등을 그렇게 많이 외쳤던 시민단체들은 반중(反中)주장 한 번 하지 않았다. 더욱 한심한 건 지난 3월 4일 밤 광주 롯데백화점 앞 촛불 시위에서 "롯데는 각성하라"고 외쳤다. 우리 국민이 이런 일을 한 것이다.

북한은 미사일을 쏘고 있고 핵실험을 계속하려는 움직임을 보이는 등 북의 동향은 예측하기 어렵다. 미국은 북한에 강경하게 대응할 가능성을 높이고 있다. 한반도에 무슨 일이 일어날지 모른다. 철저하게 대비해도 부족하다. 우리를 싸고도는 대내외 정세는 엄혹해도 이를 극복하고 새로운 나라를 만들어야한다. 보수와 진보의 대결을 뛰어넘는 일이고 제대로 된 대한민국을 만드는 일이다. 증오의 정치를 퇴출시키는 건 국민의 몫이다. 일부 정치인들은 광장의 분노를 정책으로 수용해서 풀어나가기는커녕 광장에 불을 지르고 그 불에 곁불 쬐려했다. 이런 비겁함과 치졸함이 어디 있는가. 언론의 편파 · 왜곡 · 과장보도 습성을 바로 잡는 것도 독자와 시청자에게 맡겨진 과제다. 대선은 새로운 대한민국 만들 기회다. 기회는 붙잡지 못하면 돌이킬 수 없는 후회가 닥친다.

〈디지털타임스, 2017-03-15〉

제3부

국회와 국회의원과 청문회

01 19대 국회와 20대 국회가 할 일

총선잔치는 끝났다. 여소야대 정국으로 정치지형이 바뀌게 됐다. 여야 어느 정당도 과반미달로 독자적으로 찬성도 반대도 할 수 없다. 이것은 여야가 협치(協治)를 하라는 국민의 명령이다. 이제 여소야대 국회가 급한 경제 살리기와 안보 다지기에 어떻게 대처할 것인지 국민의 관심과 걱정은 집중된다.

바둑을 두고 나서 복기(復棋)를 하는 건 다시 한 번 판세의 흐름과 승부처를 따져보고 실수를 반복하지 않기 위해서다. 간단한 수를 못보고 엉뚱한 곳에 두어 판세를 망치기도 하는 게 바둑이다. 엉뚱한 행태를 하는 정당과 정치인이 국민의 심판을 받는 선거도 바둑과 다를 바 없다. 이기든 지든 그 까닭을 제대로 파악 못하면 다음 판에는 다시 패배한다.

새누리의 참패는 친박-반박으로 갈라져 싸우며 국민의 분노를 산 공천과정과 오만, 대화와 설득보다 국회 탓만 한 박대통령의 태도 등이 겹친 탓이었다. 국민은 더민주의 발목잡기 행태를 결코 잊은 게 아니다. 새누리의 오만이 더 컸기에 야당은 반사이익을 얻은 것이지 잘해서 이긴 게 아니다.

박대통령 정부의 임기는 1년 10개월 이상 남았다. 박대통령 정부가 성공적으로 끝나야한다. 대한민국을 위해서다. 박 대통령의 국정 장악력이 떨어지면 어려움을 겪는 건 결국 국민이다. 그래서 국민의 마음이 무겁고 박대통령의 태도변화를 바라는 것이다. 경제는 더 깊은 수렁으로 빠져들고 있다. 지난 5년간 경제성장률은 연평균 3% 미만이고 올해 성장률은 2% 중반에 머물 것이라는 전망이다. 이대로는 안 된다. 일에는 때가 있다. 세계 각국은 살아남기 위해 할 수 있는 모든 수단과 정책을 동원한다.

20대 국회는 5월30일에 시작되지만 사실상 7월이 돼야 열릴 것이다. 그때까지 한가하게 기다릴 여유가 없다. 19대 국회임기는 5월 29일까지다. 당장 국회를 열어 서비스산업발전기본법과 노동개혁 4법 등을 서둘러 처리해야한다. 놀고먹으라고 국회의원에게 세비를 주는 게 아니다. 그동안 국회선진화법을 무기로 경제 살리기 법안 처리에 발목 잡은 야당의 행태를 국민은 기억한다. 선거에 이겼다고 그런 행태가 면죄부를 받은 건 아니다.

정부는 구조개혁을 서두르고 야당도 협조해야한다. 20대 국회는 마땅히 경제와 안보문제에 총력을 기울이고 국회의원 특권을 내려놓는 문제도 결단을 내려야한다. 이미 2012년 총선과 대선에서 여야 정당은 세비 30%를 삭감하고 '무노동 무임금 원칙'을 적용하며 면책특권과 불체포 특권도 포기하겠다고 약속했다. 국회의원 정수도 줄이겠다고 했다. 어느 것 하나 지키지 않았다.

국회의원의 세비가 국민의 소득수준에 비해 많은 것도 문제지만 자기들 스스로 세비를 결정하는 특권이 문제다. 스웨덴 · 프랑스 · 영국 등 선진국 국회의원의 세비는 국민소득의 2~3배 수준이다. 한국은 5배가 넘는다. 세비뿐인가. 일반수당, 급식비, 입법 활동비, 특별활동비, 교통비 지원 등 온갖 특권이 따른다. 보좌진을 9명까지 채용할 수 있다. 국회의원은 국민을 위해 봉사하기보다 특권을 누리는 존재가 돼있고 국민은 국회의원을 위한 들러리가 돼있다.

스웨덴과 덴마크 국회의원은 대중교통을 이용하거나 자전거로 출퇴근한다. 특권과 특혜도 없다. 스웨덴 국회의원에게는 개인 보좌관 자체가 존재하지 않는다. 의회선진국 영국의 국회의원도 자전거로 출퇴근하는 경우가 흔하며 특권도 없다. 고양이는 스스로 목에 방울을 달지 않는다. 국회의원이 스스로 세비나 특권 등에 대한 결정을 못하게 하고 선거구 획정과 의원정원 결정도 국회 밖의 기구에서 결정하게 국민운동을 벌일 때다.

먹고사는 문제는 절박하다. 정치국회 말고 민생국회가 돼야한다. 협력할 건 협력하고 당당하게 책임지는 정당과 정치인에게 큰 기회는 온다. 국민의 기억력과 판단은 어긋나지 않을 것이다.

〈선사연 칼럼 2016-04-18.〉

02 이런 정치, 이런 국회에 무엇을 기대하랴

공무원연금법 개정안이 지난 5월 29일 새벽 국회에서 통과됐다. 그동안 국회는 공무원연금법 협상과정에서 아무 관련도 없는 국민연금법, 세월호법과 연계시키고 마지막엔 국회법개정과 연계시키는 온갖 작태를 연출했다. 그런 결과 개혁이란 말을 붙이기도 어려운 법이 됐다. 그래서 국민은 허탈하다.

경제가 어려웠던 시절, 경제만 잘 되면 모든 문제가 잘 풀리고 정치도 그럴 것이라고 생각했다. 하지만 먹고 살만하니까 곳곳에서 갈등이 분출되고 정치는 오히려 갈등을 조장하고 경제에 발목을 걸고 있다. 오죽하면 한국은 '기업은 2류, 행정은 3류, 정치는 4류'라고 했을까. 지금 정치는 4류보다 못한 게 아닐까.

청년 일자리 창출과 경제 살리기가 급한데 여야는 '공무원연금 싸움' 하느라 서비스 · 의료 · 관광 등 일자리 66만개를 만드는 경제활성화법 통과는 외면했다. 그런가 하면 문제의 국회법 개정안은 통과시켰다. 도대체 국회가 무얼 하겠다는 건가. 경제활성화법이 통과된다 해도 경제 살리기는 쉬운 일 아닌데 그런 노력조차 포기했다. 기가 찰 일이다. 일에는 때가 있다. 골든타임을 놓치면 버스 지난 뒤 손들기다.

지금 우리가 해야 할 말은 "경제가 문제야, 바보야."가 아니라 "정치가 문제야, 바보야"다. 정치가 할 일은 국민의 이해관계를 조정하고 갈등을 해소하며 국민이 안전하게 먹고살 수 있게 바탕을 까는 것이다. 우리의 정치가 과연 그런가. 기념식과 추도식이 갈등의 현장이 되고 있고 세월호 참사도 사고에 대한 성찰은 뒷전이고 정치문제로 비화됐다. 무슨 사건과 사고가 터지면 바로 정치문제화 된다.

정치가 싸움판이 되고 국회가 해야 할 일을 안 해도 바로잡을 방법이 없다. 내년 총선에서 사람을 잘 뽑자고? 언제는 그런 소리 안 했나? 국민의 고민은 바로 여기에 있다. 사람을 잘 뽑는 것도 중요하지만 제도를 손봐야한다. 우선 다수결 원칙을 부정하는 국회선진화법부터 없앨 일이다. 소수가 다수의 발목을 잡는 소위 '알 박기 법'이 있는 한 국회 과반의석은 별 의미가 없다. 현 국회에서 바로잡기 어렵다면 내년 총선에서 국회선진화법을 없애겠다는 공약을 내걸어라. 대화와 타협이 잘 안 될 때 다수결원칙에 따르는 게 민주주의다. 소수당이 옳은 주장을 하고도 표결에서 진다면 그건 지면서 이기는 게임이다. 누가 옳은지는 다음 선거에서 국민이 심판할 것이기 때문이다.

국회선진화법은 2012년 18대 국회 마지막 본회의에서 다수당인 새누리당(당시 한나라당)이 주도해 만들었다. "몸싸움하는 '동물국회'를 막겠다"고 했지만 국회는 '식물국회'가 돼있다. 새누리당은 지난 1월 뒤늦게 이 법의 위헌성을 가려달라며 헌법재판소에 권한쟁의 심판을 청구해놓았다. 하지만 그 원죄를 묻지 않을 수 없다. 국회 상임위원장도 다수당이 모두 맡는 게 책임정치에 걸맞다. 어느 당의 유·불리를 따질 일이 아니다. 다수당이 모든 정책에 결과적 책임을 지는 게 옳다. 언제까지 여당만 하고 또 야당만 할 건가.

국가의 명운은 정치적 판단과 선택에 달려 있다. 경제와 안보, 사회 안정, 국가장기 전략을 세우는 것은 정치의 몫이다. 정치는 끝없는 선거운동이다. 선거만 치르면 잘 산다는 보장이 없다. 다음선거를 걱정하지 않는 정치인이 어디 있을까만 다음 세대도 생각해야한다. 독일 슈뢰더 전 총리는 총리시절 노동시장과 연금개혁을 추진하다 2005년 총선에서 패배했다. 그러나 그 결과 독일 경제는 살아났다. 경제를 살리는 결정을 하고 정권을 잃었다.

개혁을 내세운 공무원 연금법안이 개혁 흉내만 내고 말았다. 앞으로 공공·금융·교육·노사문제 등 개혁이 이런 후진적이고 무능하고 퇴영적인 정치판에서 가능하겠는가. 개혁에는 저항이 있게 마련이다. 정권을 내놓을 각오하고 개혁하라. 그리고 국민의 응답을 기다려라.

〈선사연 칼럼. 2015-06-03〉

03 국회의원 정수 오히려 줄여야 한다

내년 총선을 앞두고 국회의원 정수를 늘리자는 주장이 나왔다. 새정치민주연합 혁신위가 국회의석을 현행 300석(지역구 246+비례대표 54)에서 369석(246+123)으로, 이종걸 원내대표는 최대 390석(260+130)으로 늘리자는 제안을 한 것이다. 여당인 새누리당이 반대의 뜻을 보이고 있으니 성사될 것 같지는 않지만 이런 문제가 제기된 것 자체가 국민으로서는 불쾌하다.

19대 국회의석이 299에서 300으로 1석 늘어난 것은 세종시 선거구 신설 때문이었다. 지역구 1석을 줄일 수 없었기 때문에 예외적으로 1석을 인정한 것이다. 299석과 300석은 단순히 1석 차이가 아니다. 200대와 300대라는 숫자가 주는 느낌은 사뭇 다르다. 선거구를 조정하면서도 그동안 299석을 지켰다. 300석을 넘지 않아야한다는 암묵적 합의가 있었기 때문이다.

지난 2월 중앙선관위가 국회에 제출한 정치관계법 개정안에 따르면 국회의원 정수를 300으로 유지하되 지역구와 비례대표 의원의 비율을 2:1로 맞추자는 것이 핵심이었다. 그런데 지역구는 그대로 두거나 늘리고 비례대표 의원수도 늘려 그 비율을 맞추려는 것이다. 기득권을 지키거나 확대하려는 꼼수나 다름없다. 기득권을 지키려고 하는 일에는 여야가 따로 없다. 기득권을 지키고 국회의원 수를 늘리지 않으려면 차라리 비례대표를 없애는 게 옳다. 그런데 '권역별 비례대표제'를 도입하자는 새로운 이야기도 나온다.

비례대표제는 직능단체대표나 다양한 분야의 전문가를 뽑아 전문성과 다양성을 대표한다는 게 원래의 취지였다. 그러나 돈 공천 또는 자기 진영 사람 심기라는 등 말이 많은 걸 보면 그 취지는 크게 실종됐다. 전문성이 필요하면 전문가의 조언을 구하거나 국회전문위원의 도움을 받으면 된다. 비례대표제를 유지하지 않아도 아무 문제가 없는 것이다. 국회의원 1명이 7명의 보좌진과 인턴 2명까지 채용할 수 있는데 그들을 어디에 활용하고 있는가.

국회의원 숫자가 부족해서 나랏일이 잘 안 된다고 생각하는 국민은 국회의원을 빼고는 없다. 많을수록 좋은 건 청년 일자리지 국회의원이 아니다. 국회의원 몇 명이면 적정한가를 재는 기준은 없다. 나라마다 사정은 다르다. 우리 국민의 절대다수는 국회의석을 늘려서는 안 된다고 생각한다. 오히려 의석수를 줄이자는 의견이 절대다수다. 국회의원들의 행태에 얼마나 실망했으면 국회해산 이야기도 나오겠는가.

비판여론 때문인지 의원 정수가 늘어도 "국회 총예산은 현행 300명이 받아 온 규모를 유지하자"거나 "세비를 절반으로 줄이자"고 한다. 세비 줄인다는 말장난을 믿으라고? 말과 행동이 어떻게 바뀔지 누가 아는가. 언젠가 국회의원들이 특권을 내려놓고 세비삭감도 하겠다고 했지만 그렇게 했다는 소리는 듣지 못했다.

선거가 민주주의 꽃이라지만 우리의 경우 경제엔 독이다. 경제에 부담 주는 사탕발림공약과 퍼주기 공약은 모두 선거과정에서 나왔다. 경제는 선거가 없거나 정치인이 잠자는 밤에 성장한다는 말이 무슨 뜻이겠는가. 국회의원들은 민주주의를 외치면서도 특권의식 때문인지 그들이 만든 법을 예사로 어긴다. 큰일이야 말할 것도 없지만 간단한 예로 국회의원이 폴리스라인을 어기는 걸 보라. 그러니 데모꾼들도 그렇게 하고 경찰과 의경을 폭행한다.

정치판에는 과거 자신의 정치행위나 관여했던 정치상황에 대하여 털끝만한 책임의식을 갖지 않는 사람들이 모여 있다고 해도 과언이 아니다. 선거 때면 좋은 사람 뽑자고 하지만 출마한 사람들이 거의 그렇고 그렇다면 달리 방법이 없다. 뽑아놓고 후회한 적이 어디 한 두 번인가. 국회의석 증가를 반대하는 건 돈 때문만은 아니다. 국회가 국가적 장애물이라는 비판도 있지 않는가. 우선 숫자라도 줄이는 게 그래도 낫겠다는 게 대다수 국민의 생각이다.

〈선사연 칼럼, 2015-08-05〉

04 국회는 세월호 조타실과 닮은꼴이다

세월호 유가족대책위원회 일부 임원의 대리운전기사 취중 폭행사건은 세월호 사태에서 파생된 또 다른 사건이다. 사람 사는 세상에 사건사고나 갈등이 없을 수 없다. 어느 시대 어느 사회에서도 갈등은 있다. 갈등 그 자체는 큰 문제가 아니다. 갈등을 잘 극복하면 발전으로 이어진다.

하지만 한국사회는 갈등 극복은커녕 갈등이 또 다른 갈등을 낳고 그 갈등은 분노로 바뀌고 엉뚱한 곳으로 번진다. 대리기사 폭행 사건을 보라. 이 사건을 두고도 엉뚱한 말들이 오간다. 세월호 유족 김모씨는 폭행사건을 "저들이 준비해놓은 함정일 수 있다"고 한다. 작가 공지영씨는 "어느 동네서 대리기사와 다툼한 일까지 대대적으로 보도한다"고 언론을 나무란다.

사실관계 파악이나 옳고 그름을 따지기보다 보고 싶은 것만 보고, 하고 싶은 말만 하는 세상이다. 폭행사건의 단초를 제공한 김현 국회의원이 했다는 "내가 누군지 알아?"라는 말에서 슈퍼 갑(甲)질에 익숙한 국회의원의 민낯을 본다. 유족의 아픔을 어찌 다 헤아릴 수 있겠는가. 하지만 그들은 유족일 뿐 정치적 발언을 하거나 특권의식을 가지는 건 옳지 않다. 피해자라고 해서 어떤 월권적 요구나 행동을 할 수 있는 건 아니다.

세월호는 애당초 정치쟁점화 될 성격의 문제가 아니었다. 그러나 세월호 침몰이 정치적 음모와 관계돼있는 듯이 포장되면서 특별법을 둘러싼 정치권 싸움이 계속된 것이다. 세월호 침몰 당일 '박 대통령의 7시간'의 시간대별 행적까지 도마에 올랐다. 대통령의 행적이 세월호 침몰과 어떤 관계가 있는 것인가. 국가적 불행사태가 정쟁의 구실이 되고 대통령 망신주기에 이용되는 건 안타까운 일이다. 대통령은 성역이 아니다. 정책 잘못은 당연히 지적되고 비판돼야한다. 하지만 모든 책임을 대통령에게 떠넘기거나 대통령이 나서야 모든 게 돌아가는 사회라면 제대로 된 사회라고 할 수 있는가. 대통령의 실정(失政)을 비판하려면 제대로 해야 한다.

특별법을 만들고 거기에 어떤 내용을 담든 그건 국회의 몫이다. 대통령이 할 일 아니다. 국회가 법 만드는 데 누구의 허가를 받거나 동의를 받을 일인가. 국회는 지난 5월부터 민생법안을 비롯한 법안을 단 한건도 의결하지 않았다. 대의정치를 실종시키고 다수결 원칙을 무너뜨리는 요상한 국회선진화법을 여야가 함께 만들어 놓고 민주주의를 한다고 주장하는 자들이 국회의원이다.

누가 협상과 타협의 정치를 마다하는가. 하지만 원칙은 협상과 타협의 대상이 아니다. 정당이 정치적 견해를 달리하면서 싸우는 걸 누가 탓하는가. 문제는 싸우는 방법이다. 여당이 힘으로 법을 통과시키고 어떤 결정을 한다고 하자. 그 결정이 국민의 뜻에 어긋나면 다음 선거에서 비판받게 돼있다. 야당은 표결에 지면서 국민의 지지를 얻어 이기는 게임을 해야 한다. 언제까지 야당만 할 게 아니지 않는가. 정치가 경제와 사회는 물론 국민의 삶 그 자체를 위협하고 있는 걸 보는 국민의 심장은 터지기 직전이다. 정치인들은 제발 입버릇처럼 국민의 뜻이라는 소릴 하지마라. 그들이 말하는 국민 속에 끼이고 싶지 않은 국민이 얼마나 많은지 아는가.

이제는 세월호 유가족의 아픔을 보듬으면서 세월호 매듭을 빨리 풀고 일상으로 돌아가야 한다. 슬픔은 자제할수록 엄숙하다고 했다. 세월호에 휩싸여 경제와 민생에 생긴 싱크홀(sink hole)현상을 보고만 있을 건가. 세월호 특별법과 민생이 무슨 관계가 있는 건가. 경제 살리고 민생 챙기는 데에도 때가 있다. 잠깐이라도 졸면 바로 낭떠러지다.

야당이 비대위원장을 새로 뽑아 여야협상 움직임이 보이지만 지금 서둘러도 너무 늦다. 국회 여는 것도 협상이라니 이게 제대로 된 나라인가. 일찍이 한국경제신문은 사설(4월28일자)에서 '대한민국 국회는 세월호 조타실과 무엇이 다른가' 라고 했다. 옳은 지적이다. 오죽하면 국민들이 국회를 해산하라고 하겠는가. 국회의원 스스로 약속했던 특권 내려놓기는 어찌됐는가. 또 다음 선거 때 써먹을 건가. 당장 세비반납 운동에 나서자. 국회의원 국민소환제 도입을 촉구하자. 저질 막말하고 비리 저지르는 국회의원의 이름을 돌에 새기자. 국회가 제 할을 할 수 있게 선진화법부터 고치도록 국민이 나서자. 나라가 흔들리는데 중심을 잡을 중심이 없으니 국민이 나설 수밖에 없지 않은가.

〈선사연 칼럼. 2014-09-25〉

05 정치인 출판기념회, 이대로는 안 된다

최근 중앙선관위는 '2013년도 국회의원 후원금 모금 현황'을 공개했다. 대부분 모금액이 1억5천만 원 선에 걸쳐 있다. 정치자금법상 연간 모금한도인 1억5천만 원을 초과한 금액은 다음 연도에 이월되기 때문에 한도액 수준으로 모금하는 게 일종의 관행이라는 것이다.

6·4 지방선거를 앞두고 출판기념회가 전국 각지에서 열렸다. 선거일 전 90일까지 허용되기 때문에 그 기간에 맞춰 선거에 나서려는 각급 단체장과 의원 후보들이 너나없이 책을 펴낸 것이다. 자신을 홍보하고 세를 과시할 수 있어 출판기념회는 선거출정식이나 다름없다. 책값으로 받는 돈은 사실상의 후원금이자 선거자금이지만 한도가 정해져있지 않고 공개할 의무도 없다. 사정이 이러한데 정치자금법이 있으면 뭐하는가. 공식 후원금 모금액만 한도를 정하고 공개하는 건 뒷문 열어놓고 앞문만 단속하는 것과 다를 바 없다.

글을 쓰고 책을 펴내는 일은 뼈를 깎는 작업에 비유된다. 그래서 출판을 축하하고 저자와 이야기를 나누는 조촐한 모임이 출판기념회다. 정치인들의 출판기념회는 사뭇 다르다. 모임의 장소는 호화스럽거나 많은 사람을 수용할 수 있는 곳이다. 몰려든 사람들이 책값이라고 할 수 없는 액수의 돈 봉투를 들고 줄을 선다. 책을 사서 읽으려는 사람들이라기보다 주인공인 저자와 얼굴 맞추려는 사람들이 대부분이다. 수천 권의 책이 동이 난다. 이건 한편의 희극이자 우리들의 자화상이다.

국회의원의 출판기념회는 대부분 정기국회기간에 열린다. 국정감사를 받는 기관 줄 세우기라는 비난을 받는 이유다. 유력 정치인들이 걷어 들이는 책값이 억 단위가 된다고도 하고 10억 원을 초과한다는 소문도 들린다. 거액의 정치자금을 합법적으로 모우는 이런 창구가 있다는 건 그들에게 축복이다.

정치인이 자신의 정치철학이나 경험, 포부를 책으로 내는 것은 장려할 일이지 비난할 일은 아니다. 정치인이 훌륭한 책을 펴내지 못할 이유가 없다. 문제는 책값 수금방법이고 책의 내용과 질이다. 남이 대신 써준 것을 펴내는 경우가 허다하다는 소리도 들린다. 자기가 쓰지 않은 책을 내는 건 도둑질이요 사기다. 어떤 정치인은 이미 펴낸 책을 제목만 바꾸거나 한번 선보였던 책을 다시 출판해서 모임을 강행했다. 목적은 책값을 핑계로 거둬들이는 돈 봉투에 있었기 때문이다.

'출판기념회를 열지 않는 정치인은 바보'라고 하는 소리가 나오는데도 출판기념회를 단 한 번도 하지 않은 국회의원도 있다. 그 재선의원은 "책을 낼까 생각해서 글을 써놓기도 했지만 그런 글을 사람들에게 읽힌다는 게 양심상 허락이 안됐다"라고 말한다. 6·4 지방선거를 앞두고 우후죽순처럼 열리는 출판기념회에 대한 비난이 일자 여야대표는 "정치자금법을 정비하겠다거나 회계투명성을 강화하겠다"고 했다. 하지만 이렇게 좋은 수금창구를 스스로 닫을 리가 있을까 하는 생각을 떨칠 수가 없다. 출판기념회를 그대로 둔다면 무엇보다 먼저 정치인 스스로 책값으로 받은 돈 액수를 밝히고 세금을 내야한다. 소득이 있으면 세금을 내는 게 옳다. 정치인이라고 예외가 될 이유가 없다. 출판기념회를 공식 후원금처럼 중앙선관위의 통제 아래 두는 방안도 마련해야한다.

좋은 책을 펴내고 읽는 건 좋은 일이다. 그건 뛰어난 사람들과 대화를 나누는 것과 같기 때문이다. 책보다 더 위대한 교사는 없다. 누구나 책을 펴낼 수 있다. 하지만 독자의 지적 호기심과 지식을 충족시켜줄 최소한의 양심과 양식(良識)은 있어야한다. 책을 출판하는 정치인들의 답을 듣고 싶다. 지역과 사회와 국가를 다스리겠다고 하는 정치인들에게 그런 걸 묻는 건 당연하지 않은가.

〈선사연 칼럼. 2014-3-26〉

06 국회의원 평생연금

단 하루 그 자리에 있어도, 부정과 비리를 저질러 그 자리에서 쫓겨나도 65세 이상이 되면 그 자리에 있었다는 사실만으로 평생 매월 120만원을 받는다면 어떤가. 국회의원 평생연금 이야기다. 국회의원 평생연금 제도는 당초 잘못 출발했지만 국민들은 제대로 알지 못했다. 그러나 최근 통합진보당 사태 때문에 이 제도가 잘못됐음을 알게 된 것이다. 연금액수는 2010년 '헌정회 육성법' 개정으로 100만원에서 인상된 것이지만 금액의 크기를 따지자는 게 아니다.

왜 그런 혜택이 주어져야 하는가를 국민은 알지도 납득하지도 못한다. 당초 가난한 전직 의원들을 돕자는 뜻이었다고 하지만 그건 제도 도입의 구실에 불과했다. 왜 가난한 전직의원만 보살펴야하는가. 일반 서민은 어쩌라고. 국회의원으로 온갖 특혜와 특권을 누리다가 의원직을 그만둔 뒤에도 계속 특혜를 누리겠다는 것은 꿩도 먹고 알도 먹겠다는 것이다. 국회의원 스스로 법을 만들고 또 고치니 엿장수 마음대로다. 엿장수도 아무 때나 가위질을 하지 않는다.

120만원은 그들이 만지던 돈에 비하면 그야말로 '껌값'에 불과할 것이다. 그러나 한번 비교해보라. 일반 국민이 120만원의 국민연금을 받으려면 매달 30만원씩 약 30년 동안 불입해야 한다. 공무원을 비롯한 대부분의 연금 대상자는 연금을 받으려면 20년 이상 근무해야 하고 일정액을 매월 불입해야한다. 일반국민은 노후 대비하려고 국민연금 보험료를 낸다. 그런데 국회의원 지낸 사람은 보험료 한 푼 내지 않고 국민의 세금으로 연금지원을 받는다. 왜 그래야 하는가. 그게 타당한 일인가.

현재 65세 이상 6·25 전쟁 등 참전 유공자들은 월 12만원의 참전수당을 받는다. 목숨 걸고 전쟁에 나갔던 자들이 받는 수당은 진짜 '껌값'이다. 6.25참전 용사는 대부분 나이가 80세 이상의 고령이어서 지원을 받을 시간도 많지 않다. 국민연금 가입자가 2000만 명을 넘어섰다. 국민의 절반은 국민연금이 노후 대책의 전부다. 고령화 사회에서 긴 노후를 지탱할 길이 막막하다. 일반 서민의 노후는 불안 그 자체다.

비록 전직 의원들 중 어려운 처지에 있는 사람이 있다하더라도 일반 서민에 비하랴. 국회의원을 지낸 '죄(?)'로 품위를 유지해야 할 일이 많아 용돈이 필요하다는 것인가. 일반국민의 품위는 어떡하라고? 품위유지는커녕 먹고살기에 지쳐있는 서민들의 삶을 보라. 서민들은 하루를 사는 것이 아니라 하루하루 숱한 굴욕을 참고 견디는 삶을 살고 있다.

이한구 새누리당 원내대표는 연금과 국회의원이 누리는 특권 전반을 재검토하겠다는 뜻을 밝혔다. 여론에 밀려 검토하겠다고 한 말인지 실제로 검토해서 손질할 것인지는 지켜봐야한다. 19대 국회가 시작됐지만 국민의 기대는 크지 않다. 국민들은 또다시 그들끼리의 리그전을 벌일 것이라고 생각하기 때문이다. 정치와 정치인을 보는 국민의 시선은 곱지 않다.

평생연금 폐지하고 200여 가지에 이른다는 분에 넘치는 특권도 과감히 폐지하라. 그게 국회의원을 뽑아준 국민에 대한 봉사요 곱지 않은 국민의 시선을 바로잡는 길이다. 새 정치니 시대정신이니 하는 말로 포장할 필요도 없다. 국회의원이 국민의 대표라면 아픔과 기쁨을 국민과 함께 하겠다는 진정성과 결의를 보이면 되는 것이다.

〈uKopia.com, 2012-06-04〉

07 국회의원에게 '무노동 무임금'을 적용해야

일하지 않으면 먹지도 말라는 말은 '먹지 말라'는 걸 강조한 것이 아니라 '일하라'는 걸 강조한 것이다. 19대 국회 임기는 5월 30일 시작됐다. 법으로 정한 개원일은 6월5일, 그러나 국회는 아직 문이 닫혀있다. 여야는 상임위자리 배분을 둘러싼 힘겨루기를 하고 있을 뿐 법을 어기는 일을 스스로 하고 있는 것이다.

지난 20일은 국회의원의 세비가 지급된 날이다. 새누리당 의원들은 지난 총선 때부터 공약으로 내세웠던 '무노동 · 무임금'의 구체적인 실현을 위해 6월 세비를 반납하거나 기부했다. 민주통합당은 국회 개원이 안 되는 책임을 모면하려는 쇼라고 못마땅한 반응을 보였다. 그러나 쇼라도 좋으니 '무노동 무임금'에 동참하라는 게 일반 국민의 정서다. 국회 원구성도 못한 최소한의 정치적 책임을 지는 시늉이라도 하는 게 마땅하다는 것이다.

새누리당이 세비를 반납하겠다고 스스로 주장했다. 하지만 이런 주장은 국민들이 먼저 했어야 하는 일이었다. 오죽하면 세비지급이 부당하다는 여론이 광범한 지지를 받겠는가. 국회의원은 근로기준법이 정하는 근로자가 아니고, 받는 보수는 임금이 아니라 수당이기 때문에 '무노동 무임금' 적용대상이 될 수 없다고 주장하는 국회의원도 있다.

국회 상임위와 본회의에 참석하는 것만이 국회의원의 활동이 아니라 지역구활동이나 국회에서 할 일을 준비하는 것 모두 국회의원활동이라는 주장도 한다. 대학교수가 강의하는 것만 노동이 아니라 강의를 준비하는 과정도 노동에 포함되지 않느냐는 논리를 댄다. 구차하고 낯 뜨거운 비유이며 억지다.

국회의원에게 '무노동 무임금'을 적용하자는 뜻은 국회의원으로서 해야 할 일을 하라는 주문이지 누가 근로자이며 어떤 게 임금인가를 따지는 용어풀이가 아니다. 근로자든 공직자 든, 또 임금이든 월급이든 세비든 수당이든 일한 대가로 받는 것이라면 일하지 않은 경우 받지 않는 게 옳은 일 아닌가.

세비 반납하는 것으로 일하지 않은 죄가 가벼워지는 게 아니다. 일하지 않고 세비 챙기는 건 더욱 염치없는 일이다. '무노동 무임금' 문제만 현안이 아니다. 여야 모두 국회의원이 누리는 '특권'을 포기하는 일을 서둘러야 한다. 의원연금 문제도 결단을 내려라.

민주통합당 초선의원들은 의원직을 박탈할 수 있도록 하는 '국회의원의 국민소환에 관한 법률' 제정안을 국회에 제출했다고 한다. 시늉만 하고 변죽만 요란하게 울리다가 없던 일이 되지 않았으면 한다. 국회의원 같지도 않은 자들이 국민의 대표를 자처하는 모습을 보고 싶은 국민은 없다.

시골길을 가던 버스가 추락해서 사상자가 생겼다. "생존자는 없었는가"하는 경찰의 질문에 마을 사람들은 "살아있다"고 말하는 국회의원 몇 사람이 있었지만 그들의 말을 믿을 수가 없어서 모두 묻었다고 답했다는 것이다. 물론 웃자는 유머지만 국회의원들이 이렇게 술안주 감이 되고 있다.

거짓말 잘 하는 사람이 국회의원이라는 국민 일반의 인식을 누가 불식해야 할까. 그 책무가 국회의원에게 있다. 어쨌든 국회의원이 국민을 걱정하는 게 아니라 국민이 국회의원 때문에 괴로움을 받는 세상이 돼있다. 국회의원들은 기회 있을 때마다 국민을 위해서라고 외친다. 그들이 말하는 국민은 누구인가. 그런 국민 속에 포함되고 싶지 않다는 국민은 많다. 국회의원이 깨달아야할 일이 어디 이것뿐이겠는가.

〈uKopia.com, 2012-06-25〉

08 법 만드는 국회가 법을 어기면 누가 법을 지키나

국회가 드디어 2일 문을 연다. 도대체 국회가 문을 여는데 무슨 조건이 필요하며 왜 그것이 협상대상이 되는지 그들을 뽑아준 국민은 알 길이 없다. 입학시험에 합격해 입학허가서를 받은 학생이 담임선생님을 누구로 해달라든가, 어느 반에 넣어달라는 조건을 달고 입학식을 거부하며 떼쓰는 일과 무엇이 다른가.

지난 4월11일 총선에서 당선된 19대 국회의원의 임기시작은 5월30일이다. 국회법에는 임기 개시 7일 만인 6월 5일 본회의를 열어 국회의장을 선출하고, 그로부터 사흘 뒤인 8일까지는 원 구성을 마쳐야 한다고 규정하고 있다. 그러나 이번 19대 국회에서도 이전의 국회처럼 법을 어겼다. 법을 어기는 게 관행처럼 돼있어 법을 어겼다는 생각조차 하지 않고 있다. 법을 만드는 국회가 법을 어기면서 국민에게 법을 지키라고 한다면 교수는 논문표절을 하면서 학생에게는 부정행위하지 말라고 하는 것과 다를 바 없는 자기기만이고 위선이다.

상임위원장 자리 나누기와 각종 정치 현안 처리문제는 국회가 문을 열고 해결할 일인데 그것이 국회개원의 협상대상이 돼있으니 참으로 괴상한 일이다. 오죽하면 변호사 협회가 세비 반환 청구 소송을 추진하는 사태까지 빚어졌겠는가. 국회의원들이 스스로 변하지 않으면 변할 수 있게 하는 강제수단을 동원하는 게 옳다. 국회개원을 제때 못하면 정당의 국고보조금 삭감과 국회의원 세비지급을 금지하고 국고에 환수하는 법을 만들어야한다. 국민은 아무 잘못한 일을 하지 않았는데(사실 국회의원 잘못 뽑은 잘못은 있지만) 국회의원들의 자발적인 선심(?)에 기대하고 국가 중요정책의 표류를 안타깝게 지켜보아야할 까닭이 없다.

헌법학자 김철수 교수는 대통령도 선거에 의해서 취임하는 게 아니고, 대통령으로서 취임선서를 해야만 대통령직을 수행할 수 있다고 법 해석을 했다. 또한 김 교수는 국회의원도 당선에 의해서가 아니라, 국회에 등원해 선서를 해야만 국회의원직을 수행할 수 있다면서 취임선서는 국회의원 자격의 출발선이라고 주장했다(문화일보 6월 28일). 그렇다면 선서를 하지 않은 국회의원은 세비를 받을 자격이 없는 것이다. 이미 세비를 받은 국회의원은 세비를 반환해야 마땅하다. 국회가 문을 열어도 국민의 마음은 편치 않다. 문 열자말자 민간인 불법사찰 국정조사, 언론관련 청문회 등을 놓고 여야 간 난타전이 전개될 게 뻔하다.

더욱이 연말 대선을 앞두고 기선 제압하기, 상대 흠집 내기 싸움판을 벌일 것이다. 그런 싸움을 지켜보아야하는 국민은 짜증을 넘어 분노가 치밀 것이다. 싸우더라도 민생과 경제를 챙길 수는 없는가. 국회가 문을 열었으니 우선 국회의원 특권부터 내려놓는 일에 나서야한다. 다행스러운 건 새누리당과 민주통합당이 특권포기 경쟁을 벌이고 있어 기대하는 바 있다. 특권을 내려놓겠다면 이 기회에 9명에 이르는 보좌진(보좌관 2명, 비서관 2명, 비서 3명, 인턴 2명) 감축하는 문제도 검토하라.

새로운 정치를 하겠다고 약속했으면서도 구태정치를 일삼거나 허튼 공약 내세우고 안 지키는 정치인들은 유권자를 희롱한 것이나 다름없다. 그런 정치인들을 유권자 희롱죄로 고소해서 처벌하는 법이라도 만들어야하지 않을까.

〈uKopia.com, 2012-07-02〉

09 국무총리 후보자 '문창극 사퇴'와 오도된 여론

문창극 국무총리 후보자가 결국 사퇴했다. 사실상 사퇴를 강요당한 것이나 다름없다. 박근혜 정부 출범 1년 4개월 만에 총리후보자가 세 명이나 낙마하는 사태가 벌어졌다. 인사는 만사(萬事)가 아니라 망사(亡事)라고 해야 하나. 문 후보자는 청문회에 가지도 못하고 제대로 검증받지도 못한 채 인민재판을 당했다. 그것도 명색이 공영방송이라는 KBS의 악의적인 짜깁기 방송이 촉발한 오도된 여론 때문이었다.

문 후보자가 사퇴하자 박근혜 대통령은 청와대 대변인을 통해 "인사청문회까지 가지 못해 안타깝다"고 했다. 청문회에 가지 못한 것은 박 대통령이 청문 요청안에 서명하지 않았기 때문인데 남의 이야기 하듯 무엇이 안타깝다는 것인가. 박 대통령은 결국 오도된 여론에 밀린 것을 안타깝다고 고백한 것과 다름없다. 진짜 안타까운 건 사태의 추이를 지켜본 국민이다. 야당의 반대는 그렇다 치고 여당의 무책임과 무지와 비겁함에 다시 한 번 놀랄 뿐이다. 문 후보자가 총리에 적합한 인물인지는 알 수 없다. 그의 적격 여부는 청문회에서 가릴 일이다. 그런 일 하려고 청문회가 있는 것 아닌가.

2008년 광우병사태가 벌어진 것은 MBC의 의도적인 선동과 일부 세력의 책동 때문이었다. 지금 생각하면 얼마나 부끄러운 일인가. 이번 KBS의 악의적인 짜깁기 보도는 '광우병 선동'에 못지않은 폭거다. KBS는 문 후보자를 한국국민을 비하하는 인물이자 친일파로 낙인찍었다. 결국 국민은 거짓 방송과 오도된 여론에 농락당하고 말았다. 정치인들은 여야 할 것 없이 오도된 여론을 빌미로 청문회를 열 필요도 없다며 문 후보자의 자진사퇴를 종용하는 행태를 보였다.

박 대통령은 세월호 참사에 제대로 대처하지 못한 해경을 해체하겠다고 했다. 악의적인 짜깁기 방송을 한 KBS에 대해서는 어떤 제재를 가할 것인가. 대통령이 못한다면 국민이 나서야 한다. 수신료 거부운동이라도 벌여야 하지 않겠는가. 선동과 편견이 횡행하는 사회에서 민주주의와 법치와 여론을 말하는 게 참으로 허황한 일이다.

장관 후보자의 인사청문회가 곧 열릴 것이다. 국회 인사청문회는 인사검증을 하는 게 아니라 신상 털기나 망신주기 아니면 실컷 질문을 던져놓고 답변할 기회도 주지 않는 비이성의 극치다. 온갖 폭로와 인신공격, 인격살인이 '검증'으로 둔갑한다.

오죽하면 능력이 있는 사람은 청문회를 통과 못할 것이고 청문회를 통과하는 사람은 능력이 없는 사람일 것이라는 말이 있을까.

시인 이채는 그의 시 “마음이 아름다우니 세상이 아름다워라”에서 “밉게 보면 잡초 아닌 풀이 없고 곱게 보면 꽃 아닌 사람이 없다”고 했다. 검증대상자를 곱게 볼 까닭은 없다. 중요한 자리를 맡을 사람에 대한 검증은 철저하고 엄정해야한다, 그건 망신주기나 신상 털기와는 다른 것이다. 과연 이런 국회에서 그런 기대를 할 수 있을까.

책임총리라는 말은 사실 애매하다. 국민이 직접 뽑은, 막강한 힘을 가진 대통령도 해야 할 일을 다 못하는데 대통령 중심제에서 “대통령의 명을 받아 행정 각부를 통할하는” 총리가 세상을 어떻게 얼마나 바꿀 일을 할 수 있다고 기대하는가. 총리에게만 왜 책임이라는 말을 붙이는가. 대통령과 총리와 장관, 국회의원과 사법부, 모든 국민이 맡은 일에 최선을 다하고 그 일에 책임져야한다. 그래야 국가개조든 경제발전이든 국가선진화든 또 무엇이든 이루어낼 수 있는 것이다. 이제 더 이상 ‘책임총리’라는 무지한 표현은 쓰지 않았으면 좋겠다.

우리는 지금 무엇을 하고 있는가. 오도된 여론에 휘말려 쓸데없는 논란을 벌이고 있다. 수치스러운 과거를 가진 정치인이 국민의 대표로, 정의의 사도로 변신해 활개 친다. 일부 방송과 언론은 진실을 왜곡해서 여론을 오도하고 갈등을 증폭시킨다. 모든 정책이 정쟁의 대상이다. 경제와 민생에 힘쓸 겨를이 없다. 그러는 사이에 사건 사고는 터지고 국민의 삶은 핍박해진다. 위기는 그렇게 다가오는 것이다. 우리의 현 상황을 장차 닥쳐올 재앙을 예측하지 못한다는 연작처당(燕雀處堂)에 비유하는 게 무리일까.

〈선사연 칼럼 2014-06-26.〉

10 상시 청문회법, 필요한 법이었나?

국회를 통과한 상시(常時) 청문회법안에 대해 대통령은 거부권을 행사했다. 이 법안은 "19대 국회가 끝나면 자동폐기"라는 주장과 20대 국회에서 "재의결 가능하다"는 주장이 맞서있다. 여소야대 국회와의 협치(協治) 기대 분위기가 급변하고 있다.

청문회 하면 후보자나 증인을 죄인취급하며 호통치는 장면이 떠오른다. 청문회(Hearing)는 말 그대로 증언 · 진술을 듣는 게 핵심이다. 그러나 인사청문회에서 보듯이 후보자와 증인, 참고인의 말을 듣는 게 아니라 일방적으로 의혹을 제기하고 망신주면서 제대로 답변이나 해명할 기회를 주지 않으려한다. 그래서 청문회라는 단어는 국회의원의 갑질 행태가 연상돼 부정적으로 다가온다.

역대 최악으로 알려진 19대 국회가 마지막 본회의에서 상시 청문회법안을 통과시킨 까닭이 무엇이었을까. 시급한 노동개혁법안 등 경제 활성화 법안이 많았는데 그런 법안을 밀쳐두고 급하지도 않은 이 법안을, 그것도 정의화 국회의장이 직권 상정한 까닭을 알고 싶은 것이다.

이 법안에 따르면 국회 상임위는 소관사항이라고 판단되면 과반수 의결로 언제든 청문회를 열 수 있다. 국회 상임위의 소관사항이 아닌 국정현안은 없다. 무슨 문제든 청문회 대상이 된다. 예컨대 누리과정 예산 예산은 기획재정 · 교육문화 · 보건복지 · 운영 · 여성가족위원회 등과 모두 관련 돼있다. 상임위마다 청문회를 연다고 상상해보라. 국정감사 때와는 비교도 할 수 없이 많은 수의 공무원과 기업인들이 본업은 뒷전으로 밀쳐놓고 일 년 내내 국회에 출석하느라 바쁠 것이다. 그동안의 국회의원 행태로 미루어보면 행정부에 대한 감시 · 견제의 수준을 벗어난 정치 쇼를 펼칠 가능성은 불을 보듯 뻔하다.

아무리 좋은 목적을 가진 제도라도 뒤틀리게 운영되는 경우는 허다하다. 특히 인사청문회는 후보자의 자질과 정책구상을 따지는 것과는 한참 거리가 먼 장면을 연출하지 않았던가. 허점이 많은 후보자도 문제였지만 청문회에서 오간 질문과 응답은 우리의 수준이 그것밖에 안 된다는 걸 보여주는데 부족함이 없었다. 제도의 잘못이 아니라 우리 국회의 수준이 낮기 때문이었다.

거부권이 행사되자 더민주당과 국민의당은 "이제 박 대통령과 협치는 깨졌다"며 흥분한다. 입법은 국회의 권한이고 국회를 견제할 수 있는 거부권은 대통령에게 부여된 권한이다. 권한행사를 서로 탓할 건 없다. 국회는 절차를 밟아 다시 법을 만들든지 재의결하든지 법대로 순리대로 풀면 될 일인데 '협치 불가'를 말하는 건 4·13 총선 민심을 거스르는 정치를 하겠다는 것과 다름없다.

상시 청문회제도를 도입하고 있는 나라에서는 상임위 활동이나 입법에 참고하기 위해 전문가와 이해 당사자들의 의견을 듣는다. 미국의 경우 의회에는 국정감사도 국정조사도 없고 대정부 질의도 없다. 청문회가 이런 걸 대신한다. 미국의회의 상시 청문회는 정부 고위 인사를 불러 호통치는 자리가 아니라 실·국장급 담당자를 불러 구체적 내용을 듣는다. 소위원회의 경우는 증인의 직급이 더내려간다. 우리의 경우 국정감사와 국정조사, 중요 안건 청문회 제도가 있고 국무위원을 상대로 한 대정부 질의도 있다. 상시 청문회 제도를 도입한다면 중복되는 기존의 제도를 폐지하는 게 옳다.

급한 문제가 산적해 있는데 급하지도 않은 상시 청문회제도를 도입하려한 까닭을 다시 헤아려본다. 박근혜 정부의 발목을 잡으려는 것이었을까. 박근혜 정부를 견제·감독·감시하고 정책의 투명성을 높이려는 것과 정권의 발목 잡는 것은 다르다. 박근혜 정권은 유한하다. 국민이 바라는 건 누가 또 어느 당이 집권하든 나라의 앞날을 내다보고 법을 만들고 정치를 해야 한다는 것이다. 급한 건 경제 살리기와 민생문제다. 살아남기 위한 세계경쟁은 치열한데 20대국회 벽두부터 상시 청문회제도로 싸울 땐가.

〈선사연 칼럼, 2016-06-01〉

11 인사청문회, 있어도 그만 없어도 그만인가?

강경화 외교부 장관이 임명됐다. 김상조 공정거래위원장에 이어 국회의 인사 청문경과 보고서를 채택하지 않고 임명한 두 번째 경우다. 문대통령은 청문회는 국민의 판단을 보면서 적절한 인사인가를 살펴보는 '참고용'이라고 했다. 그렇다면 여론의 동향을 보고 결정하면 될 일이지 굳이 국회청문회를 할 필요가 있겠는가. 장관임명은 법적으로 문제될 건 없다고 하지만 문재인 대통령이 대선공약으로 제시한 '고위공직 5대 배제원칙'(병역면탈 · 부동산투기 · 세금탈루 · 위장전입 · 논문표절)을 따르지 못한 점에 대한 설명은 있어야했다.

훌륭하다고 여겨졌던 인사도 청문회를 거치면 상처를 입는다. 법적 · 도덕적으로 완벽한 사람은 없지만 인물평가기준이 높아서인가, 아니면 사람을 잘못 고른 것인가.. 안경환 법무장관 후보자는 이런저런 문제가 불거져 여론이 악화되자 결국 자진사퇴했다. 앞으로 열릴 김상곤 사회부총리 겸 교육부장관 후보자를 비롯한 청문 대상 후보자들의 청문회도 논란에 휩싸일 가능성이 크다.

2006년 노무현 정부 때 김병준 교육부총리는 인사 청문회를 거쳐 취임했다. 그러나 교수노조는 논문 표절을 문제 삼아 "도덕적으로나 교육적으로 교육부총리 자격을 상실한 상태"라며 김 부총리를 압박, 결국 취임 18일 만에 물러나게 했다. 당시 교수노조위원장은 현재 논문표절 의혹을 받고 있는 김상곤 사회부총리 겸 교육부 장관 후보자다. 김병준 교수는 김상곤 후보자에게 "표절한 사람이 교육부장관이 돼선 안 된다"며 직격탄을 날린다. 11년만의 반격인 셈이다. 공인(公人)은 검증받고 비판받아야한다. 건강한 사회가 되려면 정당한 비판은 권장돼야한다. 남을 비판하는 잣대는 자기에게도 당연히 적용해야한다. 과거 자기가 했던 것과 반대되는 언행을 하는 자라면 공직을 맡아서는 안 된다.

정권이 바뀌면 정책이 달라지는 건 당연하다. 함께 일하고 싶은 사람을 선택하는 것도 당연하다. 중요한 건 그 자리에 맞는 좋은 사람을 써야한다는 점이다. 누가 좋은 사람인가. 우선 '5대 배제원칙'은 물론 상습적인 교통위반과 음주운전, 국민적 지탄을 받을만한 일을 하지 않은 사람 중에서 유능한 사람을 찾아야한다.

국회인사청문회에서 우리는 한국사회의 누드자화상을 본다. 정치인들의 기억력은 짧아도 지나치게 짧다. 서로가 과거 어떤 일을 했는지를 기억하지 못하고 상대를 비난한다. 여당은 야당의 발목잡기를 비난하지만 그건 과거 자기들의 모습 그 자체다. 또 지금의 야당이 여당이 된다면 똑같은 말을 반복하지 않는다는 보장이 없다. 그러니 내가 하면 로맨스, 남이 하면 불륜이라는 '내로남불'은 한국 정치판을 기막히게 잘 설명해준다. "과거 너희가 그랬으니 우리도 한다"는 식으로 보복이나 되갚음을 하는 정치는 끝내야한다.

우리사회는 적당히 법을 어기는 걸 관행이라는 이름으로 용인해왔다. 과거 별 문제가 안 됐던 것도 오늘의 잣대로는 문제가 되기도 한다. 불법・탈법을 눈감아줄 수는 없는 일이지만 수용 가능한 기준은 있어야 한다. 이는 우리 사회가 극복해야할 과제다. 그때그때 평가 잣대가 고무줄인 게 말이 되는가.

인사청문회는 등장인물만 달라질 뿐 정책검증은 뒷전이고 망신주기와 구차한 답변이 이어지는 모습은 바뀌지 않았다. 인사청문회는 후보자를 흠집 내거나 호통치고 일갈하고 단죄하는 곳은 아니다. 국회에 임명동의 요청을 하기 전에 청와대는 도덕적・법적으로 비교적 흠결이 없는 유능한 인사를 왜 찾지 못하는가. 후보자가 어떤 정책을 어떻게 펼칠 것인가를 묻고 답하는 청문회가 되려면 인재를 고르는 검증 시스템부터 손질해야한다. 청문회를 통과한 공직자라고 해서 흠집이 없는 것은 아니다. 온갖 망신을 당하고 상처를 입은 자가 공직을 맡으니 일반국민의 준법정신은 물론 도덕적 기준이 허물어질 수밖에 없다. 인사청문회가 제대로 기능할 수 있는 길을 찾아야한다. 인사 청문회, 이대로는 안 된다.

〈선사연 칼럼. 2017-06-20〉

12 기업인 불러 망신 주는 국회청문회

광장은 '촛불'로 뒤덮이더니 촛불민심만 민심이 아니라며 태극기 부대의 '맞불'도 등장했다. 그런가 하면 침묵하는 다수는 행동하지 않고 세상 돌아가는 걸 지켜보고 있다. 민생은 매우 어렵고 정치판은 갈팡질팡한다. 영국 이코노미스트지는 "2017 세계경제는 정치의 손에 놓일 것"이라고 했다. 한국을 두고 하는 말처럼 들린다.

세계경제의 바다에는 험한 풍랑이 일고 있다. 기업경영인들은 이를 헤쳐 나가야 한다. 정치인들이 앞장서서 설치면 기업과 경제는 죽는다. 우리는 한국을 이끄는 세계적 대기업 총수 9인을 국회 청문회에 불러 모욕 주는 장면을 보았다. 우리의 청문회는 '듣는다'(hearing)는 본래의 의미와는 달리 증인과 참고인을 불러 닦달하고 겁박하는 장이 돼있다. 고압적 성토와 질문을 길게 해놓고 답변하려면 시간 없다며 끊는다.

몇 장면을 보자. '아는 게 뭐냐' '머리 굴리지 마라'는 인신공격성 발언에다 '경영권 이양하라' '삼성 미래전략실 없애라' '전경련 해체하라'는 발언은 이해할 수 없는 국회의원의 '갑질'이었다. 전경련을 해체하든 존속하든 관련기업들이 알아서 할 일이지 국회의원이 개입할 일은 아니다. 기업총수들에게 전경련의 존속과 해체 여부를 손을 들어 답하라고 한 어이없는 장면도 보았다. 국회 하는 일이 못마땅하다고 해서 국회의원들에게 국회해산에 찬반의견을 묻고 손들어보라고 하면 말이 되는가. 주주의 신임을 얻은 경영자를 물러나라는 것은 국회의원이 마음에 안 든다고 국회의원 물러나라고 하는 것과 무엇이 다른가. 기업에 잘못이 있다면 법절차에 따라 응징하면 되는 것이지 특정부서를 해체하라는 건 말이 안 되는 억지다.

우리의 정치풍토에서 정치권력의 관심 사업에 힘을 보태지 않고 독립운동 하듯이 버틸 기업은 없다. 대가성 여부와 강압이냐 자의냐를 묻는 것도 의미 없는 질문이다. 과거 5공 청문회 때 "돈을 내는 게 마음이 편하다고 생각해 냈다"는 고 정주영 회장의 명답을 음미해보라. 정치권력은 기업을 봉으로 알고 돈을 요구하면서 정경유착을 시비하는 것도 우습다.

기업은 정치와의 절연을 바란다. 하지만 정치권이 먼저 바뀌지 않으면 기업 마음대로 되는 게 아니다. 역대 정권의 핵심사업은 기업의 돈으로 해왔다. 올림픽, 대북사업, 동반성장기금, 미소금융, 박근혜 정부의 청년희망펀드, 창조경제혁신센터 등이 그랬다. 미르재단과 K스포츠도 최순실 때문에 문제가 된 것이지 과거의 경우와 크게 다르지 않다.

기업인들의 일탈행태를 옹호하거나 기업인들의 행동이 떳떳했다고 생각해서 하는 이야기가 결코 아니다. 증인으로 나온 기업인들을 그런 식으로 모욕하고 죄인 취급하는 건 옳지 않다는 걸 말하고자 함이다. 기업인들의 잘못에 대한 책임을 물어야 하지만 기업인들의 헌신과 기여를 조롱하거나 모욕해서는 안 되는 것이다.

제대로 된 정치인, 국회의원이라면 세계경제의 흐름과 우리 기업이 처한 환경을 한 번 점검해봐야 한다. 정치도 기업도 잘 먹고 잘 살자고 하는 것이다. 탄핵정국에 맞춰 국회의원들은 기업규제를 강화하거나 시장원리에 역행하는 법안을 쏟아내려고 한다. 중소기업과 자영업은 무너지고 있고 미래가 불안한 기업은 고용과 투자를 늘릴 생각조차 못하고 있다. 노동계는 노동개혁을 무력화하려는 정치투쟁을 시도하고 있다.

우리의 국회는 권한은 크지만 그에 걸맞은 책임은 지지 않아 제왕적 국회다. 대통령만 제왕적인 게 아니다. 국회는 지난 4년간 노동개혁을 비롯한 경제살리기 법안을 통과시키지 않으면서 일자리 창출과 민생을 들먹였다. 이런 모순된 행태가 어디 있는가. 국회의원은 수가 적고 조용할수록, 기업인은 수가 많고 왕성하게 활동할수록 경제는 성장한다. 기업인은 기업경영에만 신경 쓸 수 있는 맑은 세상을 이제는 한 번 만들어봐야 한다.

〈디지털타임스 2016-12-22〉

제4부

사드갈등과 안보

01 사드 갈등과 혼란, 어디로 가자는 건가

"나라가 나라가 아닙니다." 임진왜란이 일어나기 전 이율곡의 상소문에서 보는 것처럼 조선은 나라가 아니었다. "비록 명나라 군이 있다 해도 그 명군이 우리를 어찌 구할 수 있겠나이까." 임진왜란을 겪으면서 류성룡이 쓴 상소문이다. 북한의 핵공격을 방어하려는 사드(고고도미사일방어 · THAAD)체계 배치를 반대하고 있는 나라가 대한민국이다. 국방과 안보를 남의 일처럼 여기고 스스로 나라를 지키겠다고 하지 않는다면 비록 미군이 있다 해도 나라를 지켜낼 수 있을까.

사드 설명하러 성주군에 간 국무총리가 6시간 반 동안 '사실상 감금'되는 사태까지 발생했다. 참담한 일이다. 그동안 사드배치 여부에 대해 가졌던 애매한 태도와 사드배치의 불가피성을 국민에게 설명하는 노력을 게을리 한 정부 탓이 크다. 사드 반대진영은 중국의 반대로 통상보복이 우려된다거나, 군사력 증강은 한반도 평화유지에 도움이 안 된다는 논리를 편다. 전자파가 인체와 농산물에 치명적이라는 괴담도 퍼뜨린다. 하지만 가장 큰 걸림돌은 정치권이다.

정치인들은 반대여론에 편승해 지역주의를 부추기며 갈등조정은커녕 오히려 조장했다. 신공항 유치에 매달리던 대구 · 경북 지역 대다수 국회의원과 정치인들의 작태를 보라. 그들은 국가안보보다 자기 표 다지기가 더 중요한 사람들임을 스스로 증명했다. 야당도 국민투표, 국회동의, 재검토를 말하는가 하면 때로는 애매한 태도를 취하고 갈등과 분열을 이용하거나 편승하고 있다. 국가안보 문제가 정치쟁점화되는 건 망국적 행태다.

사드배치는 한반도 평화유지에 도움이 되지 않는다고? 그렇다면 무엇이 도움이 되는가. 북한은 4차 핵실험을 거쳐 각종 미사일을 쐈고 사드배치 결정 후에는 부산 울산 등을 겨냥한 탄도미사일 타격지점을 명시한 사진을 공개, 우리를 위협하며 남남갈등을 부추기고 있다. 그런데도 "핵개발은 북한 스스로 포기해야 하며 북한의 핵을 저지하기 위한 사드 배치는 결코 정당화될 수 없다"는 천주교주교회의는 북한이 스스로 핵을 포기한다고 믿는다는 것인가. 북의 위협에 방어조차 하지 말고 평화를 외치면 평화가 유지될까.

중국은 북한의 핵개발을 사실상 방조하다가 핵공격을 막을 사드배치에 반대하는 건 본말을 망각한 행태다. 한반도 전역을 탐지하는 초대형 레이더를 운용하고 있는 중국은 우리가 반대하면 레이더기지를 이전할 것인가. 우리가 중국의 결재를 받아 안보를 하는 나라라면 나라가 아니다. 과거 마늘분쟁과 이번의 안보문제는 차원이 다르다. 북한의 핵 위험이 사라지면 사드를 유지할 까닭이 없다. 중국에 들려줄 명확한 메시지는 바로 이것이다.

"사드 배치하면 전쟁이 나거나 총알받이 신세가 된다"는 괴담은 '전쟁이냐, 평화냐'라는 논리를 펴오던 일부 친북성향 세력들이 자주 쓰던 말과 같다. 사드전자파는 인체와 농작물에 치명적이라는 괴담은 미국산 소고기 먹으면 '뇌송송 구멍탁'이라던 광우병 괴담과 닮아도 너무 닮았다. 사드보다 센 그린파인 전자파 실험과 괌 사드기지 전자파 측정에서 사드 전자파 무해(無害)를 확인하고 또 확인했다. 레이더의 전자파는 휴대전화보다 영향이 적다는 건 과학이다. 전자파 괴담은 근거 없는 것으로 밝혀지고 있는데도, 사실이야 어떻든 이제는 사드반대 그 자체가 목적이 돼있다. 괴담을 퍼뜨리며 국책사업 현장마다 몰려다니는 직업적 전문 시위꾼을 엄단하는 건 정부의 몫이다.

우리는 지금 사실상의 전쟁상태에 있다. 세상 어디에 군사시설이나 군사작전을 주민의 동의를 받고 하는 나라가 있는가. 전쟁을 하자는 게 아니라 전쟁을 막자는 시설도 못하게 하는 나라가 있는가. 우리는 지금 북한이 노리는 남남갈등을 우리 스스로 연출하고 있다. 중국의 통상보복 이야기를 우리가 먼저 꺼내고 있다. 과학보다 괴담을 믿고 행동한다.

연작처당(燕雀處堂)은 지붕이 불타고 있는 줄도 모르고 처마 밑에서 재잘거리는 제비와 참새를 뜻한다. 북의 핵과 미사일 공격 위협이 가시화돼있는데도 먼 나라 이야기로 치부하는 우리의 상황을 이처럼 적절히 비유하는 말이 어디 있을까. 안보 다지기는 아무리 철저해도 지나침은 없다. 국민의 각오가 새로워야한다. 특히 정치권부터!

〈선사연 칼럼. 2016-07-26〉

02 사드 갈등 빨리 끝내라

리우 올림픽은 진한 감동과 쓰디쓴 아쉬움과 숱한 과제를 남기고 끝났다. 올림픽 경기를 보며 다시 확인한 것은 아무리 철저히 준비해도 부족하다는 사실이다. 국가 안보 역시 아무리 철저히 대비해도 지나침은 없다. 올림픽에서는 아름다운 패배도 있지만 전쟁에서 패배는 죽음이다. 스포츠에는 지켜야 할 룰이 있다. 전쟁과 도발에는 룰이 없다. 그래서 모든 수단과 방법을 동원해서 방어해야 한다. 사드는 북한 핵미사일을 방어하기 위한 최소한의 군사 조치다. 사드보다 더 강력한 방어체계가 있다면 이의 도입을 마다할 까닭이 없다.

아직도 상당수의 성주군민은 사드철회를 요구하고 있지만 성주군은 성주군 내 제3후보지 검토를 국방부에 요청함으로써 상황이 바뀌고 있다. 사드 부지를 사실상 원점서 재검토하게 된 것이다. 그런데 이번에는 새로 떠오른 지역과 가까운 김천지역 주민들이 반대하고 나선다. 전자파 때문에 집값과 땅값이 떨어질 것이라고 아우성이다. 나라를 지키자는 문제를 두고 집값, 땅값 걱정하며 갈등을 빚고 있다는 건 분명 비극이다.

전자파 괴담은 광우병 괴담과 판박이다. 전자파가 겁난다면서 TV와 스마트폰, 컴퓨터는 왜 가까이하는가. 많은 레이더가 설치돼있는 공항에는 왜 가는가. 사실 전자파 괴담 때문에 최적지라고 결정했던 사드 배치 지역을 바꾼다는 것도 어이없는 일이다. 사드배치 지역은 북한의 선제공격 대상이 될 것이라는 주장은 어떤가. 북한이 미사일로 공격한다면 그건 전쟁이다. 전쟁은 나라 전체의 문제이지 어느 특정지역이 피해를 입는 가뭄이나 홍수가 아니다. 그래서 죽기 살기로 전쟁을 막아야 하고 특정지역에 군사시설을 해야 하는 것 아닌가.

"미국소고기 먹느니 차라리 청산가리를 먹겠다"고 허튼소리를 하던 여성 탤런트처럼 "사드 없어도 북의 공격을 막을 수 있다"며 허황한 잡담으로 사드배치를 반대하는 방송·연예인도 있다. 안보와 국방, 과학에 관해 전문적인 지식도 없는 사람들이 나서는 이유는 이름이 제법 알려지면 어떤 문제에도 식견이 있다고 착각하기 때문인가. 많은 사람들이 괴담과 허튼소리에 덩달아 맞장구를 치면 과학과 논리와 이성은 발붙일 곳이 없어지고 사회는 저급화되기 십상이다.

사드배치에 대한 중국의 뜻을 물어보겠다며 '중국 여행'하고 온 더민주 초선 국회의원 6인은 그들의 의도가 무엇이었든 나라 망신시키는데 일조했다. 그들은 왜 미국에 가서 사드배치하지 말라고 하지 않는가.

사드배치의 원인인 북핵과 미사일에 대해서는 한마디 말도 없다가 사드를 문제 삼는 중국의 태도는 오만방자하기 짝이 없다. "사드배치가 북 미사일 도발의 원인"이라는 중국 언론의 해괴한 보도에는 어이가 없어 말문이 막힌다. 하지만 사드를 반대하는 중국의 나팔수로 나서거나 사드 반대한다고 삭발한 사람들을 두고 중국을 탓하면 무얼 하나. 그들 대한민국 사람들은 한반도 남쪽을 겨냥하고 있는 중국의 미사일 위협에 대해서는 한마디 말도 하지 않는다. 중국의 비위를 거스르지 않으려는 일부 정치권은 중국을 화나게 해서 유리할 게 없다는 것인가. 청나라 군대가 이 땅을 짓밟던 병자호란의 악몽을 떠올리며 지레 겁을 먹고 있는 것인가.

이번 일로 중국의 속내를 다시 확인한 건 다행이고 수확이라면 수확이다. 한중 관계를 더욱 발전시켜야한다는 점을 누가 모르는가. 하지만 한미동맹의 중요성을 망각하고 한미동맹 기저 그 자체를 흔드는 일을 해서는 안 된다. 묻고 싶은 건 국방과 안보문제와 군사작전을 주민의 동의를 얻어 하는 나라가 있는가 하는 점이다. 중국의 행태가 어떻든 우리의 안보는 우리가 지켜야한다는 국민의 결의와 각오가 새로워야한다. 안보는 아무리 철저해도 지나침은 없다. 정부는 사드배치 부지를 빨리 매듭지어야 한다. 언제까지 사드문제로 갈등을 겪을 것인가.

〈디지털타임스, 2016-08-25〉

03 중국의 사드 압박에 안보 주권 양보하면 안 된다

문 대통령은 시진핑 국가주석의 초청으로 13~16일 중국을 방문한다. 정상회담에서 우리의 주권과 자존, 안보를 지키면서 한중 관계를 발전시킬 길을 열 것인가. 기대와 함께 우려하는 마음을 떨칠 수 없는 건 그동안 중국이 보여 온 어처구니없는 행태 때문이다.

영화 '남한산성'은 청의 무리한 요구와 압박에 나아갈 수도 물러설 수도 없이 그곳에 갇힌 답답한 조선 조정의 모습을 그렸다. 1636년 병자호란은 치욕의 역사였다. 그때의 조선과 청, 2017년 현재 한국과 중국의 관계는 얼마나 달라졌는가. 사드 배치에 반대하는 중국의 무례무도한 보복행태와 치졸한 압박을 보며 울분이 치민다. 그런데도 중국 정부는 "정부 차원의 경제 보복은 없었다"고 허튼소리를 한다.

그러던 중국은 선심 쓰듯 단체관광객의 한국 방문을 허용했다. 그러면서도 롯데에선 쇼핑도 숙박도 말란다. 오만과 치졸함의 도가 지나치다. 관광객이 온다고 박수치고 안 온다고 죽는 소리해서는 중국의 콧대만 높인다. 관광업계가 입은 피해와 아픔이 아무리 크다고 해도 국가안보가 허물어지는 것에 비교할 수는 없다.

정부는 사드합의로 사드문제를 '봉인'했다고 했다. 중국이 관광규제 일부를 푼 것은 중국과 맺은 사드합의 때문인가. 중국은 한국이 소위 '3불(不)' 약속(사드 추가배치와 미국의 미사일 방어(MD)체계에 편입, 한·미·일 3국 군사동맹 등을 안 한다는 것)을 했으니 이를 이행하라고 요구한다. 거기에다 '중국의 안전을 위한 사드 사용제한'까지 덧붙인다. '3불+α(알파)'를 요구하는 것이다.

정부는 '3불' 약속을 한 게 아니라 '입장 표명'을 한 것이라고 했다. 무슨 말장난인가. 약속이든 입장표명이든 '3불'을 언급한 것 자체가 문제였다. 그건 우리의 안보를 포기하는 것과 다름없는 것 아닌가. 홍콩 사우스 모닝포스트는 "중국은 총 한 발 쏘지 않고 사드 문제에서 한국을 이겼다."고 보도했다.

중국과의 관계개선이 아무리 중요하다 해도 한미동맹을 해치고 우리의 주권을 침해받으면서 할 일은 아니다. 오죽하면 미 백악관 안보보좌관은 "한국이 주권을 포기할 것으로 생각하지 않는다"고 우려를 표명했겠는가. 중국을 움직일 수 있는 힘은 한미동맹에서 나온다. 우리는 자칫 잘못하면 중국과의 관계개선은커녕 미국을 잃게 될지 모른다. 정부 당국은 외교와 안보에 대한 국민의 불안감이 커지고 있는 까닭을 알고 있는지 의문이다.

최근 북한은 ICBM을 쐈다. 앞으로 7차 핵실험을 할 가능성을 배제할 수 없다. 북한은 핵을 포기할 가능성도 보이지 않고 우리는 북핵을 포기하게 할 방법도, 막을 방법도 없다. 사드보다 더 강력한 방어체계가 있다면 이의 도입을 마다할 까닭이 없지 않은가. 중국에 한 번 물어보라. “당신들이 우리와 같은 상황에 있다면 어떻게 할 것인가?”를.

2001년 세계무역기구(WTO)에 가입한 중국은 세계 각국으로부터 39번이나 WTO 제소를 당했다. 중국은 시장경제국 지위에 합당하지 않은데도 우리는 미국・일본과는 달리 중국을 시장경제국 지위를 인정했다. 우리는 엄청난 보복과 피해를 당하면서도 중국에 항의하거나 사과를 요구한 적이 없고 WTO 제소도 하지 않았다. 어떤 행패를 부려도 한국은 결국 물러선다는 인식만 중국에 심어줬다.

중국은 사드 보복을 하면서도 한국의 중간재 수입은 막지 않았다. 자국기업이 타격을 받을 수 있기 때문이다. 이를 보더라도 우리는 중국이 따라올 수 없는 기술력을 갖기 위해 달려야한다. 관광을 무기로 삼는 나라는 세계 어디에도 없다. 이 기회에 우리의 관광여건을 한 번 생각해보자. 싸구려 관광 이미지도 벗어야한다. 중국 관광객이 안 오면 안 오는 것이지 언제까지 중국관광객에게 매달릴 수 없는 일이다. 대안이 왜 없겠는가. 관광여건만 잘 갖춰지면 세계인들을 불러올 수 있다.

중국은 우리에게 중요한 시장이지만 지나친 의존에서 벗어나야한다. 중국의 횡포는 언제든 나타날 것이기 때문이다. 일본은 2012년 센카쿠 열도(중국명 댜오위다오) 문제로 중국의 경제 보복을 경험했지만 중국의 요구를 들어주기보다 대중(對中) 경제의존도를 줄여 위기를 극복하는 길을 택했다. 우리가 배워야할 교훈이다. 국가안보보다 중요한 건 없다.

〈선사연 칼럼, 2017-12-11〉

04 평창 올림픽과 남북관계와 위장평화

평창 올림픽 개막을 앞두고 얼어붙었던 남북관계가 풀리는 것 같은 분위기가 연출된다. 남북당국자 회담에 이어 현송월이 이끄는 북한 예술단 사전점검단이 서울과 강릉을 다녀갔다. 그들은 오겠다고 했다가 아무런 설명도 없이 일방적으로 취소하더니 또 일방적으로 오겠다고 통보하는 등 제멋대로였다. 북측의 이런 안하무인 행태에 정부는 유감을 표명하지도 못했다.

언론의 보도태도를 보라. 현송월의 얼굴 표정, 여우 목도리, 핸드백, 숙식일정 등등을 보도하느라고 정신이 없었다. 일개 악단 단장에게 왜 그토록 대단한 관심을 보였으며 정부당국은 과잉보호 · 과잉의전을 베풀었는가. 안내를 잘 하는 것과 저자세는 다르다. '삼지연 관현악단'이 얼마나 대단한 공연을 하길래 강릉과 서울 곳곳을 휘젓고 다니며 점검한 것인가. 공연장의 사전방문이라고 하면 됐지 점검이라는 것도 거슬리는 표현이었다.

북한은 평창올림픽에 참가함으로써 "역대 최악이 될 대회를 구원해줬는데 남한은 대북제재 잡소리"한다는 말을 서슴지 않았다. 북한은 그들이 참가하지 않으면 최악의 대회가 될 것이라고 생각했다면 그런 착각은 금메달감이다. 북한은 올림픽 참가를 우리에게 큰 은혜를 베풀고 있는 듯 행동하면서 올림픽을 철저히 이용하고 있다. 대규모 응원단과 태권도 시범단을 보내 현란한 행동을 하고 예술단 공연을 통해 위장평화 공세를 할 기회를 잡는다. 올림픽을 남북이 공동개최한 것도 아닌데 북한이 하자는 대로 이끌려가는 모양새다.

북한이 올림픽에 참가하는 것은 좋은 일이고 올림픽을 계기로 남북이 대화의 물꼬를 트는 것도 바람직한 일이다. 하지만 대한민국의 상징인 태극기 대신 한반도기를 앞세워 공동입장하고 여자아스하키 단일팀을 급조하는가 하면 KOR 대신 COR, 애국가 대신 아리랑을 울려 퍼지게 할 까닭은 무엇인가.

누가 평화를 갈구하지 않으랴. 북이 도발을 포기하고 비핵화의 길로 나가지 않는 한 한반도에 평화는 오지 않는다. 우리는 북에 비핵화를 요구하고 이를 위한 가능한 모든 행동을 해야 한다. 북은 핵과 남북대화는 별개라고 하는데 비핵화를 뺀 대화는 아무런 의미가 없다. 대화로 북핵을 해결할 길은 사실상 없는 것이다. 북의 비위를 맞추면 북을 변화시킬 수 있다고 생각하는 것도 대단한 착각이다. '우리민족끼리'라는 말을 잘못 받아들이면 자칫 함정에 빠질 가능성만 커진다. 우리에게 중요한 것은 남북 단일팀도 북의 예술단 공연도 아니다. 북의 핵무기 폐기와 한반도 평화다.

우리는 한·미 훈련까지 연기했는데 올림픽 개막 하루 전 평양에서는 대규모 열병식으로 핵무력을 세계에 과시하고 강릉에서는 현송월 악단이 공연을 통해 위장평화 공세를 펼친다. 전쟁과 평화, 냉탕과 온탕을 오가는 작전이고 수법이다. 평창올림픽이 아닌 평양올림픽이라는 말이 괜히 나오는 게 아니다.

올림픽으로 잠시 북핵문제를 잊고 남북 화해무드에 취해 있다가 올림픽이 끝나면 달라질 건 없고 문제는 그대로 남는다. 중국이 우리를 추격해온다는 건 우리의 착각일 뿐, 중국은 많은 분야에서 앞서 달린다. 일본은 '강한 일본을 되찾자'고 다짐한다. 미국은 '아메리카 우선주의'를 외친다. 우리는 과거만 들춘다. 잘못된 걸 바로 잡겠다는 걸 누가 마다하겠는가. 하지만 과거만 들추고 있으면 미래가 열리지 않는다.

흐르는 시간은 붙잡을 수 없다. 어제의 일은 어제의 일일 뿐 되돌릴 수도 없다. 오늘 우리가 어떻게 하느냐에 따라 내일의 모습은 달라진다. 그래서 미래를 창조한다고 하는 것이다. 올림픽은 미래창조를 위한 중요한 행사이자 한국의 위상을 세계에 알리고 국민을 단합시킬 대단한 기회다. 그런 기회를 활용하지 못하고 왜 북이 하자는 대로 끌려가고 있는가. 올림픽 이후를 생각해 보자. 지금 우리는 어디에 서있고 어디로 가야하는가를 확인하는 일부터 해야 한다.

〈선사연 칼럼, 2018-01-29〉

05 북한은 핵을 폐기할까

한반도 상황이 급박하게 돌아간다. 남북 정상회담과 미·북 정상회담에 대한 전망과 추측이 난무한다. 바라는 바가 절실하면 흔히 낙관론에 빠지기 쉽지만 아무리 철저히 따지고 다짐해도 지나침은 없다.

평양에서 돌아온 대북 특사단이 언론발표문 형식으로 방북결과 6개항을 밝혔다. 가장 중요한 문제는 북의 비핵화다. 비핵화에 관해 김정은이 한 말은 새로운 게 없는데 비핵화에 관한 김정은의 의지가 확고하다고 전한다. '비핵화는 유훈'이라는 말은 대대로 반복해온 기만에 불과한 말장난이다. 문 대통령은 "정상회담을 위한 북 제재 완화는 없다"고 언급했다. 하지만 실제로 대북제재와 남북교류가 어떻게 진행될 것인지는 지켜볼 일이다.

특사단의 활동내용을 구체적으로 알 수는 없지만 김정은이 하는 말을 적고 있는 특사단의 모습과 뒷짐 진 김정은과 찍은 사진은 민망함을 넘어 일종의 굴욕감을 느끼지 않을 수 없다. 북한이 말하는 비핵화에는 '군사적 위협해소와 체제안전 보장'이라는 전제조건이 있다. 이 조건은 한·미동맹 파기와 연합사해체, 주한미군철수를 의미하는 것이나 다름없고 이미 20년 넘게 반복해온 것이다. 이런 전제조건을 가볍게 여기고 비핵화를 부각시키면 북한이 핵을 포기할 것이라는 착각을 일으키기 알맞다. 북측은 핵과 재래식 무기를 남측에 사용하지 않겠다고 확약했다니 이런 오만방자한 언행에 감사해야 하는가.

그동안 북한은 약속과 약속파기를 수없이 거듭했다. 1991년 12월 남북한은 공동선언을 통해 한반도 비핵화를 약속했다. 당시 북한은 핵개발 전이었고 주한 미군은 전술핵무기를 갖고 있었다. 김일성은 전술핵무기를 철수시킬 의도로 공동선언에 동의한 것이다. '비핵화는 유훈'이라는 말은 여기에 연유한다. 주한미군의 전술핵무기는 철수했지만 북한은 핵 개발에 매달렸고 1993년 3월 핵확산금지조약(NPT) 탈퇴, 1994년 6월 국제원자력기구(IAEA) 탈퇴를 선언했다. 미국과 북한은 1994년 10월 '제네바 합의'를 체결, 주요골자는 미국은 북한에 경수로·중유 제공, 북한은 핵 시설 동결·NPT 복귀·IAEA의 특별사찰 수용이었다. 하지만 북한은 일방적으로 핵 동결 해제 선언(2002년 12월)에 이어 NPT 탈퇴(2003년 1월)를 발표했다. 북 핵 해결을 위한 6자회담(남북한과 미·중·일·러 참여)이 출범, 2005년 '9.19 공동성명'을 통해 참가국들은 북한에 에너지 등을 제공하고 북한은 모든 핵무기 파기 · NPT 복귀 등을 약속했다. 이 약속도 북한이 미사일 발사와 핵실험(2006.10.9) 실시함으로써 깨졌다. 국제사회는 대북 제재와 협상을 병행, 2007년 '2.13 합의'와 '10.3합의' 등 '9.19 공동성명'의 구체적인 이행계획서를 마련했고 북한은 영변 원자로 냉각탑 폭파 쇼를 벌이기도 했다. 하지만 2009년 4월 장거리미사일 시험발사에 이어 5월 제2차 핵실험을 감행했다.

김정은 집권 직후인 2012년 베이징에서 미국과 북한 간에 '2.29 합의'를 체결(북한이 핵실험과 장거리 미사일 발사와 영변 우라늄농축활동 중단, 미국은 북한에 식량을 지원)했으나 이 합의도 북한의 장거리 로켓 실험으로 무산됐다. 북한은 이와 같이 합의와 합의파기를 거듭하며 6차 핵실험(2017.9.3)까지 하게 된 것이다.

북한은 헌법에 '핵보유국'임을 밝히고 있다. 이번에는 핵을 포기할까? 한 번 속는 것은 속이는 쪽의 잘못이지만 계속 속는 것은 속는 쪽의 잘못이다. 김정은이 대북 특사단에 비핵화를 언급한 다음날 노동신문은 "조선의 핵보유는 정당하며 시빗거리로 될 수 없다"고 했다. 핵은 정의의 보검이라는 것이다. 미국 트럼프와 북한 김정은의 '핵 담판'은 어떤 결과를 가져올까. 트럼프는 "북한이 핵 폐기 약속을 이행할 것으로 믿는다"고 했지만 회담을 준비하는 백악관은 "비핵화에 관한 북한의 구체적 조치가 없으면 김정은을 만나지 않을 것"이라며 속도조절에 나서고 있다. 회담에 임하는 미국은 준비가 덜 된 것 같다. 우리는 철저한가. 북한이 무슨 약속을 하건 그 약속이행을 확인하기 전에는 믿을 수 없다고 보는 게 합리적이다. 북한의 시간벌기를 돕는 그런 잘못을 해서는 안 된다. 북한의 비핵화 열쇠는 한 · 미동맹과 국제공조를 통한 대북 제재 유지에 있다.

〈선사연 칼럼. 2018-03-12〉

06 남북회담과 안보와 평화를 생각한다

남북 정상회담을 앞두고 있다. 북한이 비핵화와 도발 포기 약속을 할까? 우리의 관심은 여기에 쏠려 있다. 남북회담의 결과는 미 · 북 정상회담에도 영향을 미칠 것이다. '비핵화는 선대의 유훈'이라는 말장난을 그대로 믿고 북한이 비핵화 의지가 있는 것으로 오판하고 있을 여유는 없다. 회담에서 좋은 결과가 나오기를 기대하지 않는 국민은 없다. 하지만 기대가 크면 실망 또한 클 수 있다.

남과 북의 예술단이 서로 오가면서 공연을 하고 한 순간 평화 무드에 젖는 듯했지만 달라진 건 없다. 남북은 여전히 대치 상태에 있다. '우리 민족끼리'를 앞세워 잠시라도 안보를 소홀히 할 수 없는 이유다. 우리 사회는 어느새 안보불감증이 확산되고 있다. 성주 사드기지 공사가 반대세력에 막히는 일이 또 벌어졌다. 이런 나라도 있는가. 공권력은 어디 갔는가. '미군은 떠나라' '미군 위한 공사 중단'이라는 피켓을 든 시위대는 어느 나라 사람들인가. 국방부가 사드 반대 단체에 쩔쩔맨다면 제대로 된 정부인가.

1938년 영국 총리 체임벌린은 뮌헨에서 히틀러를 만나 '뮌헨협정'을 체결하고 돌아오면서 "유럽의 평화를 지켜냈다"고 선언했다. 많은 국민은 그를 공항에 마중 나가 열렬히 환영했다. 하지만 체임벌린은 히틀러의 평화 공세에 속았고 2차 대전은 터졌다. 1940년 전시내각의 총리가 된 윈스턴 처칠은 "내가 국민 여러분께 드릴 수 있는 건 오직 피와 노력과 땀과 눈물뿐, 승리가 없으면 생존도 없습니다."라고 외치며 결연한 의지와 강인한 리더십으로 나치에 맞서 싸워 영국을 구했다. 얼마 전 상연된 영화 '다키스트 아워'는 이러한 처칠의 행보를 보여줬다. 부러운 건 그의 리더십이었다. 처칠은 '2차 대전 회고록'에서 "국가의 안전, 동포의 생명과 자유가 걸린 문제에서 확신이 있을 때에나 싸우지 않을 수 없을 때에는 싸워야 한다"고 했다.

북과 대치하고 있는 우리는 아무런 대책 없이 평화만 외치며 체임벌린에게 박수를 보낸 영국 국민처럼 행동할 수는 없다. 어느 누군들 평화를 갈구하지 않으랴. 하지만 약자는 평화를 누릴 자격이 없다는 건 역사의 가르침이다. 우리는 지금 북과 싸우기에 앞서 안보에서조차 우리끼리 견해가 엇갈려 있다.

'걸리버 여행기'에 나오는 소인국의 이야기는 현실 정치를 통렬하게 풍자한다. 왕자가 달걀을 먹기 위해 달걀 큰 모서리 쪽으로 깨다 손을 벤 이후 국민은 작은 모서리 쪽으로 달걀을 깨라는 칙령이 내려진다. 이에 반대하는 세력이 나타나 국민은 달걀 깨는 방향에 따라 '큰 모서리'파와 '작은 모서리'파로 갈라져 서로 반목한다는 이야기다. 우리는 이와 비슷한 허튼 일로 반목하고 있는 것은 아닌지.

전쟁이냐, 평화냐를 선택하라는 질문은 우둔하다. 평화를 외친다고 평화가 오지 않는다. 평화를 지키기 위해서 전쟁에 대비하자는 것이지 전쟁하기 좋아서 전쟁에 대비하자는 것은 아니다. 평화가 정착되고 통일이 되는 그날까지 긴장을 멈추지 않고 북의 도발에 대비해야 하는 건 우리의 숙명이다.

외교·통상 현안도 정교하게 다뤄야 한다. 통상과 안보는 분리될 수 없다. 문재인 대통령은 "미국의 불합리한 통상 압력에 당당하고 결연히 대응하라"고 지시한 적이 있다. 중국의 사드 경제 보복에 "소통과 협력 강화로 해결"하겠다는 것과는 다른 접근이었다. 통상 문제는 자존심 대결 또는 감정문제로 풀 수 있는 건 아니다. 그건 거래이기 때문이다. 한·미 통상 갈등은 양국 동맹관계가 불편해진 걸 반영한 것이 아닌가를 살피는 지혜가 필요하다.

더욱 안보를 챙기고 장기적 경제 성장 기반을 다져야 평화도 통일의 길도 열린다. 노동 개혁도 하고 포퓰리즘도 떨쳐 내야 한다. 국민에게 고통 분담을 호소하라. 지금 경제는 어렵지만 비록 경제가 잘 돼도 안보가 허물어지면 모든 것이 무(無)가 된다는 걸 인식할 때다.

〈선사연 칼럼, 2018-04-18〉

07 해군을 해적이라고 말하는 자는 누구냐?

제주에 건설하려는 해군기지를 '해적기지', 해군을 해적에 빗대는 말이 불거졌다. '고대녀'라고 알려져 있고 통합진보당 청년비례대표 후보에까지 올랐었다는 김지윤이라는 자와 소설가 공지영이라는 자가 내뱉은 말이다. 그 뿐 아니다. 해군기지 반대투쟁 현장에 나타나서 현장책임을 맡고 있는 해군 준장에게 "정권을 잡으면 당신에게 책임을 묻겠다. 당신이 지휘관이라면 결단을 내려라"며 국가의 정책을 성실히 집행하는 대한민국 장군을 협박하는 국회의원도 있다. 몰상식이라고 하기보다 차라리 코미디라고 해야 옳다. 이런 망발이 거침없이 횡행하고 국가의 안보문제와 국익이 몰지각한 자들의 말과 행동에 농락당하고 있어도 별다른 제재가 없다. 참으로 어이없는 일이다.

평화라는 이름을 빌리거나 자연경관을 지키겠다는 허울 좋은 구실로 해군기지 건설을 반대하는 건 경부고속철 천성산 터널공사 때 도롱뇽을 보호한다며 반대운동을 벌였던 것과 다를 바 없는 몰지각한 엉뚱한 짓이다. 평화를 바라거든 전쟁을 준비하라고 했다. 전쟁을 치를 준비와 각오가 돼있어야 전쟁을 막을 수 있고 평화를 보장할 수 있다는 뜻이다. 평화는 그저 오는 게 아니다. 국가 안보는 죽고사는 것과 직결돼 있다.

지금 일부 세력은 광우병 촛불시위로 이명박 정부를 뒤흔든 짜릿한 성공신화(?)를 제주해군기지 반대에서 재현하려 한다. "해군이 해적이면 육군은 산적이냐. 거북선은 해적선이며 이순신 장군은 해적두목이냐"는 반박이 나왔지만 그런 반박으로 적당히 넘어갈 일은 아니다. 말대꾸하며 시비할 일 아니다. 영해를 지키려는 해군을 해적에 빗대는 걸 적당히 덮어둔다면 그런 나라는 제대로 된 나라일 수 없다.

해군기지 반대세력 시위대는 육상으로의 통로가 막히자 카약을 타고 건설현장 해안으로 들어가려 한다. 전쟁이 나면 그들은 그렇게 용감하게 적진에 뛰어들까. 해군기지 방해꾼들은 중국의 '이어도 억지' 를 알고 있는 것인가. 이어도는 우리의 최남단 마라도에서 서남쪽으로 149㎞(80해리), 중국 서산다오에선 287㎞(155해리) 떨어져 있다. 이어도 앞바다는 한 · 중의 배타적 경제수역(EEZ)이 겹치는 지역이지만 국제법적 · 지리적으로 우리 해역이며 한국 영유권이 분명하다. 그런데도 중국은 이어도를 자국영토라고 주장하며 이어도 영유권 분쟁을 촉발하고 있다. 경제력과 군사력을 무기삼아 이어도를 집적대고 있는 것이다.

우리 해군이 이어도까지 출동하는 데 걸리는 시간은 부산에서 23시간, 제주 해군기지가 건설되면 8시간이 걸린다. 중국은 동해함대 기지인 저장(浙江)성 닝보(寧波)에서는 18시간 걸린다. 제주 해군기지 건설 필요성은 이 점에서도 확인된다. 공간은 시간이고 시간은 군 작전에서 승패를 가르는 결정적 요인이다. 대한민국의 시계는 몇 시인가. 우리에게 잠시도 긴장을 풀 수 있는 시간은 없다. 긴 역사를 통해서도 그렇지만 현재에도 한반도를 둘러싼 국제정세를 보면 평화를 노래하기 전에 우리는 안보를 더욱 튼튼히 해야 할 상황이다.

한반도에 전쟁의 그림자는 사라지지 않았다. 북한의 천안함 폭침과 연평도 포격은 오늘날 우리의 안보환경이 어떠한가를 웅변하고 있다. 안보문제는 적당히 다룰 일도, 철없는 자들의 투쟁의 대상으로 삼을 수 있는 그런 문제가 아니다. 아무리 표현의 자유라고 해도, 정권을 잡으려고 정치활동을 하고 선거를 치른다고 해도 해서는 안 되는 말과 행동을 해서는 안 되는 것이다. 누구 덕으로 소설을 쓰고 표현의 자유라며 허튼 소리를 하며 또 정치를 하고 있는가. 다시 한번 한반도를 싸고 도는 상황을 꿰뚫어보라. 무식하면 용감하지나 말 일이지.

〈Ukopia.com, 2012-03-15〉

08 병영문화 개선 없이 강한 군대 못 만든다

'군대 가서 참으면 윤 일병, 욱하면 임 병장'이라는 유행어는 무엇을 말하는가. 육군 22사단 임 병장의 총기사건, 28사단 윤 일병의 반(反)인간적 구타 사망사건, 잇따른 자살과 엽기 가혹행위 등은 병영문화의 야만성과 병영폭력의 대물림 현상을 그대로 드러낸다.

사방이 적으로 둘러싸여있는 이스라엘 은 어떤가. 군대는 젊은 사람들을 데려다 많은 걸 가르친다. 개인의 군사적 경력은 학문적 경력보다 더 중요하게 평가된다. 취업인터뷰에서 지원자들은 어느 부대에서 복무했느냐는 질문을 받는다. 군 특정부대 출신 엘리트를 더 선호한다. 군대에서 무언가 일을 맡게 되면 일어나는 모든 일에 대해서 반드시 책임을 져야하며 일어나지 않는 일에 대해서도 책임이 있다. '내 탓이 아니다'라는 말은 군대문화에서는 존재하지 않는다.

국가안보에 목숨을 걸어야하는 우리는 어떤가. 적과 싸워야할 병사들이 폭행을 일삼고 죽이기까지 하면서 국민을 불안하게 한다. 자식을 군에 보낸 국민은 자식이 맞아죽지 않을까 하는 걱정에 잠을 이루지 못한다. 전방 초소까지 가서 자식의 안녕을 확인해야한다면 이미 국민의 군대일 수 없다. 왜 이 지경이 됐는가. 왕따와 학교폭력 등 사회의 병리현상이 병영에서 재현되고 있다는 분석도 있지만 일선 지휘관들의 방관과 무소신, 무책임도 병영폭력을 만드는 원인이라는 걸 부인할 수 없다. 군생활에 적응하지 못하는 소위 관심병사를 제대로 관리하는 것 같지도 않다.

그동안 대형사고가 터질 때마다 국방당국은 급조한 개선책을 내놓았다. 하지만 결과는 늘 시원치 않았다. 이번에도 대통령에게 보고한 '병영문화 혁신방안'은 병영 내 부조리 신고 · 포상제도(군 파라치) 도입과 'GOP부대 가족 면회 허용' 방안을 빼면 재탕 삼탕 수준의 대책이다. 포상을 받으려고 부조리를 신고하는 자가 나올까. 그런 신고자는 부대 안에서 따돌림을 당할 가능성은 없겠는가.

이번 사건을 계기로 모병제를 도입해야한다는 주장도 제기되고 있다. 첨단기술로 전투준비를 하는 게 오늘날의 군대다. 따라서 기술과 전문성을 요구하는 병과에는 일부 모병제를 검토할 수 있을 것이다. 하지만 이를 확대해서 징병제 대신 모병제를 실시하자는 건 비현실적인 이상론이다. 예산문제를 차치하고라도 모병제로 적정수의 병사 모집이 가능할 것인가를 생각해보라. 병사들의 봉급수준을 만족할 정도로 높일 수 있는가. 평생직업 보장 없이 단기 복무를 지원할 청년들이 얼마나 있겠는가. 안보위협이 없는 다른 나라의 모병제를 들먹일 여유는 없다.

병사들에게 휴대폰 사용을 허가하자는 이야기도 나온다. 그러면 구타·가혹행위를 막을 수 있는가. 현재 공중전화와 인터넷 등 외부와의 접촉 수단이 없는 게 아니다. 휴대폰 반입이 금지돼 있는데도 인터넷에는 휴대전화로 찍은 영내 생활이나 훈련장면까지 올라온다. 휴대폰 반입이 자유로워지는 경우 기밀유출과 보안문제가 따를 수 있다. 휴대폰 허용문제의 장단점을 따져봐야지 폭력방지용으로 도입하자는 건 문제의 핵심을 벗어나는 이야기다.

북한은 시도 때도 없이 '서울 불바다'를 들먹인다. 전쟁을 막는 길은 강한 군대를 유지하는 데에 있다. 국군조직이 흐트러지고 있어서는 안 되는 이유다. 모든 국민은 국방의 의무를 진다. 그렇다면 국위를 선양한 국가대표운동선수들에게 병역특례를 부여하는 것부터 재고하라. 국위를 선양한 그들에게 배려를 한다면 선수생활을 끝낼 때까지 징집을 연기해주거나 선수생활을 접은 후 군복무에 버금가는 활동을 하게 하는 방법을 찾아야한다. 군대 안 가기 위해 열심히 뛰라는 건 군 복무에 대한 모독이나 다름없다. 병역의무를 마친 사람에게 군복무 가산점제도도 부활하는 게 마땅하다.

국민들은 군의 셀프개혁에 기대할 게 없다고 하지만 문제를 풀어야하는 당국은 역시 군이다. 우선 흐트러진 군 지휘체계와 책임소재를 분명히 하라. 승진과 처벌방지를 위해 사건 사고를 은폐하거나 축소하는 관행부터 뿌리 뽑아라. 군은 적군과의 전쟁을 치르기 전에 병영폭력과의 전쟁부터 치르고 이겨야한다. 병영문화 개선 목적은 강한 군대를 만드는 데 있다. 학교와 사회에 만연한 폭력을 뿌리 뽑는 인성교육도 군에게 맡겨진 책무다. 군대는 사람을 강하게 키우고 거듭나게 하는 곳이지 캠핑하는 곳도 폭행당하는 곳도 아니다.

〈선사연 칼럼, 2014-08-21〉

09 병사들 곁에 묻힌 채명신 장군

베트남전쟁 당시 초대 주월 한국군사령관 겸 맹호부대장을 지낸 채명신 장군이 지난 달 87세로 영면, 국립서울현충원의 병사묘역에 묻혔다. 장군의 묘지는 봉분을 쓰는 여덟 평이지만 사병 묘지는 봉분 없는 한 평짜리다. 그가 생전에 "파월 장병이 있는 묘역에 묻어 달라"고 말한 대로 건군 이후 병사묘역에 묻힌 최초의 장군이 된 것이다.

사람의 값어치는 그가 죽은 뒤에 비로소 알 수 있다고 했다. 채 장군은 죽어서도 참 군인, 참 장군의 모습을 보여주었다. 사실 장군과 일반 장병의 묘역을 구분할 까닭이 없다. 국가에 대한 공헌도나 애국심이 계급순은 아니기 때문이다. 미국의 알링턴 국립묘지에는 장군이나 병사 할 것 없이 모두 한 평 조금 넘는 넓이의 땅에 묻혀 있다.

사선을 넘나들며 전장에서 생활과 전투를 함께한 동료가 전우다. 죽어서도 병사 곁으로 돌아간 장군은 전우애가 무엇인가를 보여주었다.

채 장군의 사병 묘역 안장은 우리에게 많은 걸 생각하게 한다. 어떤 죽음이든 그 앞에 머리 숙여야하고 어떤 장례든 경건하게 치러야한다. 그러나 장례의 격과 안장 장소는 고인의 위대함을 재는 잣대는 아니다. 병사 곁에 묻힌 채 장군의 묘역이 오히려 넓고 거대하게 느껴지지 않은가.

시대상황에 걸맞게 장묘(葬墓)문화를 바꾸어가야 할 필요성은 절실하다. 국민적 공감대를 넓혀가기 위해서는 전·현직 대통령을 비롯해서 지도층이 앞장서야한다. 채 장군의 장례는 단순히 개인차원의 특이한 선행(善行) 또는 결단으로 치부하고 칭송만 해서는 의미가 없다. 많은 장성출신들이 채 장군의 뜻을 따르는 계기가 될 수 있다면 채 장군의 죽음은 한 알의 밀알이 될 것이고 새로운 역사를 쓰는 작은 출발이 될 수 있다.

한국의 묘지면적은 전국토의 1%로 공업지역의 약 2배에 이른다. 더 이상 국토가 묘지로 잠식되어서는 안 된다. 국가원수묘역의 넓이는 264㎡(약 80평), 묘역으로 이어지는 계단까지 포함하면 495㎡(약 150평)정도로 너무 넓다. 국가원수 묘역부터 줄이자. 작고한 역대 대통령의 장례는 가족의 뜻과 당시의 상황, 국립묘지설치법 등에 따라 가족장과 국민장, 국장 등으로 치러졌다. 최고 지도자의 업적과 역사적 평가는 장례의 격이나 묘역의 넓이와는 아무 관련이 없다.

세계에서 가장 큰 묘의 주인은 중국 최초의 황제 진시황이다. 덩샤오핑의 시신은 화장해서 유골은 남중국해에 뿌려졌다. 덩샤오핑의 묘는 진시황릉보다 오히려 크다는 느낌을 중국인은 갖는다. 덩샤오핑의 묘는 남중국해이고 또한 중국인의 가슴에 남아있기 때문이라는 것이다.

미국 초대 대통령 조지 워싱턴은 생가 한쪽에 묻혀있다. 빌리 브란트 전 독일 총리는 베를린 공원묘지에 보통 시민들과 함께 잠들어 있다. 프랑스 드골 전 대통령은 그의 유언에 따라 가족장으로 치르고 고향 콜롱베 공동묘지의 딸 곁에 묻혀있다. 미테랑 전 대통령도 그의 고향마을 가족묘지에 묻혀있다.

사람은 모두 평등하게 태어났다고 하지만 사람마다 족적과 이루어 놓은 업적이 다르다. 국가와 사회를 위해 헌신한 분들을 기리고 마땅한 예우를 하는 건 당연하지만 그 일은 장례를 크게 치르고 묘지를 호화스럽게 만드는 것과는 다른 것이다.

대통령이나 장군이나 큰 업적을 이룬 지도자가 일반 공원묘지에 보통사람과 함께 잠들어 있는 모습을 상상해보라. 그런 모습을 보는 국민들의 마음은 흐뭇할까 허전할까.

대통령을 지낸 분들이 어느 전직 대통령보다 장례의 격이 떨어져서는 안 된다고 생각하고 있을까. 소박하게 가족장으로 치르고 고향마을에 묻어달라고 하는 전직 대통령들과 채 장군의 뜻을 이어갈 장성출신들, 국민은 그런 지도자를 보고 싶은 것이다.

〈선사연 칼럼, 2013-12-10〉

제5부

선거와 정치와 경제

01 6·13 선거는 야권 새판 짜라는 국민의 명령

6·13 선거는 남북회담과 선거전날인 6·12 싱가포르 미·북 회담에 묻혀 경제문제는 물론 안보문제도 선거이슈에서 실종된 그런 선거였다. 민주당의 사상 최대 압승은 문재인 정부의 국정운영에 대한 평가라기보다 야권의 지리멸렬 때문이라고 봐야한다. 자유한국당을 비롯한 야당에는 정책도 비전도 인물도 보이지 않았다. 견제세력 야권을 지원하고자해도 찍어줄 정당과 사람이 없다는 이야기는 공공연했다.

야권의 참패이유는 무엇인가. 박근혜 대통령의 탄핵과정과 그 이후를 되돌아보라. 정권을 빼앗긴 새누리당은 네 탓 내 탓 다투며 쪼개졌다. 정권을 잃었으면서도 반성이나 혁신과는 거리가 먼 행보를 보였다. 그래서 국민이 등을 돌린 것이다. 바둑 한 판을 두고서도 복기를 하는 건 실패에서 교훈을 얻기 위해서다. 소를 잃고 외양간을 고치는 일은 때늦었지만 실패를 반복하지 않겠다는 다짐이다. 소를 잃고도 외양간을 고칠 생각조차 않으면 또 다시 소를 잃는다. 지금 야권이 그렇다.

보수야권은 궤멸에 가까운데 더 이상 머뭇거릴 까닭이 남아 있는가. 이제는 진실로 환골탈태해야 한다. 어느 정당을 위해서가 아니다. 여야의 균형과 견제를 통해 좋은 나라 만들기를 기대하기 때문이다.

보수를 자처하겠다면 무엇을 지키겠다는 것인지를 분명히 하라. 좋은 것을 지키겠다는 것이 보수라면 어떤 것이 좋은 것이며 어떻게 지키겠다는 것인지를 국민에게 설명하고 행동하라. 이 땅에 제대로 된 보수가 있는지, 제대로 된 진보가 있는지도 의문이다. 네 편 내편으로 갈려있는 게 현실이 아닌가.

대한민국은 지금 비상상황이다. 미·북 회담 결과를 보라. 우리의 최대관심사는 북한의 핵 폐기였는데 동맹국 미국의 트럼프 대통령 입에서 '완전하고 검증 가능하며 불가역적인 비핵화'(CVID)는 시간이 없어 공동성명에 넣지 않았다거나, 한미군사훈련은 비용이 많이 들어 중단해야 한다는 따위의 발언이 나왔다. 우리의 사활이 걸린 안보문제를 이런 식으로 얼버무리는 걸 우리는 목격했다.

더불어민주당은 선거에 이겼다고 환호하고 있을 때가 아니다. 국민이 무엇을 바라고 있는가를 살펴라. 안보는 진짜 벼랑에 몰려있다. 남북회담을 했다고, 또 한다고 해서 안보문제가 해결되고 통일이 되는 게 아니다. 평화협정이 평화를 보장하지 않는다는 건 이미 알려져 있는 역사적 사실이다. 힘이 있어야 평화는 보장된다. 경제는 침체의 늪으로 빠져들고 기업은 활기를 잃었고 제조업의 경쟁력은 추락하고 있다. 서민은 먹고사는 문제에 위협을 받고 있고 새 세대를 키우는 교육은 방황하고 있다. 우리는 어떤 미래를 꿈꾸며 준비하고 있는가. 이런 본질적인 문제를 외면하며 선거에 이겼다고 즐길 때가 아닌 것이다. 선거에 이긴 것으로 이런 문제가 풀리는 것도 아니다.

광역단체장 선거에 압승한 더불어민주당 후보들이 내건 공약의 이행에 들어갈 비용은 150조원에 육박했다. 실현 가능한 공약이라고 믿을 사람은 없다. 그런데도 '묻지 마 공약'은 남발했다. 지자체의 미래는 그래서 밝지 않다.

2005년 독일의 슈뢰더 전 총리는 총선을 앞두고 개혁을 단행, '유럽의 병자' 독일 경제를 살렸지만 그 개혁 때문에 총선에 패배했다. 슈뢰더는 정파와 정당의 이익보다 국민의 이익을 먼저 챙기면서 "지도자는 선거에서 패배하더라도 개혁해야한다"고 했다. 슈뢰더를 이어 총리가 된 메르켈은 첫 의회연설에서 "새 시대를 열게 해준 슈뢰더 총리에게 감사한다"고 했다. 이와 같은 정권 이어받기 정치를 우리는 언제 볼 수 있을까. 선거결과에 도취하거나 낙담하는 건 대책이 아니다. 이기든 지든 더 잘하기 경쟁을 벌여 다음을 기약하며 전진하는 그런 정치를 국민은 보고 싶은 것이다.

〈디지털타임스, 2018-06-15〉

02 대선은 보수와 진보진영의 싸움인가

“당신은 보수인가, 진보인가?” 이런 질문을 받으면 어떤 답을 할 것인가. 흔히 현재의 여권 지지자를 보수, 야권 지지자를 진보라고 한다. 어느 쪽도 아니면 중도인가. 보수 진보 따질 것 없이 지역에 따라 투표성향이 다른 경우가 많다는 건 다 아는 사실이다. 보수와 진보가 무엇인지 모르는 사람도 누군가를 지지한다. 그런데 보수와 진보로 나누는 게 타당한가.

바른정당은 ‘진짜 보수’를 지향한다고 했다. 반기문 전 유엔사무총장은 “진보적인 보수주의자”라며 양쪽을 아우르겠다고 하더니 대권의 꿈을 접었다. 문재인 전 더불어민주당 대표와 이재명 성남 시장은 “내가 진짜 보수”라고 주장한 것은 엉뚱했다. 산토끼까지 잡겠다는 것인가. 보수의 핵심가치를 부정하면서 보수라고 하는 건 말장난이다. 보수와 진보의 개념을 헷갈리게 하기에 부족함이 없다. 우리의 경우 보수는 우파, 진보는 좌파라고 부르는 게 마땅한데도 그렇게 하지 않아 개념에 혼란이 생긴다.

보수는 낡은 것이고 진보는 새로운 것이라고 생각하는 건 본질을 보지 않고 허상을 보는 것에 불과하다. 보수의 핵심가치는 자유민주주의와 시장경제다. 보수는 변화를 수용하며 안정 속에 나누어 먹을 빵을 키우겠다는 것이다. 진보는 평등을 앞세워 성장보다 분배를 중시, 빵을 나눠 먹으며 진보해가겠다는 것이다.

새는 좌우 날개로 날듯이 건전한 보수와 진보가 경쟁하는 사회는 건강한 사회다. 두 날개가 일그러져 있으면 제대로 날 수 없다. 그동안 보수는 핵심가치를 지키기보다 때때로 보수 꼴통이라는 말을 듣기에 알맞은 행태를 보였다. 그렇다고 해서 보수의 가치는 결코 폄훼될 수 있는 게 아니다. 비록 박근혜 정부가 실패한다고 하더라도. 진보는 어떤가. 사회가 진보해 나아갈 방향을 제시하지 못하고 과거 파헤치기에 빠졌고 평등을 내세운 포퓰리즘에 사로잡혔다. 때때로 떼쓰기와 반대를 위한 반대를 일삼았다. 가짜 진보의 행태였다.

남북대치 상황에 있는 우리에게 안보보다 중요한 건 없다. 그런데 진보진영은 사드배치와 한·미동맹 등 안보·외교 문제에서 많은 국민의 우려를 자아내는 행보를 보였다. 인권과 평등을 주장하면서 북한 인권에는 침묵했다. 종북 또는 친북이라는 비난을 면치 못하는 이유다. 더욱이 대한민국의 정통성과 역사를 긍정적으로 보지 않고 역사적 인물도 공과(功過)를 따지기보다 선악(善惡)으로 재단했다. 자기 나라 역사를 제대로 가르치지 않는 게 진보일 수 없다.

정치는 국민을 편안하게 먹고살게 할 문제풀이 게임이다. 정당의 정책이 다르면 국민의 선택을 받기 위해 경쟁을 하는 게 정상이다. 대선은 우리가 지켜나가야 할 국가의 모습을 선명하게 그리면서 경쟁하는 기회다. 그런데 안보와 성장을 통한 미래 청사진을 말하는 대선주자가 보이지 않는다. 기업 때리기는 기본메뉴가 돼있다. 군 복무기간 단축과 모병제, 국민에게 현찰 나눠주기 등 인기몰이 주장이 등장한다. 허황한 일자리 공약이 넘친다. 남미와 남유럽 여러 나라의 경제가 내리막길로 들어선 것은 성장보다 분배에 치중한 포퓰리즘 때문이었다. 1980년대 영국 보수당의 대처 총리는 재정지출 삭감, 공기업 민영화, 규제완화, 경쟁촉진을 내세워 만성적인 영국병을 치유하고 이익집단의 반발을 리더십으로 극복했다. 지난해 영국 보수당이 총선에서 포퓰리즘과의 전쟁에서 이겨 과반의석을 차지한 것은 영국유권자가 멀리보고 고통분담을 선택했기 때문이다.

대선을 앞두고 정권교체 · 정치교체 · 세대교체 · 시대교체라는 온갖 용어가 등장한다. 어떤 주장을 해도 국민이 안전하게 먹고살아갈 구체적 방안을 제시하지 못하면 공허한 것이다. 중요한 건 과거가 아니라 우리가 살아갈 미래다. 국민은 고통을 분담할 각오를 하고 앞으로 달려 나가야 한다. 국민 모두 열심히 일해야 하고 그럴 기회를 만들어 내는 정책을 제시하는 경쟁을 해야 한다. 경쟁적으로 복지 보따리를 풀어 국민을 잘 살게 하겠다는 공약은 허황한 것이다. 대선 후보가 무슨 주장을 해도 국민이 정신 차려야할 이유다. 대선은 단순한 보수 · 진보의 진영싸움이어서는 안 된다. 국가발전과 국민의 삶을 챙기는 정책, 다시 말해 안보와 경제 챙기는 정책의 대결이어야 한다.

〈선사연 칼럼. 2017-02-06〉

03 거짓공약 '돋보기'로 가려내자

대선 주자들은 전국 곳곳을 누빈다. 대통령 선거운동은 선거일 전일까지 23일로 돼있지만 지금 사실상의 선거운동을 하고 있다. 그렇다면 법정 선거운동과 사실상의 선거운동은 어떻게 다른가를 알고 싶다. 어쨌든 대선주자들의 생각과 하는 말은 철저히 따져야한다. '탄핵 기각이면 혁명' '탄핵관철을 위해 촛불을 더 높이'라는 주장도 그렇다. 말꼬리 잡자는 게 아니라 대통령이 될 사람이라는 걸 생각하면 적당히 넘겨서는 안 되기 때문이다. 뽑아놓고 후회하는 건 바보짓이다.

거짓과 괴담과 허튼소리는 유권자가 가려내야한다. 거짓정보는 과거에는 신문과 방송을 통해 퍼졌는데 이제는 인터넷과 SNS, 팟캐스트까지 가세하고 있다. 거짓과 괴담이 언론에 등장하면 정치권이 이를 확대재생산하고 정치권이 퍼뜨리는 거짓정보를 언론이 보도하면 그게 진실처럼 돌고 돌아 사방으로 퍼진다. 광우병 괴담은 물론 2002년 대선 당시 희대의 사기꾼 '김대업의 병풍 거짓말'에서 보듯이 진실은 사라지고 거짓이 진실처럼 포장된다. 국민은 가짜정보의 포로가 되기 십상이다. 언론은 가짜정보를 만들기도 하고 스스로 권력기관이 돼 심판자 역할을 자임하며 사람들을 거리로 뛰어나가게 흥분시킨다. 지금 우리 사회는 그런 상황에 빠져들고 있지 않은가.

대선주자들은 새로운 일자리는 기업이 만든다는 걸 모르는 것 같다. 공공부문 일자리 늘이는 걸 일자리 대책이라고 내놓는 걸 보면 한심하다. 노동시장의 경직성을 그대로 두면 일자리는 늘어나지 않는다. 일자리 타령하면서 기업의 발목을 잡는 법과 규제에 대해서는 왜 말이 없는가. 4차 산업혁명도 외치고 있지만 그 내용을 제대로 모르는 것 같다. 규제프리존법이나 서비스발전기본법 등등의 수많은 관련법안들을 국회에 묶어놓고 있는 걸 보면 그렇다.

사드배치문제도 다음정권으로 넘기라고 꼼수를 부리기보다 사드배치를 반대한다고 하는 게 차라리 정직하다. 모병제나 군복무 1년 단축도 엄중한 남북대치 상황을 고려한다면 그 실현 가능성을 구체적으로 제시해야 한다. 이처럼 중요한 문제를 주장만 해서는 안 되는 것이다. 돈을 푸는 선심성 복지공약은 실현가능성을 더더욱 따져야한다.

거짓말과 괴담과 도둑질은 이웃사촌이다. 상황과 장소에 따라 슬쩍 말을 바꾸면서 그 이유를 설명하지도 않는 건 거짓말이자 도둑질이다. 정치인들이허튼소리를 하고 언론은 거짓을 부추기는 데 동참하면 우리사회는 집단 최면에 빠지기 십상이다. 그렇지 않고서야 김대업의 거짓말과 광우병 괴담이 발 붙일 수 있었겠는가.

세계는 보호무역주의와 자국 우선주의로 기울고 있다. 북한은 또 미사일을 쐈다. 북한의 위협은 현재진행형이다. 경제는 내리막길로 미끄러지고 있다. 국민의 삶은 피폐해지고 있고 희망의 사다리는 부러졌다. 그런데 대선주자들에게는 이런 게 안 보이는 모양이다. 선동과 편 가르기, 미래에 눈감기로 어떻게 새로운 세상을 만들 수 있는가. '바보야, 문제는 안보와 경제야!'를 외치는 주자는 왜 안 보이는가.

19세기 말 미국에서 자본주의가 급속하게 발전하면서 이름난 부호가 등장했지만 정치는 부패했고, 서민들의 삶은 어려웠던 시대를 도금시대(Gilded Age)라고 한다. 마크 트웨인과 찰스 두들리 워너가 쓴 풍자소설의 제목에서 유래한 말로서 당시는 황금기인 것처럼 보여도 황금기가 아니라 황금처럼 보이도록 번쩍이게 도금한 시대라는 의미다.

밖에서 오는 위협보다 더 무서운 건 우리들 스스로 발전하려는 의지를 상실하고 있다는 점이다. 우리는 비록 황금기를 만들지 못하더라도 함께 살기 위해 열심히 일하는 시대를 만들 역사적 사명이 우리에게 있다. 대선은 그런 사명을 확인하고 국민을 통합시키는 기회여야 한다. 대선주자라면 경제 불씨 살리고 국민을 통합하고 대한민국을 어디로 끌고 갈 것인가 하는 국가전략을 내놓아야한다. 대선은 인물 좋고 말 잘하는 미인 뽑는 대회가 아니다.

〈디지털타임스. 2017-02-15〉

04 올림픽과 대선, 문제는 '심판'이야

런던에서 날아오는 승전보는 찜통더위 여름밤을 식히는 청량제나 다름없다. 올림픽에 출전한 선수들 모두 잘 싸웠고 잘 싸우고 있다. 특히 축구종가 영국을 꺾고 4강에 진출한 한국선수들, 정말 자랑스럽다. 한국선수단이 세운 금메달 10개, 종합순위 10위, 이른바 '10-10' 목표는 이미 달성했지만 메달 사냥만이 목표는 결코 아니다. 오늘의 승리에 만족할 수도, 패배에 좌절할 수도 없는 것이다. 도전은 계속돼야한다.

'올림픽에서의 경쟁은 개인이나 팀의 경쟁이지 국가 간의 경쟁이 아니다.' 올림픽 헌장 6조에 그렇게 적혀있다. 말이 그렇다는 것이지 국기를 앞세우고 국가의 이름으로 출전하며 금메달 선수의 국가가 울리는데 국가대항전이 아니고 무엇인가. 올림픽은 체력과 국력을 과시하고자 메달획득을 목표로 각국이 경쟁하는 총성 없는 전쟁터가 된지 오래다.

나라마다 메달 집계 방식이 다르다. 한국을 비롯해 대부분의 국가는 금메달 수, 미국・캐나다 등은 총 메달 수를 기준으로 순위를 정한다. 어떤 방법으로 순위를 표시하건 그건 그 나라의 자유다. 국제올림픽위원회(IOC)의 공식입장은 헌장정신에 따라 국가별 순위에는 개입하지 않는다는 것이다. 국가 별 메달순위가 어떻게 발표되든 공식적인 기준은 없는 셈이다. 사실 메달 수로 순위를 매기는 것은 지나치게 불합리하다. 혼자 뛰어 따는 메달 1개와 축구처럼 11명이 뛰어 따는 메달 1개, 100m 달리기와 마라톤의 메달을 단순히 비교할 수 있는가. 경기종목 많은 것을 탓하자는 건 아니지만 육상과 수영에 메달 수가 많은 것은 그런 종목을 석권하고 있는 스포츠 강국의 기득권 지키기 아니면 일종의 횡포나 다름없다고 생각하지 않는가.

큰 잔치에는 말도 탈도 많은 법, 런던올림픽도 어이없는 오심으로 오점을 남기고 있다. 수영의 박태환, 유도의 조준호, '멈춘 1초' 오심으로 울음을 터뜨린 펜싱의 신아람 선수의 경우가 그랬다. 오심사건에 한국이 많이 당한 것은 특정 종목을 장악한 국가들의 텃세일 수 있다는 평가도 있지만 그 속내를 어찌 알겠는가. 강한 상대를 피하려고 져주기 게임을 한 배드민턴 여자 복식에 출전한 한국・중국・인도네시아 선수들의 망동은 올림픽정신에 먹칠을 했다.

경쟁사회에서 최고만이 살아남는다는 사실을 올림픽을 보면서 다시 확인한다. 경쟁은 비인간적이라며 경쟁을 부정하려 하고 평준화와 평등을 외치는 우리 사회를 되돌아본다. 금메달을 그렇게 기대하면서 경쟁을 부정하는 것은 위선 아니면 기만이다. 산다는 것 자체가 경쟁 아닌가. 공정한 경쟁을 하고 경쟁에서 이기는 방법을 배우고 익혀야한다. 위기 때 방황하고 기회를 살리지 못하면 기다리는 것은 쓰라린 패배다. 스포츠도 경제도 정치도 위기를 잘 극복하고 기회를 만들고 활용해야 승리하는 게임이다. 올 대선전은 어떨까. 국가적 과제를 어떻게 풀어갈 것인가를 놓고 당당히 경쟁하는 그런 대선전이 펼쳐질까.

심판은 국민이 한다. 중요한 것은 오판을 유도하는 작태를 가려내는 일이다. 김대업 사건과 같은 허위사실 유포나 '아니면 말고' 식의 비난과 폭로에는 실격처리나 퇴장시키는 규칙이라도 정해야하지 않을까. 하루아침에 강한 선수와 팀을 만들 수 없듯이 하루아침에 경제도 살릴 수 없다. 올림픽 메달도 경제도 흘린 땀만큼 거두게 돼있다. 경제도 살리고 복지도 확대하고 국민의 행복도 보장하겠다고 외치는 게 정치인들이다. 말로 경제를 살릴 수 있다고 한다면 무지한 것일까, 오판을 유도하는 꼼수일까.

〈uKopia.com,2012-08-06〉

05 〈4 · 13총선〉, 제발 경제 살리기에 집중하라

4 · 13 총선은 새누리당 참패, 더불어민주당 환호, 국민의당 돌풍으로 끝났다. 이번 총선은 찍고 싶은 정당도 후보도 없다는 분위기였다. 하지만 마지못해 차악(次惡)을 선택한 경우는 많았다.

새누리당은 질 수 없는 선거에서 참패했다. 국민은 계파갈등과 자해수준의 공천, 오만한 새누리당을 심판했다. 야권은 분열됐고 온갖 잡음이 불거졌지만 이겼다. 야권이 잘해서 이긴 게 아니다. 새누리당의 실책 덕이 컸다. 국민을 편안하게 잘 먹고 잘살게 하려는 게 정치다. 선거는 그런 정치를 하기 위한 수단이고 절차다. 선거 자체가 목적이 아니다. 선거에서 이기는 것만이 정당과 정치인의 목적일 수 없다.

선거에 이겼든 졌든 각 정당은 선거후유증을 빨리 수습하고 국민의 삶부터 살펴보라. 정당과 정치판을 개혁하라는 것과 지역주의에 기생하는 정치를 해서는 안 된다는 것이 이번 총선의 민심이었다는 점을 잊어서는 안 된다. 국가적 과제는 쌓여있다. 일자리 만들고 먹고사는 문제와 안보부터 다져야한다. 북한의 도발과 위협이 가시화 돼있는데 안보문제는 이슈화되지 않았다. 정말 희한한 선거였다.

경제 살리는 일에 여야가 따로 있을 수 없다. 내년의 대선을 비롯해서 선거는 계속 이어진다. 선거 치를 때마다 국가적 과제는 실종되고 표를 노리는 통 큰 복지공약만 난무한다면 나라는 어디로 가겠는가. "모든 국가는 외적이 아닌 내부요인 때문에 스스로 붕괴한다. 국민이 눈앞의 이익만 추구하는 이기주의와 무상복지 등 포퓰리즘에 빠질 때 그 나라는 스스로 붕괴, 다시 말해 국가는 자살한다." 1975년 일본 월간지 문예춘추(文藝春秋)에 실린 '일본의 자살'이라는 제목의 내용이다. 한국의 사정은 어떤가. 이걸 인용하는 까닭은 굳이 설명하지 않아도 알 것이다.

과거 우리의 고도성장은 따라잡을 상대가 있었기 때문에 가능했다. 지금은 싸워야할 상대도 잊은 채 우리 스스로 무너지고 있다. 지난 5년간 평균 경제성장률이 3%에 미치지 못했다. 현재 경제사정이 나쁜 것보다 역동성이 저하되고 미래가 더욱 불안하다는 게 더 큰 문제다.

19대 국회는 5월 29일 끝난다. 20대 국회는 5월 30일에 시작되지만 7월이 돼야 열릴 것이다. 새로 국회가 출범한다고 당장 위기를 해결할 방안을 내놓을 것 같지 않다. 그렇다면 급한 경제활성화법안은 어떻게 하나. 모든 일에는 때가 있다. 19대 국회의원이었다는 사실이 명예가 아닌 멍에가 되지 않으려면 19대 국회에서 처리해야 마땅하다. 그렇게 하는 게 19대 의원들의 의무이자 그동안 잘못에 대한 최소한의 속죄다. 세비는 놀고먹으라고 주는 공돈이 아니다. 운동선수는 마지막 1초까지 최선을 다하지 않던가.

여소야대 정국으로 박근혜 정부의 앞길에 많은 어려움이 예상된다. 하지만, 과반의석을 가진 상황에서도 시급한 법안 처리를 제대로 못하지 않았는가. 과반의석 잃었다고 하늘이 무너지는가. 야당도 경제 살리는 일에 발목 잡으면 다음에는 국민의 심판을 받는다. 국민의 눈은 매섭고 정확하다. 박대통령은 국회와 야당을 비판하기에 앞서 대화와 타협으로 국정을 이끌어가는 모습을 보여야한다. 국민에게 땀과 희생을 요구하는 지도력도 발휘해야한다.

국민에게 희망을 주는 정치를 못할 까닭이 없다. 여당은 패배 후유증 털어내고 국가적 과제를 푸는 일에 앞장서야한다. 야당 탓, 여당 탓하는 정치에서 국민은 무슨 희망을 갖겠는가. 안보 챙기고 경제 살리는 일에 발 벗고 나서는 정당과 정치인에게 국민은 반드시 보상한다. 선거는 계속 이어지지 않는가. 영원한 정권이 어디 있는가. 민심은 바다다. 조용하다가도 거대한 선박도 뒤엎을 수 있는 게 민심이다. 국민의 관심은 어느 당이 이기고 지는가에 있는 게 아니라 나라의 장래에 있다.

〈디지털타임스.2016-04-15〉

06 선거가 복수의 칼 겨누는 무협영화인가?

마지막 휘슬을 불기 직전 게임을 역전시키는 장면은 통쾌하다. 9회 말 역전 홈런에도 환성이 터진다. 핍박받던 착한 사람이 악당을 무찌르는 영화장면에도 관객들은 박수를 보낸다. 바야흐로 선거철이다. 총선과 대선으로 올 연말까지 선거바람은 계속 불 것이다. 선거 끝난 후 아쉬움과 짜릿함을 안고 모두 일상으로 돌아간다면 선거는 민주주의 꽃이고 한마당 축제가 되는 것이다.

그런데 선거에 이겨 복수를 하겠다고, 또 한(恨)을 풀겠다고 한다면 선거는 축제일 수 없다. 지난 2월 말 손학규 민주통합당 고문은 어떤 모임에서 "복수의 한을 풀기 위해 정권을 잡으려고 하면 안 된다"는 말을 했다. "손 고문도 한명숙 대표처럼 강한 복수의 한을 갖고 있느냐"는 어느 청중의 질문에 답하면서 나온 말이다.

질문은 한명숙 대표를 겨냥한 것이었지만 손 고문은 일반론으로 답했다. 한 대표를 비롯해 당내 신주류로 떠오른 '친노(친노무현)세력'을 우회적으로 비판한 발언이라는 해석도 나온다. 그러나 말한 사람의 뜻과 듣는 사람의 느낌이 다를 것이니 따질 일은 아니다. 민주통합당 한명숙 대표는 "이명박 정부를 심판하는데 모든 것을 바치겠다"고 했다. 지난번 대표경선에 나서면서 "탐욕과 야만과 광기의 권력을 끊기 위해 이 자리에 섰다"고도 했다.

민주통합당 지도부는 국민을 1%와 99%로 가르는 말을 하며 노무현 전 대통령의 자살을 정치검찰에 의한 타살이라고 주장하면서 "이명박 정부에게 당한 만큼 되돌려주겠다"고 서슴없이 말하고 있다. 복수의 칼날이 보이는 것 같아 안타깝다. 정치는 상대를 죽이는 전쟁과는 다르다. 상대와 싸우지만 상대를 배려하며 때때로 손을 잡아야하는 싸움이다.

정치판의 말 바꾸기와 말 돌리기는 도를 넘었다. 또 폭력은 어떤가. 국회의원이 전기톱과 쇠망치로 난동을 부리고 의사당에 최루탄을 터뜨린다. 강력한 소수의 투쟁이 정의로 포장되는데 다수결 원칙은 별 의미가 없다. 민주통합당은 한미 FTA를 '매국(賣國)'이라고 비난하고 제주 해군기지 건설도 반대한다. 이미 노무현 전 대통령 시절에 시작했던 것이고 그들이 찬성했던 정책을 정면으로 부정하고 있다.

기자회견에서 이명박 대통령이 야당 지도자들의 이런 말 바꾸기에 대해 언급하자 한명숙 대표는 '선거개입'이라고 비판했다. 말을 바꿀 수밖에 없는 사정을 국민에게 먼저 설명하고 이 대통령을 비판하는 게 옳은 일이 아니었을까. 지역과 이념으로 갈리고 세대 간 갈등도 깊어가고 있는데 전 · 현정권 간 대립구도까지 벌어지면 국민은 불안하다. 증오와 분노, 저주를 증폭시키는 정치로 국민을 가르면 안 된다. 정권의 공과(功過)를 제대로 따져 버릴 것과 고칠 것, 이어갈 것을 가리는 그런 싸움을 해야 한다. 그게 발전이다.

아무리 정치의 계절이라지만 여야 모두 국민이 먹고살 경제를 살피는 여유는 있어야 한다. 식어가는 경제를 허튼 공약 남발로 살릴 수 있는 건 아니다. 가계 빚은 900조원을 넘었다. 경제가 성장해서 일자리가 늘고 소득을 올리지 않는 한 빚 갚을 길이 없는 것이다. 현란한 말로 국민을 현혹하고 큰 빚을 후세에게 떠넘기는 걸 공약으로 내놓아서는 안 된다. 경제와 안보 챙기고 능력에 걸맞은 복지를 늘려가려는 그런 정책으로 승부하라. 할 수 있는 것과 할 수 없는 것을 구별하고 안 되는 건 안 되는 것이라고 말하는 그런 사람을 뽑는 선거여야 한다.

〈Ukopia.com, 2012-03-20〉

07 각설이 타령과 4·29 선거

"작년에 왔던 각설이 죽지도 않고 또 왔네."라는 각설이타령을 선거판에 대입해보자. 선거 때만 되면 잊지도(죽지도) 않고 또 나오는 건 통 큰 개발사업과 복지증대 등 선심공약이다.

4·29 재·보궐선거는 임기가 1년 정도에 불과한 4개 의석을 결정하는 초미니 선거다. 여당은 지역구민, 야당은 온 국민에게 선심을 쓰는 대선급 공약을 쏟아내고 있다. 의석 4개를 두고 거창한 공약이 쏟아져 나오는데 내년의 총선과 2017년 대선에서 어떤 선심공약이 폭발할 것인지 상상만 해도 끔찍하다. 2012년 총선과 대선에서 쏟아진 공약을 기억하는가. 5년 동안 새누리당은 134조5000억 원, 새정치민주연합은 192조원이 들어가는 복지공약을 내세웠다.

우리 사회는 감당하기 어려운 복지공약 후유증을 앓고 있다. 돈은 모자라는데 쓸 곳은 많아 중앙정부와 지방자치단체 간 갈등이 빚어지고 있지만 이건 시작에 불과하다. 학교가 밥 먹이는 곳인가, 공부시키는 곳인가 하는 논란도 무상급식에 들어가는 돈 때문이다. 그런 논란은 있어도 교육의 본질과 아이들을 어떻게 가르쳐야 하는가에 대한 논의는 없다. 밥만 먹이면 아이들은 제대로 자란다는 말인가.

정당이 선거에서 이기려고 하는 걸 누가 탓하는가. 문제는 구체적 재원마련대책도 없이 공약을 쏟아내는 데 있다. 지키지 못할 허튼 공약 말이다. 그런데도 그런 공약이 현실적으로 먹힌다면 누구 책임인가. 허튼 주장을 응징 또는 견제하지 못하고 놀아나거나 지지한다면 허튼 주장에 날개 달아주는 격이다. 유권자가 현명해야 할 이유다.

민주주의는 과연 민(民)이 주인(主人)인가. 국민은 국회의원을 뽑지만 그들을 국민의 대표라고 인식하는 경우는 드물다. 그들이 국민의 뜻을 거스르기 때문이다. 국회의원은 주인인 국민의 대리인, 그것도 임시 대리인이다. 대리인인 그들이 자신들의 주장을 국민의 뜻으로 둔갑시키고 선심정책을 남발 하고 책임도 지지 않으면서 특권을 늘리려한다. 어느새 국회의원은 주인행세를 하며 경제도 교육도 모두 정치에 예속시킨다.

언론의 책임도 결코 가볍지 않다. 언론은 표현의 자유를 내세우고 언론자유를 외치면서 괴담을 퍼뜨리고 대중을 선동하는 일에 동참한다. 사이비 언론이야 그렇다

치고 버젓한 간판을 내건 언론도 그런 일을 저지른다. 광우병 사태, 문창극 죽이기, 세월호 참극을 당하는 과정에서 불거진 온갖 괴담과 거짓말을 여과 없이 유포시키고 사태를 꼬이게 하는 등 국민의 판단을 흐리게 하는데 언론이 한 몫을 하지 않았던가. 일부 언론의 선동과 폭력은 현재 진행형이다. 그들은 민주주의를 외치면서 민주주의를 해치고 있는 셈이다.

국가적 과제는 산적해 있다. 청년실업은 심각한 지경에 이르렀고 가계부채는 1100조원에 육박하고 있다. 안심대출 40조원을 푼다고 해도 가계대출의 구조를 개선하는 효과는 있겠지만 가계부채는 줄어지지 않는다. 국가채무에 공무원연금, 군인연금의 충당부채(미래에 지출될 예상액) 등을 더한 광의의 국가부채가 2014년 1200조 원을 돌파했다. 지난 해 국가부채 증가분 93조원 가운데 47조원이 공무원·군인연금에 들어갈 충당부채였다. 공무원 연금개혁의 시급성을 말해주고 있다. 중앙정부와 지방정부의 빚을 합한 국가채무도 530조원을 넘어섰다. 누가 갚을 빚인가.

저출산과 고령화로 복지지출은 계속 늘어나게 돼있는데 정치인들은 복지를 늘이지 못해 왜 안달인가. 정치를 제대로 하고 선거에 이기려면 꿈과 이상을 말하고 그걸 실현시킬 구체적 정책을 내놓고 국민에게 미래사회 건설에 동참할 것을 호소해야 한다. 각설이타령에는 해학과 풍자가 있어 흥이 나지만 선거 때마다 나타나는 그렇고 그런 타령에는 짜증이 나는데 어찌 덩달아 춤출 일인가.

〈선사연 칼럼. 2015-04-14〉

08 아무 것도 할 수 없고 오직 선거만 있는 대한민국

풍성한 한가위 잔치는 끝났다. 다시 돌아온 삶의 현장에는 한숨소리다. 추석민심과 화두는 단연 민생이었다. 하지만 정치판은 대권놀음에 빠져있다. 대선에 나서겠다는 후보들(?)은 즐비해도 구체적 정책은 보이지 않는다. 언론매체는 그들이 던지는 토막말과 동정에 초점을 맞춘다. 어쨌든 지나치게 가볍고 때로는 허황하다.

대통령선거는 후보들이 나라가 가야할 방향을 제시하고 국민의 선택을 받는 과정이다. 현실은 어떤가. 지역 연합 또는 결합으로 대선을 치른다거나, '제3지대론' · 정권교체 · 단일화 등등의 말만 무성하다. 국가를 이끌어갈 방향과 정책에는 말이 없다. 지역감정 부추겨 표를 모으고 복지보따리 풀고 상대 흠집 내는 그런 선거가 또다시 반복될 가능성도 보인다.

대통령이 되면 전임 대통령의 흔적 지우기에 나선다. 다른 한 편에서는 대통령 흔들기를 시작한다. 대통령은 임기 말이 가까워지면 해야 할 일을 제대로 하지 못한다. 다음 대통령 만들기에 올인하는 분위기에 빠지면 현직 대통령은 힘이 없어지기 때문이다. 그래서 대통령 임기는 5년이 아닌 길어야 3년 반이라는 말이 나온다. 5년마다 열리는 대선경주는 이어 달리기가 아니라 앞서 달린 자와 다른 방향으로 달리는 게임이 돼있다.

지진은 예측하거나 막기 어려운 자연현상이다. 하지만 우리는 스스로 나라 흔드는 일을 한다. 몸싸움하던 '동물국회'에서 '식물국회'를 지나 이제는 야당이 힘자랑하고 여당은 몸으로 저항하는 '괴물국회'가 돼있다. 국회선진화법이 있는 한 과반의석을 가져도, 다수당이 돼도 별 의미가 없다. 박근혜정부는 국회선진화법에 발목이 잡혔지만 다음 어떤 정부가 들어서도 임기 절반을 제대로 일을 하기 어려울 것이다. 그래서 국회에 기대할 게 없다는 것이다. 정당은 선거를 치르기 위한 애매한 동맹이나 다름없고 정치판은 대권에만 초점을 맞추고 있다.

사드배치 문제 하나 제대로 못 풀고 몇 달을 허비하는 대한민국은 과연 제대로 된 나라인가. 사드배치 후보지를 공개한 것도 문제였지만 후보지를 찾으러 이 동네 저 동네로 전세방 얻으러 다니는 모양새를 보이는 것도 어이없는 일이다. 검찰과 판사가 금품 받고 엉뚱한 짓을 한다.

총체적 난국은 또 이어진다. 퇴출돼도 부족한 대우조선 등 노조가 파업을 찬성했다는 소식을 듣고 분노하지 않은 국민이 있었을까. 연봉제니 성과급이니 하는 문제를 놓고 파업하며 배부른 흥정을 보는 청년실업자는 어떤 심정일까. 젊은이들은 일할 기회조차 없어 방황한다. 저출산 · 고령화에 경제 엔진은 꺼져있어 풀어야 할 과제는 켜켜이 쌓여 있다. 조선 · 해운 회사의 오늘의 모습은 구조조정을 미룬 결과다.

우선 정부의 무능이 문제다. 지난 19대 국회에서 노동4법 등 경제활성화법이 통과됐으면 경제가 얼마나 좋아졌을까. 물론 알 수 없다. 하지만 더불어민주당은 법통과를 막은 책임에서 자유스럽지 않고 정부의 경제 실정(失政)을 탓할 자격이 없다.

지금은 경제 살리기 위해 임금동결 등 할 수 있는 방안을 동원해 분위기를 바꿀 때다. 비상상황에는 비상대책이 나와야한다. 임금동결은 청년들 일자리 늘리는데 큰 보탬이 될 것이다. 취업자와는 달리 실업자에게는 임금수준이 문제가 아니라 일자리 얻는 게 급하다. 어느 것이 더 급하고 중요한가. 공무원연금도 동결돼있지 않은가. 지금의 경제난은 경기 탓만은 아니다. 경제 살려 성장률 1% 포인트 더 높이는 게 중요하다. 2015년 국내총생산(GDP)은 1500조원, 성장률을 1%포인트 높이면 분배 가능한 부가가치는 15조원 증가한다.

대권을 향해 뛰려면 지역정서를 부추기고 어설픈 포퓰리즘을 남발할 생각을 접어라. 안보와 경제를 튼튼히 하고 장기 전략을 갖고 국민을 설득하는 용기를 보여라. 나라 흔들리는 걸 막을 수 있는 지도자라면 국민의 선택을 받지 못할 까닭이 없다. 아무 것도 할 수 없고 선거에만 매몰돼있는 나라는 제대로 된 나라일 수 없지 않은가.

〈선사연 칼럼, 2016-09-23〉

09 허튼 공약 '신공항'이 남긴 뼈아픈 교훈

바다를 메워 만들까, 산을 깎아 만들까 하고 다투던 영남권 신공항건설이 밀양도 가덕도도 아닌 김해공항 확장으로 결정됐다. 경제성을 따진 결과라고 하지만 영남권 지역다툼을 벗어날 방법이 없었다는 점도 고려됐을 것이다.

청와대는 "김해공항 확장은 사실상 신공항으로 동남권 신공항 공약을 지켰다"고 했다. 잘못된 공약이거나 잘못되지 않았지만 상황이 바뀐 경우 공약을 접는 것은 옳은 일이고 그런 결단을 하는 게 리더십이다. 그런데 공약을 지켰다는 건 무슨 말인가. 구차한 언어의 유희다. 대통령은 그간의 사정을 국민에게 설명하고 이해를 구했어야했다.

부산과 대구지역에서 정부가 "영남권 주민을 속인 것"이라며 신공항을 재추진하겠다는 말도 나왔다. 2015년 1월 영남권 5개 시・도지사는 신공항 유치경쟁을 하지 않고 결과에 승복하겠다고 약속한 바 있다. 그런 약속은 깨면서 이전투구를 벌여놓고 뚱딴지같은 소리를 하는 건 도를 넘는 후안무치다. 가덕도로 결정됐으면 대구지역주민을, 밀양으로 결정됐으면 부산지역주민을 속인 것이 되는가. 어디로 결정돼야 영남권 주민 모두를 속이지 않게 되는가.

"부산에서 5석을 만들어주면 가덕도 신공항을 반드시 유치하겠다"(지난 총선 때 문재인 전 더불어민주당 대표), "가덕도가 안 되면 시장직을 걸겠다"(서병수 부산시장)는 발언을 보라. 신공항 입지결정 권한이 그들에게 있는 게 아닌데 아무리 정치적 발언이라 해도 무책임하기 짝이 없다. 국가사업에 지자체장이 무슨 명분으로 직을 걸겠다고 했는가. 부산시장은 약속을 지키지 못한 점을 사과하고 "김해 신공항을 수용하겠다"고 했다. 사과하는 것으로 끝나는가. 대구시・경북도는 김해공항 확장안을 '받아들일 수 없다'는 입장을 분명히 했다. 도대체 어쩌자는 건가.

정치인들과 그들의 선동에 덩달아 춤춘 사람들은 공항의 경제성과 미래의 국가발전을 생각해보았을까. 돈을 낼 국민은 가만히 있는데 돈 쓸 사람들만 설쳐댔다. 지역사랑과 배타적 지역이기주의는 분명히 다르다. 특정지역과 특정세력의 정치적 압박에 밀려 국가정책이 결정될 수는 없다.

영남권 신공항건설은 2006년 노무현 대통령 때 검토되다가 2007년 대선에서 이명박 후보가 표몰이 공약으로 제기돼 영남 지역 간 유치전이 벌어졌다. 그러나 두 지역 모두 경제성이 없는 것으로 분석되자 이명박 대통령은 김해공항 확장을 검토하다가 2011년 3월 신공항 건설공약을 지킬 수 없음을 국민에게 사과했다. 그렇게 백지화된 사업을 2012년 박근혜 대통령 후보가 대선공약으로 되살려냈다. 당시 야당의 문재인 후보도 같은 공약을 냈다.

지난번에도 그랬듯이 내년 대선에서 신공항건설 공약이 안 나온다는 보장이 없다. 동남권 신공항 불씨가 꺼지기도 전에 또 다른 공항건설 이야기가 나온다. 더불어민주당 차기 당대표 출마를 선언한 추미애 의원은 "당대표가 되면 새만금 신공항을 이뤄내겠다"고 했다. 전북 지역 당원들의 표를 의식한 발언이리라.

어쨌든 선거바람은 이성적 판단능력을 마비시킨다. 중요한 국책사업이 앞뒤 가리지 않고 특정지역 표몰이 공약으로 제기되고 그런 공약을 지키겠다고 하면 국가에 큰 부담으로 남는다. 호남권 표를 노린 노태우 대통령의 새만금 건설 공약, 충청권 표를 노린 노무현 대통령의 수도이전공약을 한 번 되돌아보라. 현재 전국 15개 공항 중 인천 김해 제주 김포 등 4곳을 뺀 나머지 11개 공항은 적자를 기록하고 있다. 공항건설이 정치적으로 결정됐기 때문이다. 정권이 바뀔 때마다 어김없이 지방공항이 한두 곳씩 늘어났고 폐쇄되거나 착공하다가 그만 둔 경우도 있다.

돈이 얼마 들어가고 그것이 국가발전에 어떤 도움이 되는지 경제적 계산은 아예 안 하는 게 정치판 선거판이다. 결국 국민이 나서야한다. 허튼 공약을 남발하는 대선주자나 정치인들을 심판하는 일을 해야 하는 것이다.

〈디지털타임스: 2016-07-01〉

제6부

경제논리와 정치논리

01 월드컵은 열기, 경제는 냉기

2018 러시아 월드컵은 희비가 교차하는 장엄한 드라마, 그 중의 압권은 세계최강 독일과의 싸움에서 한국의 2 대 0 승리였다. 16강에는 못 갔지만 28일 새벽 독일을 꺾는 모습을 지켜본 우리 모두는 짜릿한 감동을 느끼며 행복했다. 스웨덴과 멕시코에 패배한 아픔을 털어내고 한국축구의 새로운 희망을 쏜 것은 무엇보다 값진 수확이다.

세계 언론은 한국이 독일에 이긴 걸 이변이라고 하지만 한국 선수들은 독일 선수들보다 더 많이 뛰었다. 경기결과 나타난 통계다. 이변이 아니라 그렇게 뛰었기에 이긴 것이다. 승리를 마음껏 즐기지 못할 까닭은 없지만 거기에 만족하거나 머물러서는 안 된다. 패배에 절망하고 있어서도 안 된다. 16강, 8강, 4강 그리고 우승까지 계속 도전해야 하는 게 스포츠이고 경제이고 또한 우리의 삶이다.

승리를 기뻐하고 패배에 허탈해하는 마음을 어디에 숨기겠는가. 하지만 다시 생각해보자. 스웨덴과 멕시코에 지고 난 후 특정선수를 매도하고 인격적인 비난을 했다. 청와대 국민청원 게시판에는 악의적인 청원이 쇄도, 소중한 공간이 분노의 배설장이 됐다고 했다. 이런 짓거리는 축구사랑도 더욱이 애국도 아니다. 그런 자들은 독일전 승리를 즐거워할 자격이 없다. 선수와 감독을 비난하고 매도하기에 앞서 한국축구의 경쟁력을 높일 시스템을 어떻게 구축할 것인가를 먼저 생각해야 미래를 열 수 있다. 비난하고 울분을 토하는 건 대책이 아니다.

월드컵 시즌만 되면 우리 언론에는 어느 팀에는 이기고 어느 팀에는 비겨 예선을 통과한다는 시나리오가 나돈다. 축구팬들은 그걸 믿고 그런 시나리오대로 진행이 안 되면 허탈해하고 분노한다. 하지만 국내 K리그 경기가 열리는 썰렁한 경기장 관중석과 유소년축구가 어떤 상황에 있는가를 생각해보라. 그런 바탕에서 세계적인 선수가 나오기를 기대하는 건 과욕이나 다름없다.

축구에 열광하고 밤을 새우며 거리응원을 하는 열정을 제대로 살리면 축구든 경제든 이뤄내지 못할 건 없다. 축구에 쏟는 열정 그 자체는 우리가 무엇이든 이루어낼 수 있는 힘의 원천이다. 축구에 이겼다고 잘 사는 것도, 졌다고 나라가 망하는 것도 아니다. 그러나 경제는 생존의 문제다. 축구에 지는 건 안타까워하면서 경제 스러지는 일에는 왜 나 몰라라 하는가.

축구선수가 페널티킥을 허용하는 반칙을 저질렀다고 비난하지만 상대의 공격을 막기 위한 과정에서 나올 수 있는 실수였다. 그런 실수를 범죄처럼 비난하면서 산업현장에서 벌어지는 불법파업과 반칙에는 왜 말이 없는가. 열심히 뛰지 않는 선수는 운동장에 설 수 없는데 산업현장에는 뛰지 않는 선수가 즐비하지 않은가.

2002년 한·일월드컵에서 우리는 4강에 올랐다. 당시 히딩크 감독은 한국 축구의 문제점은 투지와 체력약화라고 보고 공간과 시간을 선점(先占)하고 지배하는 전략을 썼다. 그건 상대 선수보다 더 많이 뛰게 하는 전략이다. 지옥훈련에 비견할 정도의 체력단련을 통해서 지치지 않고 뛰는 힘을 길렀다. 당시 우리 선수들이 운동장을 누비며 쉼 없이 뛰던 모습을 상상해보라.

한국경제가 성장하려면 고비용·저효율 구조를 손질하고 투자와 기술혁신을 지속하면서 더 많이 더 빨리 뛰어야한다. 남이 쉴 때 일하고 남이 걸을 때 뛰어야 이긴다. 근로시간 단축보다 중요한 것은 정해진 시간에 얼마나 더 많이 뛰느냐다. 월드컵은 한 달 동안 싸워 우승팀을 가리지만 경제전쟁에는 정해진 기간도 없다. 축구에 있는 하프타임이 경제에는 없다. 계속 뛰어야한다. 경제는 마라톤이고 대장정이다.

한국축구의 수준, 한국경제의 현주소를 정확히 알지 않고 이 정도면 되겠지 하면서 서성이다가 세계시장에서 밀려나는 결과를 알 때에는 이미 늦다. 출중한 개인기를 가진 선수를 길러내고 그런 선수들을 하나로 묶는 조직력은 축구에서도 산업현장에서도 승리할 수 있는 요인이다.

〈디지털타임스, 2018-06-29〉

02 경제민주화는 만병통치약 아니다

경제민주화가 만병통치약처럼 인식되고 있는 게 한국사회다. 이번 18대 대선에서도 경제민주화가 최대의 화두였다. 경제민주화는 일반 경제학 교과서에서는 찾아볼 수 없는, 더욱이 경제학자들조차 헷갈리는 개념이다. 경제학 교과서에 없다고 해서 무시될 수 있는 것은 아니다. 하지만 경제민주화가 무엇을 의미하는 것인지도 명확히 정의되지 않은 채 경제민주화에 모든 문제를 담을 수 있는 것처럼 생각하는 게 문제다.

경제민주화라는 말의 뜻을 경제학자는 물론 정치인과 기업인들이 각기 자기들 멋대로 해석한다. 어떤 경우든 시행해야 할 정책은 그 뜻과 대상이 분명해야한다. 경제민주화는 이곳저곳을 휘두르는 도깨비 방망이가 돼서는 안 되는 것이다.

경제민주화 또는 경제민주주의라는 말은 쓰는 사람에 따라 뜻을 달리한다. 경제민주화는 의사결정권을 주주로부터 광범한 이해 관계자 집단(노동자 · 고객 · 공급자 · 이웃 · 일반대중을 포함한)에게 이전하는 것을 제안하는 사회경제적 이데올로기다. 경제민주화는 간명하게 정의할 수 있는 개념이 아니다. 그러나 대부분의 경제민주화 지지자들은 자본주의 사회에서는 경제정책결정에 민주적 목소리가 부정되고 사람들은 물건을 살 수 있는 충분한 소득을 벌 수 없으며 기업독점으로 인해 노동자들은 경제적 기회 접근을 제한당하는 등 사회경제적 불평등을 가져오기 때문에 이들이 완전한 경제적 권리를 확보하기 위해서는 완전한 정치적 권리를 가져야한다고 주장한다. 경제민주화는 어떤 경제조직의 노동자나 그 조직의 서비스를 이용하는 이해 관계자들과 일반대중을 포함하는 모든 사람들이 그 경제조직을 소유 또는 통제하는 경우를 말하기도 한다. 다시 말해 이들이 그 조직의 의사결정권을 가져야 한다는 것이다. 위키피디아 사전의 설명이 대체로 위와 같다.

경제민주화는 모든 경제문제를 민주주의 방식인 다수결 원리로 해결하겠다는 경제문제의 정치화나 다름없는 개념이다. 민주주의가 1인 1표의 형식적 평등은 달성했지만 실제로는 경제적인 불평등이 존재함으로 경제적 평등을 추구하기 위해 기업의 의사결정을 1인 1표의 민주적 방식으로 전환해 경영을 민주화하거나 경제적 불평등을 제거해야 한다는 것이다.

헌법의 경제민주화 조항

경제민주화라는 말은 우리 헌법 조항에 들어 있다. 헌법 제119조2항은 "국가는 균형 있는 국민경제의 성장 및 안정과 적정한 소득의 분배를 유지하고, 시장의 지배와 경제력의 남용을 방지하며, 경제주체 간의 조화를 통한 경제의 민주화를 위하여 경제에 관한 규제와 조정을 할 수 있다"고 규정하고 있다.

이는 자유를 강조하는 119조1항('대한민국의 경제 질서는 개인과 기업의 경제상의 자유와 창의를 존중함을 기본으로 한다')과 상충한다. 1항과 2항은 대립관계인가 보완관계인가도 논란의 대상이지만 경제민주화가 정확히 무엇인지, 국가가 경제 기본권을 어느 정도로 제한할 수 있는 것인지에 관한 명확한 설명이 없다. 헌법 제119조2항은 경제자유를 기본으로 하는 시장경제체제에서 소외될 수 있는 경제적 약자들을 보호하기 위해 규제와 조정은 '필요하면 할 수 있는' 보완 규정으로 봐야한다는 게 헌법학자들의 대체적인 견해다. 119조 1항이 시장경제를 강조한 것이라면 2항은 시장의 실패를 보완하기 위한 정부 개입을 의미한다. 둘 중에 어느 하나도 빠져서는 안 되는 수정자본주의의 대원칙이다.

1987년 헌법 개정 당시 국회 헌법개정안기초소위원회 위원장을 지낸 현경대 전 의원은 경제민주화 구절의 취지를 다음과 같이 설명한다(신헌법, 박문사, 1988, 94~95쪽). "…정부 · 기업 · 가계라는 경제주체 가운데 종전에는 정부 주도 경제운용에 치우쳤으나 민간주도로 전환해 효율성을 극대화시킴과 아울러 사용자와 근로자라는 노동경제상의 양대 주체 간의 협조를 통한 산업평화와 노사공영의 이룩을 도모하고자 하는 것이다."

이에 따르면 '경제주체 간의 조화를 통한 경제민주화'는 헌법 개정 당시의 강력한 정부주도 경제운영체제를 민간주도로 바꾸고 노사평화를 도모한다는 '경제 민간화'를 의미하는 것이다. 정부의 경제 개입을 정당화하고 작은 시장, 큰 정부를 만들자고 주장하는 일부 경제민주화 주장자들과 다른 관점이다.

재벌의 잘못된 행태는 당연히 바로잡아야하지만

대기업과 재벌은 같은 의미로 쓰이기도 하지만 재벌은 부정적 의미로 쓰이는 경우가 많다. 정치권의 주장을 종합하면 경제민주화는 대기업 또는 재벌 때리기와 같은 의미로 쓰인다. 정치권은 서민생활의 어려움과 양극화, 투자 감소, 일자리 창출

부진 등이 모두 대기업과 재벌의 책임인 것처럼 호도하고 이런 모든 문제를 경제민주화로 해결할 수 있다고 생각하는 것 같다.

재벌제도는 우리나라의 독특한 제도이다. 모든 제도가 다 그렇듯이 재벌제도에도 순기능과 역기능이 있다. 현행 재벌체제에 많은 문제가 있는 건 사실이고 재벌의 지나친 탐욕을 제어할 필요가 있다.

그러나 재벌제도에 순기능도 있다. 일본 기업과는 달리 한국 기업이 잘나가고 한국이 2008년 글로벌 금융위기를 재빨리 극복한 건, 신속한 의사결정과 미래를 내다본 장기 투자 덕분이라는 분석도 있다. 바로 한국 특유의 오너 체제 때문이라는 것이다. 그렇다고 해서 재벌의 일탈행태를 옹호할 수는 없다.

중요한 건 재벌의 이러한 강점을 살리면서 재벌제도의 역기능을 규제해야한다는 점이다. 불공정 거래와 불공평한 법 집행, 오너 가족의 사익 편취를 규제해야한다. 그런데 이러한 역기능을 제거하려고 기업의 지배구조 자체를 문제 삼을 필요는 없는 것이다. 기업 지배구조, 즉 오너 경영체제와 전문경영인 체제 중 어느 것이 우월한 것이며 어떤 것이 바람직한 것인가에 대한 정답은 없다.

대부분의 재벌기업은 지분만으로 보면 외국기업이나 다름없다. 정치권은 이를 간과하고 있다. 재벌기업들이 한국기업이라고 마음대로 주물러도 된다는 착각을 하고 있는 것이다. 외환은행과 쌍용자동차의 경험에서 어떤 교훈도 얻지 못하고 있다. 재벌의 잘못된 행태는 당연히 바로잡아야한다. 그러나 재벌개혁을 말하기 전에 정치권이 먼저 바뀌어야한다. 정치권이 정경유착을 하지 않으면 재벌문제는 자연히 해결될 수밖에 없다. 정치권이 봐주거나 손을 벌리기 때문에 재벌의 악행이 나오는 것이다. 저축은행 사태도 정치권이 저축은행의 대주주와 야합했기 때문이다.

국민의 복지를 증진하고 행복을 보장하는 가장 근본적인 방법은 일자리를 많이 만들어 일하고자 하는 자에게 일자리를 제공하는 것이다. 그 일을 멀리하고 복지니 경제민주화를 말하는 건 일종의 기만이다. 기업의 불법과 각종 일탈행위를 덮자는 이야기가 결코 아니다.

❖ 경제민주화라는 이름의 재벌규제 방안들

재벌의 잘못된 행태를 어떻게 바로 잡을 것인가. 정치권은 재벌개혁이라고 하면 출자총액제한제도 부활과 순환출자 금지, 금산분리(금융자본과 산업자본의 분리)

강화부터 들고 나온다. 우선 몇 가지를 살펴보자. 출자총액제한제도는 재벌의 문어발식 확장을 막기 위해 대기업 집단 소속 회사의 타 회사 출자를 일정 수준 이하로 묶어놓는 직접적인 수치 규제다. 1987년 처음 도입돼 외환위기 직후 폐지됐다가 2001년 부활, 다시 실효성이 없다는 지적으로 2007년 출자한도를 완화했고 결국 2009년 3월 폐지됐다. 그만큼 사연도 많다. 출자 한도는 40% → 25% → 40%로 오르내렸다. 대기업의 적정 출자 수준이 왜 그런 숫자여야 했는지도 명확하게 알려진 게 없다.

출총제는 기업의 신수종(新樹種)사업 투자를 제한할 가능성이 크다. 기업이 새 사업에 진출하기 위해서는 출자 방식을 취하는 게 일반적이기 때문이다. 신수종사업은 미래산업을 이끌어나갈 만큼 유망한 새로운 사업을 말한다. 기업이 새 사업에 진출하기 위해서는 출자 방식을 취할지 기존 조직을 이용할지는 경영자의 판단 영역인데, 이를 사전적으로 규제하는 것은 기업의 발목을 잡는 것과 다름없다. 또 국내 기업 투자를 옥죄면 해외 자본의 국내 기업 흡수 · 합병만 쉬워질 우려도 있다. 현재 출자총액을 규제하는 나라는 세계 어디에도 없다.

순환출자는 대기업 계열사 간에 A사는 B사에, B사는 C사에, C사는 다시 A사에 출자하는 고리 형태의 재벌 지배구조 형태로, 재벌 오너가 작은 지분으로 전 계열사를 지배하는 수단으로 활용돼 왔다. 이것이 논란이 되는 것은 오너가 적은 지분으로도 그룹 전체를 지배할 수 있기 때문이다.

순환출자는 국내 기업에서만 나타나는 독특한 현상이 아니다. GE(미국), 도요타(일본) 루이뷔통(프랑스) 등에서 모두 복잡한 순환출자구조를 보이고 있다. 그러나 이들 나라는 이를 문제 삼지 않는다. 세계적으로 순환출자를 금지하는 나라는 없다.

순환출자는 자금이 부족한 상태에서 투자를 많이 하려니 나타난 현상이며 자본이 부족했던 경제개발 시대에 정부는 순환출자를 통해 더 많은 사업을 벌이도록 은근히 권장하기도 했다. 순환출자를 금지하는 경우 대기업은 투자보다 경영권 방어에 나설 것이다. 진정으로 순환출자 문제를 해결하고자 한다면 경영권을 방어할 수 있는 방안도 함께 마련해 주어야 한다.

금산분리(금융자본과 산업자본의 분리)는 시대 역행적이다. 전 세계적으로 보험과 증권을 산업자본과 분리하는 경우는 찾아보기 힘들다. 은행과 산업자본의 분리 역시 한국이 가장 엄격한 수준이다. 미국 독일 등 대부분의 국가에서 금융사가 보유한 계열사 주식의 의결권을 제한하는 경우는 찾아보기 힘들다. 독점 우려(미국)가 있거나 일정 규모 이상의 기업결합(독일) 때만 제한하는 정도다.

금산분리에 따라 의결권을 제한하는 경우 경영권 유지비용은 늘어나고 금융회사의 겸업화와 대형화라는 세계적인 추세도 가로막는다. 외국계 은행의 국내 시장 점유율은 1990년 12.2%에서 2002년 16.5%, 2011년 19.3%로 높아지고 있다(산은 경제연구소). 외국계 보험사와 증권사의 점유율 역시 계속 상승세다. 국내 금융회사의 매물이 나올 때 인수할 수 있는 곳은 외국계 자본밖에 없다. KB금융, 하나, 신한 등 국내 대표 은행들의 외국인 지분율은 60%가 넘었다.

금산분리 확대 방안이 현실화되는 경우 한국의 대표기업 삼성전자를 예로 들어 설명해보자. 삼성그룹의 삼성전자(보통주) 지분(2012년 상반기 현재)은 총수일가(4.69%), 삼성생명(7.52%), 삼성물산(4.06%), 삼성화재(1.26%) 등 이건희 회장과 그의 영향력 범위에 있는 지분은 모두 합쳐 17.63%다.

삼성생명과 삼성화재 등 금융사가 보유한 삼성전자의 의결권이 제한된다면 삼성전자의 경영권 방어를 위한 삼성그룹의 내부 지분은 8.85%에 불과하게 돼 경영권방어가 사실상 어렵게 된다. 외국인 지분이 50%에 달하는 상황에서 삼성전자에 대한 적대적 인수·합병(M&A) 위협이 커질 수밖에 없다.

삼성전자 시가총액은 2012년 11월27일 현재 206조원 수준에 이르고 있다. 시가총액은 변동되는 것이지만 일단 200조원을 기준으로 하면 삼성생명과 삼성화재가 가진 삼성전자 지분은 17조6000억 원 정도다. 이를 삼성그룹 지배구조의 정점에 있는 에버랜드가 인수하기는 어렵다. 에버랜드의 2011년 매출액은 2조7000억 원에 불과하기 때문이다. 생명과 보험의 삼성전자 지분을 통째로 인수할 수 있는 곳은 어디일까. 외국계 자본일 가능성이 크다.

경제민주화는 경제문제 해결하는 만병통치약이 아니다

경제민주화란 이름으로 정부의 개입과 규제가 일반화되는 경우 당초 의도한 바와 달리 죽는 건 민간 기업의 창의성과 자율성이다. 황금알을 낳는 거위를 살리면서 재벌과 재벌 오너의 잘못된 행태를 바로 잡는 묘수를 찾아야한다. 세계시장을 누비고 있는 대표기업들의 발목을 잡는 일은 하지 말아야한다.

묘수를 찾기 위해서 재벌의 소유지배구조의 실상을 파악하는 일은 중요하다. 일반 국민의 반(反)재벌 정서에 편승해서 재벌 또는 대기업을 옥죄는 경우 일시적으로 박수를 받을지 모른다. 그러나 국민경제에 어떤 보탬이 될 것인가를 생각해야한다. 지구촌 경제는 무한경쟁체제다. 정치권은 재벌 해체 또는 재벌 때리기가 마치 경제민주화의 목표인 것처럼 접근해서는 안 된다. 재벌의 도덕성과 재벌의 존립 그 자체는 구별돼야 한다.

재벌을 탐욕스러운 존재로만 보고 규제대상으로 삼기에 앞서 재벌을 경제 효율성 극대화의 수단으로 활용하되 도덕적으로 존경받고 사회에 공헌하도록 유도하는 게 중요하다. 대기업과 재벌을 개혁하든 해체하든 반드시 전제되어야 할 것은 그 결과로 경제가 활기를 찾고 다수 국민들의 경제적 삶이 나아져야 한다는 점이다. 어떤 정책이나 제도라도 성장효율성을 해쳐서는 안 된다.

세계시장에서 그나마 규모의 경제 이점을 최대한 살려 경쟁력을 유지하고 있는 재벌기업들의 성장을 가로막는 무분별한 재벌 때리기는 국민경제적 자해(自害)행위나 다름없다. 기업을 옥죄는 일이야 간단한 일이지만 기업을 살리는 일, 기업의 경쟁력을 높이는 일은 쉬운 일이 아니다. 성장과 복지, 일자리를 무엇으로 이루어 갈 것인지를 심각하게 생각해야한다. 대기업 또는 재벌의 잘못을 바로 잡는 것과 기업 자체의 긍정적 역할을 혼동해서는 안 되는 것이다.

〈남해포럼 '회보', 3호, 2013년 1월〉

03 재원 대책 없는 '포퓰리즘 공약' 안 된다

사탕발림 공약이 총선을 앞두고 난무한다. 정당과 정치인들은 현란한 언어로 복지국가를 곧 이룰 것 같은 환상을 심어주려 한다. 복지가 넘쳐나는 나라, 행복한 국민을 만들겠다고 하는 공약을 그들 스스로 믿고 있을까. 청년실업률은 12.5%로 최악의 수준인데 일자리 만들기, 경제 살릴 공약은 말뿐이고 복지타령만 요란하다.

정치인들이 국민을 배신하는 일은 예사로 하지만 그런 사람을 미리 알아낼 방법은 없다. 정보의 비대칭성 때문이다. 특권 내려놓겠다던 국회의원들은 어디로 숨었나. 최악의 19대 국회는 그렇다 치자. 새로 뽑힐 국회의원은 얼마나 달라질까.

옛날 소련 공산당 서기장 후르시초프가 중국의 주우언라이 총리를 만났을 때 나눴다고 알려진 대화 한 토막. "광부의 아들인 나는 프롤레타리아계급 출신이고 당신은 지주 집안에서 태어난 부르주아계급 출신이라서 우리는 분명한 계급 차이가 있다"(후르시초프). "맞다. 그러나 우리는 공통점도 있다. 우리는 다 같이 자기 계급을 배반했다"(주우언라이). 이 대화를 우리 정치에 대입해보자. 여당과 야당은 성향과 정책에서 분명한 차이가 있다. 하지만 공통점도 있다. 상대는 언제나 부당하고 스스로는 정당하다고 주장하며 뽑아준 국민을 배신하는 일을 서슴지 않는다는 점이다.

국민을 배신하는 정당과 정치인을 심판하는 게 선거다. 올해의 총선에만 매달릴 게 아니다. 내년의 대선, 2018년 지방선거가 계속 이어진다. 멀리 내다보는 정치를 해야 할 이유다. 선거를 치를 때마다 국민에게 희망을 주기는커녕 돈이 들어가는 감당 못할 공약만 터뜨리면 경제와 안보, 산업 등 국가적 과제는 누가 무엇으로 푸는가.

정당이 공약을 내걸고 유권자의 표를 얻는 건 당연한 일이다. 문제는 가당치않은 공약(空約)이다. 2012년 대선 때 5년 동안 각각 97조원(새누리당)과 192조원(민주당=현 더불어민주당의 전신)이 들어가는 복지공약을 기억하는가. 박근혜 대통령이 제시한 공약은 민주당의 절반에 불과한데도 현재 어떤 상황에 있는가. 누리과정 예산 대란과 무상급식 예산 분담을 둘러싼 중앙정부와 지방자치단체의 갈등을 보라. 표를 얻기 위한 인기 영합적 복지공약은 반드시 탈이 난다. 감당할 수준의 복지, 지속가능한 복지를 확대해야 할 이유다.

총선을 앞두고 여야 정당이 내놓는 공약은 의료비 부담 완화, 청년 표 노리는 청년 취업활동비 지급, 기초연금 30만원씩 지급, 고교무상교육 확대 등 일일이 따지기도 버겁다. 급한 건 청년수당이 아니라 청년 일자리 창출이다. 가입자가 노후대비해서 갹출한 국민연금을 복지에 활용하자는 건 또 무언가. 무상시리즈와 무차별 복지공약은 끝이 없다. 많이 베풀고 부담을 완화해주면 누군가는 더 부담해야한다. 그런데 이런 사실은 감춘다.

알파고의 등장은 인공지능(AI) 시대가 왔음을 보여주었다. 그건 산업 패러다임을 바꾸어야 한다는 신호탄이었다. 변화를 따라가지 못하면 사라진다는 건 역사의 가르침이다. 빨리 날아올라도 부족한데 우리는 지금 덜컥거리는 수레의 바퀴 갈아 끼우는 일조차 못하고 있는 게 아닌가. 새누리당 더불어민주당 국민의당이 내놓은 총선 복지공약 42개 중 26개는 돈이 얼마나 들지 계산조차 안 한 부실공약인 것으로 나타났다. 한 언론의 분석에 따르면 정당이 내놓는 공약이 이렇다. 이대로는 안 된다. 공약을 다시 다듬어 국민에게 제시하는 게 옳다. 재원대책 없는 공약은 부도수표와 같은 것이다.

좋은 사람 뽑자고 하지만 후보들이 그렇고 그렇다면 누구를 선택해야 하는가. 최선이 없다면 차악을 뽑을 수밖에 없다. 선거는 축제가 아닌 엄중한 심판이어야 하는 것이다. 스스로 특권을 내려놓고 정쟁 아닌 정책으로 국민에게 다가서서 미래를 열어가는 그런 국회와 국회의원을 기대하는 건 망상일까.

〈디지털타임스. 2016-03-24〉

04 고통분담 없는 이상한 구조조정

조선 · 해운 업체들이 벼랑에 몰렸다. 구조조정 말만 무성할 뿐 아직 구체적 방안이 나오지 않는다. 철강 석유화학 등 산업은 물론 국책은행도 공기업도 부실을 털어내야 할 대상이다. 한 때 잘 나가더라도 어려운 때가 온다는 건 역사적 경험이다. 기업경영은 언제 닥칠지 모르는 폭풍우와 험난한 파도에 대비하며 항해하는 대장정이다.

방만한 경영을 하다가 막다른 골목에 몰려 서둘면 때는 이미 늦다. 건강은 건강할 때 지켜야 한다는 건 상식이다. 구조조정은 상시적이어야 할 이유다. 구조조정에는 아픔이 따르지만 그걸 극복해야 살아남는다. 구조조정은 단순히 기업의 목숨만 살리려는 게 아니다. 인력조정과 재무구조 개선, 과잉 설비 정리, 기업 통폐합 등 가능한 모든 수단을 동원해 경쟁력과 효율성을 높이려는 작업이다. 자금지원 방안에만 초점을 맞추는 게 아니다.

기업의 부실 요인은 상황변화에 제대로 대응하지 못한 오너와 경영진, 적자인데도 임금 올리라고 떼쓴 노조, 정부와 국책은행의 감독 · 관리부실 등 복합적이다. 따라서 책임 있는 당사자들이 책임과 고통을 나누어지는 구체적 방안이 나와야한다. 정부와 국책은행, 대상 기업이 합리적으로 역할을 분담하고 노조도 고통분담에 기꺼이 동참해야하는 것이다.

기업의 경쟁력을 잠식하는 요인의 하나는 과도한 인건비 부담이다. 인건비와 경비를 어떻게 줄일 것인지는 논의조차 없다. 구조조정 대상 업체의 일부 노조들은 임금인상을 주장한다. 참으로 황당한 일이다. 어쩌자는 것인가. 그동안 적자기업의 경영진은 뼈를 깎는 노력을 하기보다 자금지원에 매달리고 노조는 임금인상 투쟁을 벌였다. 그런 업체에 자금을 지원하며 결과적으로 부실을 키운 산업은행과 수출입은행의 책임도 물어야한다. 이들 은행의 인력감축과 연봉삭감 등 자구노력이 힘께 논의돼야 마땅하다.

이익은 그들의 몫이고 기업을 살려 내는데 드는 부담은 국민이 지는 이익의 사유화(私有化)와 손실의 사회화(社會化)는 더 이상 용납돼서는 안 된다. 그들 노조와 경영진의 높은 연봉과 보너스까지 국민이 부담해야 할 이유는 없다.

프랑스 올랑드 대통령은 헌법에 규정된 긴급명령권을 발동해 노동개혁을 단행했다. 지지 세력인 노동자들이 반발할 정도의 극약처방이었다. 노동시장의 경직성을 깨지 않으면 만성적인 실업사태를 해결할 수 없다고 판단한 것이다. 우리는 어떤가. 노동개혁은 말 뿐이고 경쟁력을 잃은 산업과 업체, 공기업과 공공기관의 부실을 털어내려는 구체적 행동은 보이지 않는다. 청년실업을 비롯해 해결을 기다리는 문제가 산적해 있는데도 이를 해결할 수단인 노동개혁법안 등 경제활성화법안은 19대 국회에서 기어이 통과시키지 않았다.

구조조정문제와 관련해서 국책은행의 자본 확충을 한국은행의 출자로 할 것인가, 대출로 할 것인가를 두고 논란이 오갔다. 정치권을 중심으로 재정 역할의 필요성이 제기돼 추경 편성 가능성도 거론되고 있다. 구조조정에 정치가 개입하면 자칫 구조조정이라는 배가 산으로 올라갈지 모른다. 구조조정은 인기 없는 일이고 특히 노조의 반발이 강하기 때문에 정치권은 경제가 어떻게 되든 정치적 계산만 한다. 야당은 지금도 노동개혁, 금융개혁을 반대하고 있지 않은가. 사실상 이미 시작된 대선 레이스는 구조조정의 적신호다. 그래서 걱정이다.

구조조정이 필요한 곳이 조선 · 해운 업체만이 아니다. 모든 업체와 산업, 공기업과 국책은행의 부실과 불합리를 털어내는 작업은 지속적이어야 한다. 죽어야 산다는 각오 없이 위기 돌파는 불가능하다. 어떤 조직이든 상황변화를 예측하고 그때마다 미리 부실을 털어내는 작업을 지속적으로 펼쳐야한다. 한국경제의 건강성 회복을 위해서다. 책임 있는 당사자들은 책임과 고통 분담에 기꺼이 동참해야 하고 정치권은 구조조정에 개입하지 않는 게 사태개선을 돕는 일이다.

〈디지털타임스, 2016-05-24〉

05 2016년의 최대과제는 정치판 바로잡기

해가 바뀌었다. 지난해 우리는 각종 사건 사고와 거리 폭력 시위, 추락하는 경제를 보면서 극심한 무력감을 맛보았다. 2016년에도 험난한 가시밭길이다. 나라 안팎은 심상치 않은 먹구름이고 위기상황이다. 하지만 위기 아닌 적은 없었고 발전은 위기 극복의 결과다.

한국경제는 만성질환을 앓고 있다. 만성질환은 끈질긴 노력과 인내 없이 치유되지 않는다. 과거 한국은 기술에서 일본, 가격에서 중국에 밀려 샌드위치 신세였다고 했지만 이제는 기술에서도 중국, 가격에서도 일본에 뒤지는 '역 샌드위치' 신세로 전락하고 있다. 저출산 · 고령화 추세는 지속되고 있고 정부와 공기업의 부채를 합한 공공부문 부채는 1000조원에 이르지만 복지는 계속 확대될 수밖에 없다. 가계부채 1200조원은 또 다른 잠재적 위험요인이다.

그런데도 위기의식이 없다. 정치권의 위기 불감증과 횡포는 한국 경제에 최대 리스크가 돼있다. 가능한 모든 수단을 동원해도 부족할 판에 경제활성화 법안과 노동개혁 법안 처리를 외면한 국회의 행태를 보라. 이렇게 된 데에는 청와대의 소통부족도 한 몫 했다. 이런 국회와 정치판을 그냥 두고서 선진사회로 갈 수 있다고 생각한다면 그건 착각이다. 이제 총선을 앞두고 정당마다 낡은 정치 청산, 새정치 실현을 외친다. 새로운 당이 생겨나고 당명을 바꾸기도 한다. 하지만 많은 국민은 각 정당의 비전이 무언지 알지 못한다. 그래서 지지할 정당이 없다고 하는 것이다. 정당은 선거를 치르기 위한 애매한 동맹에 불과하다고 하면 잘못일까.

여야 가릴 것 없이 정당과 지자체는 저급한 포퓰리즘 경쟁을 벌인다. 표가 되는 청년들의 수당은 챙기면서 누리예산(3~5세 무상보육)은 편성하지 않는 서울시를 보라. 곳곳에서 중앙정부와 각 지자체 · 교육청이 국민을 볼모로 싸움을 하고 있다. 복지재정 갈등과 대립은 애초 정치권이 재원마련은 뒷전인 채 포퓰리즘에 빠져 복지공약을 남발한데서 비롯된 것이다. 포퓰리즘의 종말은 국가채무 증대로 이어져 재정파탄이다. 이발사가 실수하면 새로운 헤어스타일이 생기고 재단사가 실수하면 새로운 패션이 생긴다지만 정권이 실수하면 국민만 덤터기를 쓴다.

우리에게 미래가 있는가. 국회를 비롯해서 여러 조직과 단체는 민주주의를 죽이면서 민주주의가 죽었다고 한다. 길거리 폭력은 난무하고 법과 질서는 무너지고 있다. 공권력은 법 집행을 제대로 못한다. 오죽 답답하면 미국 경찰을 수입하자는 이야기가 나오겠는가. 어떤 사건과 사고도 정치쟁점화 돼 사태의 본질은 흐려지고 원인 규명과 재발방지책 마련은 뒷전으로 밀린다.

미래는 그저 오는 게 아니다. 50년, 100년 후 바람직한 대한민국의 모습을 설계하고 그런 나라를 만들기 위해 기초를 다지는 정책을 펴는 게 제대로 된 정치다. 백년대계는 아니더라도 최소 20년의 청사진을 제시해서 국민의 지지를 얻는 노력을 해야 한다. 저질 말싸움과 기(氣)싸움하며 퍼주기 사탕발림 공약경쟁을 하는 정치로 미래를 건설할 수 있겠는가. 정권이 바뀌면 전 정권에서 추진하던 국가적 사업과 정책은 승계되기는커녕 무시되거나 폐기된다. 이러니 장기적인 계획과 정책이 가능할 수 없다.

새해 벽두에 우리는 정치판에 경고장을 던져야한다. 여야 가릴 것 없이 총선에서 허황한 복지공약을 하는 정당과 후보자부터 걸러내자. 모두가 그런 공약을 한다면 최악(最惡)보다 차악(次惡)을 선택할 수밖에 없다. 다수결원칙을 부정하는 괴물 국회선진화법을 어떻게 할 것인가도 물어야한다. 나라 거덜이 난 뒤 정신 차리면 이미 늦다. 극복 못할 장애물과 위기는 없다. 위기를 극복할 의지와 시스템 확립이 2016년의 최대 과제다. 정부와 기업의 새로운 다짐이 있어야 하지만 경제발목을 잡고 있는 정치가 바뀌지 않으면 아무 것도 할 수 없는 게 한국이다. 정치권에 한국경제의 갈 길을 묻고 해답을 요구하는 건 유권자의 의무이자 권리다. 경제 걱정하기에 앞서 정치판부터 바로 잡는 게 급한 까닭이 여기에 있다.

〈선사연 칼럼. 2016-01-04〉

06 정치권은 일자리 공약을 지켜내라

이번 4·13 총선에서 300명 국회의원이 새로 뽑힌다. 그들은 최악의 국회로 알려진 19대 국회의원과 얼마나 다를까. 당연히 달라야한다는 건 국민의 기대이고 명령이다.

최악의 청년 취업난 속에서 치러진 총선이어서 일자리 공약이 쏟아졌다. 새로 만들겠다는 일자리는 새누리당 545만 개, 더불어민주당 270만 개, 국민의당 85만 개, 정의당 198만 개였다. 많은 일자리를 만들겠다는 건 환영할 일이지 탓할 게 아니다. 목표가 높아서 나쁠 건 없다. 그런데 과연 가능할 것인가. 앞으로 5년간 그런 일자리를 만들겠다고 하지만 일자리를 강조한 2015년의 경우 일자리 창출은 33만7000개에 불과했다. 이런 사실로 미루어 볼 때 일자리 공약은 실현 가능성이 희박하고 희망사항에 불과한 공수표나 다름없지 않은가.

일자리가 숫자놀음처럼 쉬운 일이라면 그동안 왜 못 만들고 무엇을 했는가. 노동개혁법·서비스법 등 주요 경제 법안 28개만 처리해도 일자리 250만개를 창출할 수 있다는 게 한국경제연구원의 분석이었다. 중소기업계에서도 서비스산업발전법의 국회통과가 중소기업 일자리 창출에 도움이 될 것이라고 기대하고 있다. 중소기업 340만 개 중 230만 개가 서비스업체다. 그런데 국회는 무엇 때문에 또 누굴 위해서 경제 살리겠다는 법안 통과를 막고 있는가.

법안이 통과된다고 해서 그만한 일자리가 바로 만들어지는 건 아닐 것이다. 어쨌든 국회는 기업의 요구를 외면했다. 야당이 발목 잡기나 정부여당의 무능이나 그게 그거다. 국회 뿐 아니라 정부 지자체 등이 곳곳에 진입장벽을 쳐놓고 기업의 진입을 막는다. 일자리 막으면서 일자리 만들겠다고 주장하는 이 위대한(?) 몰염치와 억지를 어찌 응징해야 하는가.

일자리의 보고는 중소기업이다. 하지만 청년들이 중소기업에 취업하기를 꺼린다. 많은 이유 중 하나는 중소기업의 임금이 대기업에 비해 62%에 불과해 너무 낮다는 것이다. 제조업의 경우는 더 큰 차이가 난다. 우리의 대기업과 중소기업의 임금격차는 선진국의 경우와 비교해도 크다.

생산성의 격차와 노동수급 사정 등에 따라 임금격차가 나는 건 당연한 일이다. 하지만 문제는 임금격차가 생산성의 결과가 아니라는 것이다. 한국의 대졸 초임이 국민소득이 우리보다 높은 일본의 1.39배라는 건 분명 정상이 아니다. 고임금은 대기업의 강성노조가 만들어낸다. 대기업 정규직에 대한 과도한 보호는 그 부담을 비정규직과 하청업체에 떠맡긴다. 대기업의 하도급 후려치기는 중소기업의 숨통을 막고. 대기업 계열사끼리의 일감 몰아주기도 중소기업의 어려움을 가중시킨다. 노동개혁이 필요한 이유도, 공정경쟁·공정거래가 필요한 이유도 이 때문이다.

노동시장의 유연화 없이 일자리 창출과 임금격차 축소는 어렵다. 노동개혁을 서두르려면 노사정 합의에 맡겨서는 안 된다. 합의결정을 누가 반대하겠는가. 하지만 이해가 상충하는 당사자에게 합리적인 합의안 도출을 기대할 수 없다는 건 그동안의 경험이 말해 준다. 모든 일에는 때가 있다. 합의되지 않을 걸 기다리며 때를 놓치는 건 바보짓이다. 지나간 버스는 놓쳤지만 오는 버스는 타야한다. 정부가 노동개혁을 주도해서 노사합의를 이끌어내는 노력을 해야 하지만 노사가 따르지 않으면 정부안으로 밀고나가야 한다. 정부가 노동개혁을 주도해야할 이유다.

유권자의 선택은 끝났다. 노동개혁 없이 일자리 늘리기는 어렵다. 정치개혁 없이 노동개혁은 어렵다. 경제 살리고 일자리 늘리려면 정치개혁이 먼저다. 19대 국회는 남은 임기동안 잠자고 있는 법안 처리부터 하고 국민에게 속죄해야 한다. 20대 국회는 모름지기 국민을 위한 국민의 국회로 출발해야한다.

〈중소기업뉴스. 2016-04-13〉

07 대내외 불안정성 속히 제거하라

미국 대통령으로 공화당 트럼프가 당선된 게 이변이라고 했다. 미국과 세계는 물론 한국에서도 그랬다. 그동안 미국 유권자의 표심을 제대로 읽지 못한 국내외 언론의 왜곡된 보도를 그대로 믿었기 때문이다.

상황이 바뀌면 대응도 달라야한다. 대책 없는 비관도 근거 없는 낙관도 금물이다. 트럼프는 한・미FTA를 "미국 내 일자리를 좀먹는 조약"이라고 비판, 재협상을 주장했다. 물론 잘못된 주장이다. 일자리 감소는 미국 경쟁력 약화 때문이지 FTA 때문이 아니다. 선거 때의 주장이지만 이에 대비하지 않을 수 없다. 이 문제가 제기되면 우리의 주력산업 수출은 벽에 부딪친다.

트럼프는 중국 수입품에 45% 징벌적 관세를 부과하겠다고 공언한 바 있어 미・중 무역 분쟁도 예상된다. 이럴 경우 한국의 대중수출도 영향을 받는다. 우리의 대중 수출의 3분의 2 이상이 중국 투자와 직결돼있기 때문이다. "취임 첫날 중국을 환율조작국으로 지정할 것"이라는 트럼프의 언급도 대미 무역흑자를 기록하고 있는 우리에게 불똥이 번질 가능성이 있다. 현재 한국은 환율 감시 대상국에 올라있지만 한 단계 높은 환율조작국으로 지정된다면 미국은 우리의 주력 수출상품에 보복적인 반덤핑관세를 부과할 수 있기 때문이다.

FTA 추가협상이 제의될 경우 FTA는 한・미 양국에 도움이 되는 것이지 한국이 이익을 독점하는 것이 결코 아니라는 점, 한국의 대미 무역흑자는 FTA 협정 이전부터 있었던 일이고 지금의 대미 무역흑자도 한국경제의 침체로 수입이 감소했기 때문이라는 점을 분명히 설명하고 설득해야한다. 우리도 얻어낼 건 얻어낼 전략으로 맞서고 농산물과 자동차 관세율 인하 등 다양한 대응책도 마련해두어야 한다. 공화당은 자유무역을 선호하는 정당이다. 의회는 행정부를 견제할 수단이 있다. 그러나 대통령은 의회동의 없이도 사용할 수 있는 슈퍼 301조 카드가 있다. 어쨌든 트럼프 행정부는 보호무역주의로 나갈 가능성은 분명하다.

주한미군 방위비 분담금 인상도 발등의 불이다. 트럼프 정부는 안보에서도 철저한 수익자 분담원칙을 강조하면서 한국이 방위비를 더 많이 분담할 것을 강요하면서 주한미군 감축 또는 철수 카드를 꺼낼 가능성이 있다. 우리도 우리의 요구사항을 보장받을 수 있는 대비책을 마련해야 한다. 예컨대 무기 거래방식의 전환이다. 지금과는 달리 무기구매 계약 전에 반대급부(기술이전 · 부품발주 등)를 약속받을 수 있도록 하는 것이다.

트럼프 정부는 제조업 부흥과 공공보건 시스템의 효율성 제고, 인프라 투자확대를 계획하고 있는 점은 우리에게 기회다. 한국 건설업과 제약업은 미국 진출 기회를 붙잡아야한다.

트럼프 진영은 한국에 대한 정보가 부족하다. 우리가 앞서서 트럼프 진양에 접근, 한국의 실상을 제대로 알리고 한 · 미동맹을 강화 발전시켜야할 당위성을 강조해야 한다. 더욱이 한 · 미 협력모델을 많이 만들어낸다면 오히려 협력을 강화할 기회가 될 수 있다.

트럼프는 법인세 인하(35% → 15%), 규제철폐를 통해 경제에 활력을 꾀하려한다. 우리의 기업은 어떤 상황에 있는가. 보호무역 파고가 몰려와도 모든 걸 우리가 풀어 한다. 이럴 때일수록 과감히 경제구조를 개혁해야한다. 경제리스크 줄이고 우리 사회에 고착돼있는 고비용 · 저효율 구조를 깨야한다. 아픈 상처는 아픔을 무릅쓰고 치유해야하는 것이다. 경쟁력을 높이지 않고 밖에서 오는 파고를 넘을 수 없다.

그런데 국가 리더십이 무너지고 경제 사령탑이 실종돼있으니 이런 참담한 일이 있는가. 한시바삐 대내외 불안정성을 제거하는 일에 여야는 머리를 맞대라. 풍랑을 헤치고 항해해왔던 '한국호'라는 배는 침몰하려한다. 난파선의 선장이 누가 되든 경제가 무너지면 남을 게 없다. 민주주의도 민생도 경제가 받쳐주지 않으면 헛구호에 불과한 것이다.

〈디지털타임스. 2016-11-15〉

08 그래도 경제위기는 막아야한다

트럼프 미국 대통령 당선에 지구촌이 술렁인다. 우리는 아무런 준비 없이 트럼프 시대를 맞게 됐다. 미국은 보호무역으로 기울 것이고 당장 한·미 FTA 재협상과 주한 미군 방위비용 문제가 부상할 가능성이 커졌다. 미국의 금리인상이 초읽기에 들어가면 국내 외환·금융시장은 요동칠 게 뻔하다. 한미외교의 중요성은 더욱 커졌다. 그런데 경제와 안보를 더욱 다져야할 우리 정부는 혼란에 빠져있다.

밖에서 불어오는 태풍에 무방비하고 있을 때가 아니다. 우리는 19세기 말과 20세기 초 세계열강의 움직임도 모르고 있다가 허망하게 나라를 빼앗기지 않았던가. 지구촌 시계는 이 시각에도 빠르게 돌아간다. 혁신기술이 열어갈 4차 산업혁명에 앞서기 위한 경쟁은 치열한데 우리는 막장 드라마 같은 '최순실 사태'에 빠져 인력거 바퀴 갈아 끼우지도 못하는 상황이다. 과거에는 선진 제품과 기술을 싼 노동력으로 따라잡을 수 있었지만 이제는 불가능하다. 선진국의 빅데이터를 확보할 수 없기 때문이다. 하루 망설이면 10년 뒤처지게 돼있고 추적은 더욱 어려워진다.

그런데 우리는 지금 대통령 하야와 탄핵이 거론되고 야당은 대통령이 제의한 국회의 총리추천을 거부하고 거리로 나선다. 대통령은 군통수권을 비롯한 모든 인사권 등 대통령의 고유권한도 내놓으라는 요구도 나온다. 거국중립내각은 말은 그럴듯하지만 과연 가능할 것인지도 의문이다.

어쨌든 정치위기가 경제위기로 치닫는 건 막아야한다. 그런데 경제를 챙길 사령탑이 안 보인다. 물러나게 될 유일호 경제부총리는 경제정책 주도권을 잡기 어렵게 돼있고 임종룡 경제부총리 내정자의 인준도 불투명해져 있는 상황이다. 경제사령탑이 있다 해도 정치적 뒷받침이 없으면 경제를 밀고 갈 힘을 확보하기도 힘들 터인데 폭풍우를 만난 배에 선장이 안 보이니 이런 낭패가 있는가.

한국경제는 갈 길을 잃고 방황의 연속이다. 정부의 국정과제라던 공공·노동 등 개혁과 경제활성화 입법은 이미 물 건너간 것이나 다름없다. 성장 동력이던 수출은 계속 감소세다. 소비와 건설투자도 꺾였다.

일자리는 늘어나지 않는데 일자리 찾는 청년들은 늘어난다. 세계 고용시장은 정규직 비정규직 구분이 없어지고 있는데 우리는 세계추세와 반대로 가고 있다. 정규직은 비정규직의 희생 위에 일자리와 높은 임금을 즐긴다. 이런 일은 오래갈 수 없고 그래서도 안 된다.

통계청의 조사에 따르면 '1년 내 취업 · 창업하고 싶다'는 사람(249만4000명)의 희망 월급은 가장 많은 46.9%가 100만 원대(100만원~200만원 미만)라고 답했다는 것이다. 사정이 급한 구직 희망자의 눈높이는 높지 않다. 사정이 이런데 대기업 귀족노조의 임금인상 투쟁은 이러한 청년들의 희망을 송두리째 앗아가는 셈이다.

정치권력의 관심 사업에 돈을 낼 수밖에 없었던 기업은 수사까지 받을 신세가 돼 절망하고 있는데 기업경영을 창의적 도전정신으로 하라고 하는 이야기가 먹힐까. 창의적 도전정신이 중소기업에서 나오기를 기대하는 것도 희망사항일 뿐이다. 대기업은 정치권력에 뜯기고 하도급 중소기업은 대기업의 부당한 갑질과 귀족노조에 뜯기고 있지 않은가. 한국은 이래저래 기업하기 힘든 나라다. 이제는 이런 모순과 먹이사슬의 고리를 끊을 때다. 그래야 기업의 일탈행태에 엄중한 제재를 가하는 게 정당성을 갖는다.

정치위기가 경제위기로 파급되지 않도록 정치권이 생각을 바꿔야한다. 여든 야든 정권담당 능력을 보여주지 못하면 국민에게 배척당한다. 야당은 대통령 실책의 반사이득만 취할 생각을 접고 문제를 풀 생각을 하라. 우리경제가 여기까지 오는데 50여년이 걸렸지만 무너지는 데는 금방이다. 선진국의 문턱에서 뒤로 처진 나라에 우리가 포함될 수는 없지 않은가.

〈중소기업뉴스. 2016-11-16〉

09 한미동맹 흔들리면 안보도 경제도 어려워진다

한국GM 군산공장이 적자누적으로 오는 5월 철수한다는 결정을 내렸다. 수출 급감과 공장가동률 추락으로 적자를 기록하는데도 성과급을 지급하고 공장 멈춘 날에도 임금의 80%를 지급하는 등 인건비와 생산비용은 뛰어오르는 '고비용 저효율' 구조가 지속됐기 때문이다. 따지고 보면 경영실패와 귀족노조가 합작한 것이다.

군산공장 폐쇄가 창원 · 부천 · 보령공장의 폐쇄로 이어지지 않을까 하는 우려를 떨칠 수 없다. 군산공장 노조는 "폐쇄결정 철회, 경영진 퇴진" 결의대회를 열었다. 적자인데도 매년 임금인상을 요구하며 파업을 한 노조가 이제 와서 결의대회를 하면 무슨 소용이 있는가. 파업도, 결의대회도 일자리가 있을 때 이야기다.

군산공장 폐쇄는 한국 자동차산업에 경고등이 켜진 것이나 다름없다. 정부와 2대 주주인 산업은행이 어떤 행보를 보일지는 지켜볼 일이나 GM을 지원해도 '고비용 저효율'구조를 그대로 두는 한 회생 보장은 없다. 그냥 철수하도록 놔두면 많은 일자리가 사라진다. 산자부는 GM 관련 고용인원이 30만 명이 아니라 총 15만 여명이라고 했다. 일자리 줄어드는 걸 축소 발표하는 게 고작이란 말인가. 업계 관계자에 따르면 산자부는 폐쇄 발표 전날까지도 GM에 중장기사업계획을 가져오라며 '허황한 배짱'을 부렸다는 것이다.

한국 자동차 산업은 수출과 내수, 생산에서 내리막인데 업계의 평균임금은 세계 최고 수준이다. 그런데도 해마다 파업을 하며 후진을 거듭했다. 현대 · 기아 자동차가 지난 20년 동안 국내에 공장 하나 신설하지 못했다. 현재 국내 생산비율은 44%에 불과하다. 해외에서 생산하면 회사는 이익을 챙기지만 국내에 일자리는 늘어나지 않는다. 한국 자동차산업의 고임금구조 개선과 생산성 향상이 없다면 공장 문을 닫지 않는다는 보장이 없다. 다시 말해 자동차 엔진은 꺼진다. 진짜 걱정은 GM의 철수가 아니라 한국 자동차산업의 미래다.

미국 일본을 비롯한 세계경제는 호황국면을 맞고 있다. 한국경제의 전망은 밝지 않다. 기업은 움츠리고 있다. 평창올림픽을 위해 1조원 이상을 후원한 한국기업들은 올림픽 현장에 모습이 보이지 않는다. 올림픽은 기업의 자사 브랜드를 전 세계에 알릴 수 있는 절호의 기회인데 한국기업은 외면당했다. 기업을 푸대접하면서 경제와 일자리타령을 할 수는 없지 않은가.

미국 트럼프 대통령은 "한국GM 군산공장이 디트로이트로 돌아오고 있다" "한·미 FTA는 재앙" "무역에서는 동맹이 아니다" "미국은 6·25전쟁 때 한국을 도왔는데 한국은 이제 미국에 갚아야 한다"는 말까지 한다. 한국을 압박하는 트럼프 대통령 발언의 수위가 높다.

미국은 세탁기에 이어 철강 알루미늄 등에 초강력 무역보복을 하려한다. 반도체까지 들먹인다. 특히 미국 정부는 철강업계 피해를 막기 위해 관세폭탄 부과대상으로 지목한 12개국에 한국을 포함시켰다. 동맹국으로서는 한국이 유일하게 포함된 것이다. 대미 최대철강 수출국 캐나다를 비롯해서 우리와 비슷한 수준인 멕시코는 빠졌고 일본과 독일, 대만 등도 빠졌다. 대미 무역에서 우리보다 3배나 많은 흑자를 보이고 있는 일본은 잘 빠져나가고 있는데 한국만 포위되고 있는 모양새다. 한국의 외교와 대북정책의 혼선으로 균열을 보이는 한·미관계와 무관하지 않다. 미국은 안보와 통상정책을 연계하고 있는 것이다.

한·미동맹 흔들리면 안보도 경제도 어려워진다. 우리의 고민은 미국의 무역압박에 마땅한 대응 카드가 보이지 않는다는 점이다. 우리의 코피가 먼저 터지지 않을까 걱정이다. 정부 당국은 한·미관계의 중요성을 재인식하는 일이 급하다. 경제계와 노동계도 난국타개를 위한 특단의 각오를 해야 한다. 나뭇잎이 한두 개 떨어지는 걸 보고 겨울이 온다는 걸 알면 이미 때는 늦다.

〈디지털타임스, 2018-02-21〉

10 경제 살리기에 정권의 명운 걸어라

새해가 다시 떴다. 새로운 각오를 다지고 소망을 담는다. 더 이상 물러설 곳이 없다. 희망은 절망의 끝에서 온다고 했다. 이제 다시 뛰어야한다. 미국만 예외일 뿐 세계경제 전망은 어둡고 국내 경제는 얼음장이다. 가계부채는 1060조원에 이르렀다. 서민들의 삶은 쪼그라들고 일자리 찾는 청년들은 절망의 벽을 느낀다.

지난해 우리가 겪은 사건사고는 모두 인재였다. 특히 세월호 참사는 한국사회를 뒤흔들었다. 문제의 본질을 찾고 해법을 마련하기는커녕 정치권이 끼어들면서 문제가 오히려 꼬이고 갈등은 증폭됐다. 청와대 문건유출 사건도 그 실체가 어떻든 사회를 혼란시키는데 한몫을 했다. 최고 권부가 이렇게 허술할 수 있는가.

갈등과 사건사고가 없을 수 없다. 하지만 어떤 갈등이든 그걸 풀고 사건사고를 수습하는 과정에서 교훈을 얻고 사회는 발전한다. 그러나 우리는 갈등을 풀기는커녕 오히려 키운다. 사건사고가 터지면 거기에 휘말려 국가적 과제가 실종된다. 세월호에 발이 묶인 나날이 얼마였던가. 정치권은 복지만을 외친 결과 무상급식과 누리과정예산을 둘러싸고 중앙과 지방정부, 교육청이 시비를 벌이는 일이 일어났다. 돈 때문이었다. 돈 타령은 시작에 불과하다. 예산이 없는데 무슨 수로 무상복지를 계속할 수 있는가.

이제 다시 경제성장에 매달려야한다. 성장률 1% 더 높이는 게 얼마나 중요한가를 아는가. 성장률 1% 증가는 2013년의 경우를 예로 들면 국내총생산(GDP)을 14조 3000억 원 증가시킨다(2013년의 GDP는 1428조원). 이는 분배 가능한 부가가치의 창출이다.

경제 살리기가 급하지만 조급증은 버려야한다. 일본은 경기침체 때마다 단기부양에 매달려 구조개혁을 외면, 경제체질을 바꾸지 못하고 불황을 키웠다. 그게 1990년대부터 시작된 '일본의 잃어버린 20년'이었다. 우리가 일본을 닮아서는 안 되는 이유다. 돈을 풀고 금리를 내린다고 투자가 늘어나고 경제가 활기를 띠는 게 아니다.

대통령이 주재해서 규제개혁 끝장토론을 했지만 기업의 발을 묶는 규제의 쇠사슬은 여전하다. 국회는 한시가 급한 경제활성화 법안들을 뭉개면서 아까운 시간을 놓치는가 하면 국민들의 반(反)기업정서는 줄어들지 않는다.

기업을 경제의 견인차라고 한다면 이래서는 안 되는 것이다. 기업이 앞서서 환골탈태해야 하지만 기업환경개선도 서둘러야한다. 가업(家業)을 잇는 장수기업 육성도 중요한 과제다. 하지만 가업상속공제 확대 및 요건완화를 주요 내용으로 하는 '상속세 및 증여세법' 개정안이 지난 연말 국회에서 부결됐다. '부자감세' '부의 대물림'이라는 허구적 정치논리에 막힌 것이다.

경제 살리기의 최대 걸림돌은 정치다. 그동안 정치판이 쏟아낸 복지공약은 경제에 독이자 버거운 짐이 돼있다. 2015년에 선거가 없어 경제 살리기 골든타임이라고 했는데 통합진보당 해산결정으로 국회의원 보선이 실시된다. 정치인만 탓할 게 아니다. 유권자가 더욱 현명해야한다. 선거가 있든 없든 정치가 경제에 재를 뿌리지 않는 세상이 돼야한다. 정쟁으로 시간을 허비하고 분에 넘치는 복지를 외치면서 기업 때리기로 표를 얻겠다면 경제회생이란 말을 해서는 안 된다.

새해 새 각오는 구체적이어야 한다. 막연히 희망을 말해서는 안 된다. 경제체질을 바꾸고 성장잠재력을 높이기 위해 시급한 것은 노동시장과 공공부문 개혁이다. 정부가 진짜 욕먹을 각오를 하고 이를 추진한다면 정부에 힘을 실어줘야 한다. 정치가 경제에 발목을 거는 일을 막아내고 경제에 '올인'하자. 이런 세계적 불황에 버티면서 한 발 앞서간다면 그 선점효과는 엄청날 것이다. 우리는 어떤 난관이라도 뚫고 전진해야한다. 그게 우리가 살 길이다.

〈중소기업뉴스, 2015-01-01〉

11 '증세 없는 복지' 접고 경제 · 복지 정책을 새로 짜라

나라곳간 사정 생각 않고 퍼주겠다고 한 무상복지 타령과 '증세 없는 복지' 공약은 잘못 낀 첫 단추였다. 괴테는 일찍이 '첫 단추를 잘못 끼면 마지막 단추는 낄 구멍이 없어진다.'고 했다. '증세 없는 복지'는 환상(幻想)이다. 환상은 가능성이 없는 헛된 생각이나 공상을 말한다. 환상을 바탕으로 한 정책이 탈이 나는 건 당연하다. '나라곳간 채우는 건 너의 의무일 뿐 많이 받겠다는 건 나의 권리'처럼 돼있는 게 우리의 현실이다.

연말정산 파동이 일어난 것은 세제개편에 따라 소득세 감면방식이 소득공제에서 세액공제로 바뀌었고 감면내용이 조정돼 세 부담이 늘지 않을 것이라고 했던 소득구간에서도 부담이 늘어나 봉급소득자의 울분을 샀기 때문이다. 정부가 세제개편의 내용과 취지를 제대로 설명하지 못하고 결과적으로 거짓말을 한 탓도 크다. 세제개편 당시 별 말이 없던 언론들이 날벼락이라도 맞은 듯 비판적 보도를 쏟아낸 것도 파동을 키우는데 한몫했다.

연간 납부할 세금이 정해져 있는 경우 연말정산은 덜 낸 세금은 더 내고 더 낸 세금은 돌려받는 그야말로 정산(精算)이다. 연말에 적게 돌려받거나 세금을 더 내야 한다면 원천징수를 적게 한 것이다. 그러니 '13월의 세금폭탄'이란 말은 틀린 말이다. 그런데 왜 야단인가. 세액공제는 고소득층에게 불리하고 저소득층에게 유리한 방식으로 조세공평성을 조금이나마 높인 것이다. 그러나 연말정산 환급금을 관행처럼 받아왔던 직장인들은 그 기대가 충족되지 않았거나 부담이 늘어났다. 고소득자는 물론 저소득자에게서도 볼멘소리가 나왔다.

파동이 나자 수습책이라며 비과세감면을 다시 늘려 소급적용하겠다고 한다. 조세개편이 잘못됐다는 건가. 조세저항이 생길 때마다 세금을 깎아주겠다는 건가. 연말정산 파동에 놀라 정부는 비겁하게 건강보험료 부과체계 개선작업을 중단하더니 비판이 일자 다시 추진하겠다고 한다. 은퇴 · 실직 · 저소득층의 부담을 낮추고 고소득층의 부담을 높이려는 게 건강보험 개혁안이다. 개혁에는 저항이 따르기 마련인데 정책이 갈팡질팡하니 황당하다.

박근혜 정부의 증세 없는 복지공약 134조8000억 원은 비과세 · 감면 정비(18조원), 지하경제 양성화(27조원), 세출 절감(84조원) 등으로 충당한다는 것이었다. 그러나 모두 공염불이 되고 있다. 지난해 세수(稅收)부족은 11조원을 넘었다. 무상복지(무상보육 · 기초연금 · 장애인연금 · 반값등록금 · 무상급식)예산은 2012년 14조 8000억 원에서 1015년에는 27조 6000억 원으로 급증했다. 전업주부조차 갓난아이들을 어린이집에 맡긴다. 기초연금 예산만 따져도 2012년의 4조원에서 2015년 10조원, 2030년이 되면 50조원으로 늘어난다.

이런데도 '증세 없는 복지'에 얽매여 무엇을 하겠다는 건가. 담뱃값 인상과 같은 '꼼수 증세'로 대처할 일이 아니다. 아무리 필요한 세금이라도 세금부담을 반기는 국민은 없다. 국민을 설득해서 증세를 하든지 아니면 '무상복지'를 축소하는 게 현실적 대안이다. 지난 3일 김무성 새누리당 대표는 국회연설에서 "증세 없는 복지는 국민을 속이는 것"이라고 했다. 많은 국민들도 '증세 없는 복지'정책이 지속될 수 없다는 걸 안다. 표가 급한 상황에서 무리한 공약을 해놓고 그걸 지키겠다는 건 옷매무새는 어떻게 되든 잘못 끼운 단추를 계속 끼워가겠다는 것과 다름없다.

지금이야말로 박근혜 대통령이 '증세 없는 복지' 약속을 접을 수 있는 골든타임이다. 그럴 수밖에 없는 사정을 국민에게 설명하고 경제 · 복지정책의 새판을 짜야한다. 경제와 나라를 살리는 길이 먼데 있지 않다.

〈선사연 칼럼, 2015-02-10〉

12 부당한 규제는 심판의 편파판정

소치 동계올림픽이 끝났다. 감동과 아쉬움으로 밤잠을 설치던 시간은 이미 과거가 됐다. 그러나 경쟁은 다시 시작되고 끝없이 이어진다. 이런 점에서 기업경영과 스포츠는 공통점이 있다.

기업경영과 스포츠는 치열한 경쟁을 통해 목적을 달성하거나 이기려고 하는 게임이다. 피겨여왕 김연아 선수의 경우에서 보듯이 심판의 편파판정은 게임의 승패를 바꾼다. 이와 마찬가지로 잘못된 규제는 기업경영에 영향을 미친다. 그렇기 때문에 규제개혁이 필요한 것이다.

"규제 개혁이라 쓰고 일자리 창출이라 읽는다." 규제개혁과 관련한 박근혜 대통령의 최근 발언이다. 규제개혁이 이뤄지지 않으면 기업이 투자를 망설이고 그에 따라 일자리는 창출될 수 없다는 점을 강조한 것이다. 지난달 25일 발표한 경제혁신 3개년 계획에서도 규제개혁을 "직접 챙기겠다"고 언급했다.

기업은 방향이 수시로 바뀌는 돌풍과 험한 파도를 헤치며 온갖 리스크를 안고 경쟁한다. 기업의 경쟁이 얼마나 치열하면 죽고 죽이는 전쟁에 비유할까. 전쟁을 치르는 기업은 스스로 판단하고 결과에 스스로 책임진다. 기업의 발목을 잡아서는 안 되는 이유다.

필요한 규제와 더욱 강화해야할 규제는 분명히 있다. 환경규제의 경우가 그렇다. 기업 활동과 국민경제에 부담을 최소화하면서도 환경보호 목적을 효과적으로 달성할 수 있는 방안이 왜 없겠는가. 규제는 규제자의 권력이다. 공무원은 권한을 키우려는 속성이 있다. 정부부처별 입장차이로 규제 내용이 다른 경우도 허다하다. 그래서 규제개혁을 공무원에게 맡겨서는 좋은 결과가 나올 수 없다. 규제를 건수로 따져 손톱 밑 가시 같은 많은 숫자의 규제를 없앤다고 해도 대못과 같은 큰 규제를 몇 개 박으면 규제는 오히려 강화된다. 규제총량제를 실시한다고 해도 허점이 생길 수 있는 것이다.

불필요하고 황당한 규제는 즐비하다. 예컨대 불꽃놀이에 쓰이는 화약류를 저장하는 장소를 운영하려면 실제 관리자가 아닌 대표이사의 신체검사서를 내야 한다는 규제가 있다. 이런 규제가 왜 필요한가. 근로시간 단축 추진은 특히 중소기업의 생산성과 인력난을 부추길 또 다른 규제나 다름없다.

규제를 혁파하려면 기업현장에서 그 효과를 실제로 느낄 수 있게 해야 한다. 규제하는 쪽과 규제를 받는 쪽의 입장은 물론 다르다. 필요한 규제라도 규제를 받는 자가 반길 턱이 없다. 그렇기 때문에 규제를 받는 기업에게 부당하다고 생각되는 규제리스트를 제출토록 해서 그런 규제가 바람직한가를 공정하고 객관적으로 심사하는 제도를 만들어야한다.

사건이나 사고는 언제 어디서나 터진다. 그럴 경우 사태의 원인을 제대로 분석하지도 않고 흔히 규제 강화를 들고 나온다. 언론이 사건 사고 현장을 보도하고 정치권이 가세하면 공무원은 규제 합리화 또는 보완책이라며 더욱 강력한 규제를 만든다. 공무원은 문제가 생기면 책임 추궁을 당하기 때문에 규제를 만드는 데만 관심이 있는 것이다. 규제가 기업에 미치는 영향에 대해서는 관심을 둘 까닭이 없다. 언론은 규제개혁을 강조하면서도 다른 한편으로 규제강화를 부추긴다.

정정당당한 경쟁과 공정한 판정은 스포츠를 스포츠답게 만든다. 선수들이 반칙을 범하면 심판은 제재를 하는 것처럼 기업의 부당하고 불공정한 행태는 제재대상이다. 당연한 일이다. 문제는 불필요하고 황당한 규제가 기업을 옥죄는 경우다. 불필요하고 부당한 기업규제는 게임을 망치는 심판의 잘못된 판정과 다를 바 없다. 규제개혁은 기업에 특혜를 주자는 게 아니다. 기업이 마음껏 뛸 수 있게 하자는 것이다.

〈중소기업뉴스, 2014-03-05〉

13 '경제는 밤에 성장한다'는 슬픈 현실

기업 사장 자리에서 물러난 분에게 요즘 어떻게 지내느냐고 물었더니 "여의도에 갈 일이 없어 정말 좋다"는 답이었다. 국회에 불려나가 죄인 취급당하면서, 심한 질책을 받은 기억을 되살리며 하는 말이었다.

한국의 경제성장이 저조한 게 일시적 현상이 아니라는 건 심각한 일이다. 경제는 언제 성장하는가. 정치인이 잠자는 밤이나 공무원들이 체육대회를 하는 시간에 성장한다. 이는 정치인과 관료들의 행태를 비꼬기 위해 필자가 만든 말이다. 경제문제를 정치논리로 접근하면 경제는 멍들고 그 부담은 국민이 떠맡는다. 정권이 바뀔 때마다 지역개발 논리를 앞세워 승객도 화물도 없는 곳에 건설한 지방공항이 문을 닫았거나 적자를 면치 못하고 있는 걸 보라. 멀쩡한 행정부를 쪼개 새로운 행정도시를 건설한 것은 또 어떤가.

정치권은 대기업을 때리면 국민의 지지를 받을 것으로 착각한다. 저조한 투자와 부족한 일자리를 모두 대기업 탓으로 돌리는 걸 서슴지 않는다. 그래서 경제민주화라는 이름으로 대기업 때리기에 나섰던 게 아닌가. 규제의 그물은 광범위하고 벽은 높다. 중소기업과 전통시장을 살리자고 대형마트의 영업시간 제한과 의무휴업제를 실시했지만, 납품 중소기업과 농산물을 공급하는 농민의 어려움이 커졌고 전통시장의 매출액은 오히려 감소했다. 소비자는 국내외 온라인 쇼핑몰을 통해 직접 구매하는 등 소비행태는 달라졌는데 정치는 여전히 낡은 규제에 매달리고 있다.

중소기업을 살리자는 걸 누가 마다하랴. 하지만 대기업을 규제하니 외국업체에 혜택이 돌아간 사례를 보더라도 대기업 규제가 중소기업 지원책은 아니다. 지구촌은 무한경쟁의 각축장이다. 국내기업과 외국기업, 대기업과 중소기업의 구별도 없다. 수도권 규제는 기업투자의 지방이전을 유도하기 위한 제도다. 그러나 기업은 지방투자를 하지 않거나 외국으로 투자처를 옮긴다. 수도권 규제보다 지방에서 투자를 유인할 방안을 찾아야 한다. 한국경제가 활기를 띠려면 금융 · 의료 · 교육 · 관광 등 서비스 산업의 경쟁력 강화가 시급한 과제다. 그러나 이익집단의 반발과 각종 규제에 발목이 잡혀 있다. 외국인 관광객은 1000만 명을 넘었는데 규제의 벽에 막혀 서울 시내에 번듯한 호텔조차 짓지 못하는 게 현실이다.

공무원은 자기부처의 권한을 키우려는 속성이 있다. 각 부처는 자기들만 아는 훈령 · 고시 같은 세부 규제를 갖고 있다. 부처별 칸막이는 견고하다. 지방정부도 법령에 없는 규제를 임의로 만든다. 공무원은 가능하면 규제의 틀을 강하게 하려고 할 뿐 규제의 부작용과 폐해를 없애는 것은 관심 밖이다. 규제 혁파를 공무원에게 맡기는 건 헛일이다. 대통령이 직접 나서야 할 이유다. 의원입법도 규제 양산에 한몫한다. 의원입법은 정부입법과 달리 규제의 영향을 거의 검토하지 않기 때문에 공무원들이 규제심사를 회피하기 위해 의원입법을 활용하기도 한다.

한국의 반(反)기업정서는 기업인의 사기를 꺾는 데 부족함이 없다. 정치권은 기업을 때리고 학교에서는 경제와 기업을 제대로 가르치지 않는다. TV 드라마에 등장하는 기업인은 거의 부정적으로 그려진다. 이는 기업에 대한 나쁜 이미지를 생성하고 확산시키는 데 기여한다. 잘못에 대한 책임을 묻되 기업인을 마음껏 뛰게 해야 한다. 기업의 발목을 잡으면서 투자증대와 일자리 창출을 말해서는 안 된다. 세계적으로 가장 높은 법인세 비중도 낮춰라. 법인세를 높이면 국내기업을 해외로 내몰고 외국기업의 국내진출을 막는다. 규제체계를 네거티브 시스템으로 전환해야 한다. 정치인과 공무원이 무엇을 하건 기업인이 기업에 전념할 수 있어야 경제는 성장한다.

〈한국경제신문, 2014-02-04〉

14 분에 넘치는 무상복지정책 재검토하라

'장기적으로 우리는 모두 죽는다.' 경제가 단기적인 어려움에 빠졌을 때 장기적으로 시장이 균형을 달성할 때를 기다리지 말고 정부가 시장에 개입해야 한다는 걸 강조한 케인즈의 말이다. 당장 발등에 붙은 불을 외면하며 미래를 말하는 건 현실적이지 않다. 하지만 발등에 어떤 불이 붙었는가를 따져봐야 한다. 필요하고 시급하다고 생각해서 시행한 정책도 훗날 많은 문제와 부작용을 드러낸다. 하물며 당장 문제투성이인데도 눈앞에 보이는 표만 의식한 사탕발림 정책이 가져올 부작용과 후유증은 어떠하겠는가.

대표적인 본보기가 세종시 건설과 복지 포퓰리즘이다. 세종시 건설은 2002년 노무현 대통령 후보가 충청권의 표를 노리고 신행정수도를 충청권으로 옮기겠다고 발표한 공약에서 비롯됐다. 우여곡절을 겪고 건설한 세종시는 출범 2년이 넘었지만 우려하던 국정비효율과 낭비 등 많은 문제점이 드러나고 있다. 시간이 흐른다고 극복될 게 아니다.

무상복지 포퓰리즘을 보라. 복지비용을 둘러싸고 중앙정부와 지자체, 교육청이 갈등을 빚고 있다. 갈등은 복지확대에 쓸 돈은 모자라는데 통 크게 베풀겠다고 큰소리친 정치인의 만용과 무지에서 비롯됐다. 큰소리치던 때가 엊그제인데 예상되던 돈 문제가 불거졌고 무상급식, 무상보육문제로 교육현장은 심각한 어려움에 빠져 있다.

복지 포퓰리즘은 2010년 교육감선거에서 무상급식 공약을 앞세워 좌파 교육감 6명이 당선된 후 봇물을 이루었다. 2011년 민주당(새정치민주연합의 전신)은 '3무(무상급식 · 무상보육 · 무상의료)+1(반값등록금)' 정책을 내세웠다. 이명박 정부 역시 2012년 1월 3세 무상보육 시기를 1년 앞당겼고 2012년 대선에서 새누리당이 0~5세 무상보육과 기초연금을 완성했다. 여야는 앞 다퉈 포퓰리즘 경쟁을 했다.

무상급식 학생수가 늘어나자 무상급식예산은 2010년 5631억 원에서 2014년 2조6239억 원(이 중 시도교육청 부담예산 1조5666억 원)으로 폭등했다. 무상급식비 때문에 학교시설을 고치거나 확충하고 좋은 교육프로그램을 시행할 엄두를 못 낸다. 전국 17개 시 · 도 교육청의 빚은 14조원을 넘었다.

누리과정(만 3~5세 무상보육)은 127만 여명의 아이들에게 부모소득 관계없이 1인당 월 22만원을 지원하는 교육청의 유치원 교육과정이다. 이를 위해 지급하는 정부의 지방교육재정 교부금은 세수(稅收)사정에 따라 줄어들 수 있다. 내년 교부금이 줄어들게 돼 전국 시・도 교육감협의회는 어린이집은 교육이 아니라 보육이기 때문에 예산부족으로 내년부터 이를 부담하지 않겠다고 선언(10월7일 기자회견)했다. 교부금이 화근이 된 것이다.

전국 시장・군수・구청장협의회는 중앙정부가 "추가적인 국비 지원을 해주지 않으면 '복지파산'을 선언하겠다"(8월28일)고 밝힌 바 있다. 지방정부나 시도교육청이 이렇게 복지재원이 부족하다고 아우성이다. 중앙정부든 지방정부든 또 교육청이든 예산은 국민이 내는 세금인데 이를 두고 갈등을 겪고 있는 걸 보는 국민은 한심하고 불쾌하다. 복지파산 상황을 경험하면 복지가 바로 설 수 있을지 모른다.

무상, 다시 말해 공짜라는 이름으로 포장해서 선거장사, 정치장사를 한 결과가 이렇다. 정치인들은 재미를 봤지만 교육의 질은 엉망이 돼가고 있다. 저(低)소득층 아이들을 보살필 예산은 줄어들었고 학교는 밥 먹이느라 아무 것도 못한다. 교육의 질을 높인다거나 창의적 인재를 키우는 일은 먼 나라 이야기다. 노벨상 시즌만 되면 왜 우리는 못 받는가 하고 안달한다. 이런 교육으로 노벨상을 기대하는 건 봄에 씨앗 뿌리지 않고 가을걷이하려는 것과 다름이 없다.

잘못된 정책을 내세운 자들은 사라졌거나 말이 없고 책임도 지지 않는다. 책임을 묻는다고 없던 일이 되는 것도 아니다. 미래를 생각하자는 거대 담론보다 해서는 안 되는 일부터 하지 말아야한다. 그게 미래를 보장하는 첫걸음이다. 지금이라도 늦지 않다. 재원을 마련할 수 없는 복지사업은 접거나 줄이고 무상급식 무상보육을 재검토하고 저소득층 교육에 더 투자하는 용단이 필요하다. 지금 서두르지 않으면 먼 장래가 아닌 머지않은 날에 한국경제가 죽는다.

〈선사연 칼럼. 2014-10-29.〉

15 세상에 공짜는 없다

노벨 문학상을 받은 영국의 극작가 버나드 쇼(George Bernard Shaw)는 "우물쭈물 하다가 내 이럴 줄 알았어"라는 유명한 말을 남겼다. 그는 95세까지 살았지만 우물쭈물하다보니 벌써 죽음이 눈앞에 다가왔다면서 이슬처럼 순식간에 지나가는 삶을 한탄하며 쓴 묘비명이다.

우리 사회는 무상복지타령으로 시끄럽다. 재정만 넉넉하다면 무상급식이든 누리과정(만 3~5세 무상보육) 지원이든 국민연금이든 또 무엇이든 많이 베푸는 걸 누가 탓하랴. 그동안 정치권은 재정 생각하지 않고 표만 노리면서 퍼주기만을 외쳤다. 그 결과는 우리가 지금 겪고 있는 복지 함정이고 복지파동이고 발등에 붙은 불이다. 돈은 없는데 베풀 것이 많아서 여기저기서 아우성이다. 복지는 한 번 베풀면 되돌리기 어렵다. 많이 벌어 많이 쓰는 건 나쁜 일이 아니다. 나쁜 건 조금 버는 자가 많이 쓰는 것이다. 곳간 생각 않고 퍼주는 일은 결국 탈이 난다.

그러니 시작할 때 신중해야한다. 당장 발등에 붙은 불을 꺼야한다고 한다. 그런데 발등에 어떤 불이 붙었는가를 따져봐야 한다. 쓸데없이 불을 붙여놓은 건 아닌가. 어려운 문제일수록 기본으로 돌아가야 한다. 필요하고 시급하다고 생각해서 시행한 정책도 훗날 많은 문제와 부작용을 드러낸다. 지옥 가는 길은 선의(善意)로 포장됐다는 말이 있다. 하물며 당장 문제투성이인데도 눈앞에 보이는 표만 의식한 사탕발림 정책이 가져올 부작용과 후유증은 어떠하겠는가.

세상에 무상, 즉 공짜가 없다. 무상이라는 말도 잘못된 말이다. 국민이 낸 세금으로 주는 것이니까 세금복지라고 해야 한다. 복지비용을 둘러싸고 중앙정부와 지자체, 교육청이 갈등을 빚고 있는 건 복지확대에 쓸 돈은 모자라는데 통 크게 베풀겠다고 큰소리친 정치인의 만용과 무지에서 비롯됐다. 큰소리치던 때가 엊그제인데 예상되던 돈 문제가 불거졌고 무상급식, 무상보육문제로 교육현장은 심각한 어려움에 빠져있다. 무상복지를 외치던 자들은 우물쭈물하다가 이렇게 될 줄 몰랐단 말인가.

복지 포퓰리즘은 2010년 교육감선거에서 무상급식 공약을 앞세워 좌파 교육감 6명이 당선된 후 봇물을 이루었다. 2011년 민주당(새정치민주연합의 전신)은 '3무(무상급식 · 무상보육 · 무상의료)+1(반값등록금)' 정책을 내세웠다. 이명박 정부 역시

2012년 1월 3세 무상보육 시기를 1년 앞당겼고 2012년 대선에서 새누리당이 0~5세 무상보육과 기초연금을 완성했다. 여야는 앞 다퉈 포퓰리즘 경쟁을 했다.

무상급식 학생수가 늘어나자 무상급식예산은 폭등하고 있다. 무상급식비 때문에 학교시설을 고치거나 확충하고 좋은 교육프로그램을 시행할 엄두를 못 낸다. 전국 17개 시・도 교육청의 빚은 14조원을 넘었다. 누리과정(만 3~5세 무상보육)은 127만여명의 아이들에게 부모소득 관계없이 1인당 월 22만원을 지원하는 교육청의 유치원 교육과정이다. 누리과정과 무상급식 등 무상복지에 들어간 교육재정은 전체 교육청 예산의 9.1%(2013년)로 학교시설 개선 등 사업에 들어간 예산(7.8%)보다 많다.

전국 시・도 교육감협의회는 어린이집은 교육이 아니라 보육이기 때문에 예산부족으로 이를 부담하지 않겠다고 선언(2014년10월7일 기자회견)했는가 하면 전국 시장・군수・구청장협의회는 중앙정부가 "추가적인 국비 지원을 해주지 않으면 '복지파산'을 선언하겠다"(8월28일)고 밝힌 것은 모두 돈 때문이었다. 지방정부나 시도교육청이 이렇게 복지재원이 부족하다고 아우성이다. 2015년 예산에서 누리과정 예산은 편법으로 지원하는 쪽으로 적당히 봉합됐다. 무상급식에 들어갈 돈을 둘러싼 갈등은 앞으로 계속될 것이다. 중앙정부든 지방정부든 또 교육청이든 예산은 국민이 내는 세금인데 이를 두고 갈등을 겪고 있는 걸 보는 국민은 한심하고 불쾌하다. 국가 전체적으로 복지에 쓸 돈이 있느냐 없느냐를 따져야지 중앙정부 지방정부 교육청이 서로 네 탓 내 탓 할 일이 아닌 것이다.

기초연금도 시한폭탄이다. 노인인구는 빠른 속도로 늘어나고 있다. 2025년이면 65세 이상 인구가 1000만 명을 넘는다. 도움이 필요한 진짜 어려운 노인을 도와야한다. 지속가능한 복지를 생각하지 않고 함부로 복지를 확충하는 건 다음 세대에 큰 짐을 넘기는 것이다.

무상, 다시 말해 공짜라는 이름으로 포장해서 선거장사, 정치장사를 한 결과 정치인들은 재미를 봤지만 교육의 질은 엉망이 돼가고 있다. 저(低)소득층 아이들을 보살필 예산은 줄어들었고 학교는 밥 먹이느라 아무 것도 못한다. 교육의 질을 높인다거나 창의적 인재를 키우는 일은 먼 나라 이야기다. 노벨상 시즌만 되면 왜 우리는 못 받는가 하고 안달한다. 이런 교육으로 노벨상을 기대하는 건 봄에 씨앗 뿌리지 않고 가을걷이하려는 것과 다름이 없다.

잘못된 정책을 내세운 자들은 사라졌거나 말이 없고 책임도 지지 않는다. 정당들도 여당일 때와 야당일 때 말이 다르다. 책임을 묻는다고 없던 일이 되는 것도 아니다. 흔히 미래를 이야기한다. 미래를 생각하자는 거대 담론보다 해서는 안 되는 일부터 하지 않는 게 미래를 보장하는 첫걸음이다. 지금이라도 늦지 않다. 재원을 마련할 수 없는 복지사업은 접거나 줄이고 무상급식 무상보육을 재검토하고 저소득층 교육에 더 투자하는 용단이 필요하다. 정부의 도움을 가장 필요로 하는 취약계층에 온정의 손길을 뻗어야한다.

지금 서두르지 않으면 먼 장래가 아닌 머지않은 날에 한국경제가 죽는다. 청년실업은 늘어나고 노년생활은 막막하다. 중국은 날고 있고 기술과 생산성이 월등한 일본을 따라잡기 버겁다. 경제성장과 복지가 함께 가야한다. 경제적으로 감당할 수 있는 범위 안에서 복지를 지속적으로 늘려 가야하는 것이다. 우리 속담에 누울 자리보고 다리 뻗으라고 했다. 공짜는 달콤하다. 하지만 모두 공짜 좋아하면 그 부담은 누가 감당할 것인가.

〈남해포럼 '회보', 제 5호, 2015년 1월〉

16 이제 문제는 경제다

대선 열기는 뜨거웠다. 말의 성찬은 화려했다. 대통령이 되면 국민의 삶을 책임지겠다면서 복지 보따리를 크게 부풀렸다. 이제 곧 대통령 당선자가 등장한다. 하지만 누가 대통령이 돼도 앞으로 당분간 한국경제는 어려운 국면을 벗어나기 어렵다. 세계적 불황에다 경제성장보다 복지만 외치는 국내적 요인이 결합돼있기 때문이다. 대통령 당선자는 우선 국민을 통합하고 경제를 추스르는 계획부터 짜야한다.

한국은 구조적인 저성장시대로 접어들고 있다. 올 경제성장률은 2.2%로 저조하다. 내년에는 3%에 이를 것이라는 전망도 있지만 달성 가능할 것인지는 확신할 수 없다. 과거 우리는 석유파동이나 외환위기, 글로벌 금융위기 등 특별한 계기가 있었을 때 저성장을 경험했다. 현재는 과거와 달리 특별한 계기가 있어서가 아니라 구조적으로 성장을 지속할 힘을 잃고 있다. 기업들이 설비투자를 꺼린 게 주원인이다. 올 설비투자는 1.5% 증가하는데 그쳤다.

구조적 저성장이 지속되면 일자리 부족, 복지수요 증가, 재정적자 누적으로 이어질 것이고 양극화 해소와 복지국가 건설은 물거품이 된다. 하지만 대선정국에서 이런 심각한 문제는 거론조차 되지 않았고 복지 이야기만 오갔다.

복지 공약의 거의 대부분은 포퓰리즘적이다. 20세기 초반까지 세계 6대 부국으로 번영을 달리던 아르헨티나는 더 이상 나아가지 못했다. 오늘날 그리스와 스페인 등 일부 유럽 국가들이 어려움에 빠져든 것도 포퓰리즘 때문이다.

세계적 불황을 극복하고 새로운 성장 동력을 가동하려면 새로운 각오가 필요하다. 복지도, 경제민주화도, 정치쇄신도 경제를 살려내지 않는 한 의미가 없다. 일자리를 만드는 기업에 힘을 실어주어야 한다. 노동시장의 유연성을 높이고 노사관계부터 바로 잡아야한다. 비정규직의 정규직화만 급한 게 아니다. 좋은 일자리를 많이 만드는 게 시급하다.

쌍용자동차와 한진중공업 사태에서 보듯 노사현장은 일부 극한 노동세력과 정치권이 개입하면서 만신창이가 됐다. 한진중공업 부산 영도조선소의 정리해고자 92명은 노사협상이 타결된 지 1년 만에 일터로 돌아왔지만 일감이 없어 곧바로 유급휴직에 들어갈 수밖에 없었다. 중소기업을 옥죄는 불공정행위를 비롯한 대기업 또는 재벌의 일탈행위는 반드시 바로 잡아야한다. 그렇다고 해서 대기업의 긍정적 역할을 깨뜨려서는 안 된다. 대기업 때리는 게 중소기업을 돕는 일이 아니다.

선거 때만 되면 중소기업 살리겠다는 소리는 요란했다. 이번에도 예외는 아니었다. 중소기업을 살리겠다면서 중소기업 제품이나 서비스는 신뢰하지 않는다. 우리 사회일반의 왜곡된 인식도 문제지만 중소기업의 책임도 있다. 중소기업의 분발과 각성이 절실한 이유다. 새 정부는 기업가 정신과 창업정신을 부추기는 분위기를 조성해야한다. 기업가정신과 창업정신을 일깨워야 좋은 나라, 건강한 나라를 만들 수 있다.

젊은이들을 창업에 뛰어들게 하려면 초등학교 때부터 기업가정신을 가르치는 등 교육부터 바꿔 꿈을 심어주어야 한다. 필요한 건 멀리 내다보는 비전이다. 당장의 성장률을 끌어올리기보다 성장잠재력을 확충하는 일의 중요성은 아무리 강조해도 지나치지 않을 것이다.

〈중소기업뉴스. 2012-12-19〉

17 정치권엔 안 보이는 경제와 민생

역사에서나 경제 또는 인생에서 중요하지 않은 때는 없다. 우리는 지금 진짜 엄중한 시기를 맞고 있다. 올 1분기 경제성장률은 0.5%에 그쳤다. 저성장 고착화에 경기는 바닥이다. 젊은 세대는 분노하며 좌절하고 민생은 어디 기댈 데도 없이 한숨만 내쉰다.

엎친 데 덮친 격으로 부실기업의 구조조정문제까지 겹쳐있다. 한국은행은 기준금리를 인하, 기업 구조조정 충격을 완충하기 위한 경기부양에 불을 지폈다. 하지만 금리인하가 경기회복에 얼마나 도움이 될 것인지는 의문이다. 구조조정 대상은 조선・해운업만이 아니다. 수술을 해야 할 기업은 곳곳에 있다. 자생력을 잃고 생사기로에 있는 대우조선은 그동안 분식회계에 성과급 잔치를 벌였다. 그 부실기업 대우조선의 노조는 '자구계획안 반대' 파업결의를 했다. 참으로 한심하고 어이없는 일이다.

잘 나가는 기업이라도 시장의 변화를 읽지 못하면 언제든 퇴출된다. 그게 기업생태계다. 지속적인 체질개선과 선제적 상시 구조조정이 필요한 이유다. 누에는 나비가 돼 날기 위해서 두꺼운 누에고치를 자기 힘으로 뚫고 나와야한다. 그 과정에서 날개에 힘을 길러 날 수 있다는 것이다. 기업 스스로의 노력 못지않게 중요한 것은 기업하기 좋은 환경조성이다. 비리기업, 악덕기업은 벌하되 그런 기업의 경우를 상정하고 모든 기업을 규제의 대상으로 삼아서는 안 된다.

시장이 해결해야 할 문제나 전문가의 판단으로 결정할 국책사업에 정치가 개입하는 것도 문제다. 신공항 건설문제만 해도 그렇다. 왜 정치권이 개입해서 국론을 분열시키는가. 부산 가덕도든 경남 밀양이든 어느 곳이 결정되더라도 후유증을 남길 게 뻔하다. 우리 정치에서는 경제도 민생도 말뿐이다. 더욱이 미래의 국가전략도 없고 눈앞의 선거만 있다. 내년 대선에서 어떤 일이 벌어질까, 상상하기 겁난다. 선거만 치르면 분에 넘치는 복지는 늘어난다. 돈을 어디서 어떻게 마련하느냐는 건 관심 밖이다.

스위스 국민은 18세 이상의 모든 성인에게 월 2500스위스프랑(약 300만원)을 지급하는 기본소득도입법안을 국민투표에서 압도적으로 부결시켰다. 이 법이 도입되면 국민의 노동의욕을 떨어뜨려 중소기업의 인력난을 가중시킬 것이고 감당할 수 없는 보편적 복지의 확대는 지속될 수 없다는 점을 우려했다는 것이다. 스위스 국민은 그런 현명한 판단을 했다.

지난 13일 제20대 국회가 개원식을 가졌다. 새로 시작하는 국회에 기대를 걸어야 하지만 국회가 국민에게 희망을 줄 것인가를 묻는다면 답변은 부정적이다. 그동안 국회의 행태를 보면 그런 답을 할 수밖에 없다. 국회법에 규정한 기일을 어기고 개원한 것만 봐도 그렇다. 법을 만드는 국회가 법 어기는 걸 관례라며 별 일 아니라고 치부하는 그 몰염치가 메스껍지 않은가. 국회 개원식에서 박대통령은 경제 살리기와 규제개혁, 협치를 호소했다. 협치가 가능하려면 여야 정당과 국회가 변해야 하고 대통령도 변해야 한다. 그렇지 않으면 협치 아닌 대치상황이 언제든지 벌어질 건 충분히 예상할 수 있다.

먼저 여당인 새누리당부터 변해야한다. 국회법에 규정한 2년 임기의 상임위원장을 1년씩 나눠먹기 꼼수를 부리는 모습을 보면 무슨 변화를 기대할 수 있겠는가. 더불어민주당과 국민의당은 경쟁하듯 기업에 부담을 주는 법을 만들겠다고 한다. 경쟁과 투자는 막고 규제를 강화하면서 경제를 살릴 수 있는가. 법 하나 만들면 수십 개의 규제가 따라붙는다. 그런 점을 알고 법을 만들겠다는 것인지 묻고 싶은 것이다. 경제 살리기와 민생보다 급한 과제는 없다. 하지만 그보다 더 급한 게 정치개혁이다. 국민이 정치인들의 언행과 행태를 감시해야 할 필요성은 더욱 커지고 있다.

〈중소기업뉴스, 2016-06-22〉

18 '경제 살리기' 구체적 플랜은 뭔가

일부 방송과 신문은 최순실 관련 이야기로 시간과 지면을 메운다. 그것도 이미 알려진 이야기의 재탕이거나 신상 털기 아니면 떠도는 이야기의 확대 재생산이 고작이다. 이제 시청자와 독자는 흥미를 느끼기보다 오히려 식상해하기에 이르렀다. 세계 각국은 시대에 앞서려고 미래로 달려간다. 우리는 과거 파헤치기에 매몰돼 미래는커녕 발등에 떨어진 문제도 제대로 대응하지 못하고 있다.

세계의 움직임을 보라. 미국 트럼프 정부는 미국우선주의와 보호무역주의정책을 내세우고 출범한다. 트럼프 당선자는 지난 13일 첫 공식 기자회견에서 "해외에 공장 짓는 시대 끝났다"며 일자리 만드는 전쟁을 불사하겠다는 결기를 보였다. 환율·무역문제로 미국과 중국의 충돌 가능성도 커졌다. 이는 우리에게도 닥칠 태풍인데 우리는 무엇을 준비하고 있는가.

중국은 우리의 사드(THAAD)배치를 반대하며 온갖 경제보복과 우리의 주권을 무시하는 행패를 부리고 있다. 그런데도 사드배치 연기·철회를 주장하는 민주당 일부 의원들은 작년에 이어 올해 초 중국으로 달려갔다. 그들은 중국당국에 무슨 말을 하고 왔을까. 중국의 훈계만 듣고 왔다는 비판을 면하기 어렵다. 중국의 속내가 훤히 보이는데 정부와 국회, 여야가 따로 놀고 있다. 경제보복이 두려워 한·미동맹을 팽개치고 중국의 허락을 받아 우리의 안보문제를 선택한다면 우리는 어떤 나라인가.

한·일 관계도 다시 껄끄럽게 됐다. 일본은 소녀상 문제와 관련해 우리 정부와 진행해오던 통화스와프 협상 중단을 통보했다. 옹졸한 행위다. 우리는 어떤가. 탄핵정국이라 해도 정치권과 대선 주자들이 감정을 앞세우고 한·일 정보보호협정과 위안부합의 등을 되돌리려고 주장하며 그에 따른 뒷감당을 어떻게 할 것인가에는 입을 다문다. 미국과 일본은 긴밀하게 협조하고 있다. 중국과 일본은 한국의 리더십 붕괴 틈새를 파고든다. 구한말 세계가 돌아가는 사정도 모른 채 나라 안에서 서로 다투다가 강대국들의 먹잇감이 됐던 상황이 연상되지 않은가.

정치가 한국 안보와 외교, 경제에 리스크가 돼있다는 건 안타까운 현실이다. 본격적으로 대선전이 펼쳐지면 선심성 공약이 쏟아질 게 뻔하다. 선거용 공약으로 건설된 세종시를 보라. 행정부를 쪼개놓아 빚어지는 국정비효율과 혼란, 낭비는 엄청난데도 이를 그대로 둘 수도, 바로 잡기도 어렵게 돼있다. 또 다시 표몰이 선심·복지

공약이 나타나지 않는다는 보장이 없다. 뭐라 해도 최상의 복지는 퍼주기가 아니라 일자리다. 일자리 만들 노동개혁법과 서비스발전기본법은 외면하고 기업 때리기를 계속하면서 일자리 만들자고 주장하는 게 정치인들이다. 외신에 따르면 한국은 포퓰리즘 정부가 출범할 가능성이 크다고 한다.

정치도 경제도 무엇을 먹고 어떻게 살 것인가 하는 문제 풀이다. 베트남의 인건비는 한국의 10분의 1 수준인데 생산성에서는 국내와 큰 차이가 없다고 한다. 현대·기아자동차는 해외 10개국에 34개 공장을 가동하고 있지만 국내에서는 공장 신·증설을 못하고 있다. 높은 인건비와 강성노조 때문이다. 일자리는 하늘에서 떨어지는 것도, 정치인들이 만드는 것도 아니다. 기업이 만든다. 세계 각국은 기업유치를 위한 감세와 규제완화 경쟁을 벌인다. 한국은 기업을 윽박지르며 오직 대권경쟁만 하는 나라가 돼있다.

촛불시위가 광장을 메우자 이런 사태를 그냥 볼 수 없다면서 나타난 게 태극기물결이다. 이제는 촛불과 태극기 물결 민심이 대결하는 양상이다. 민심이 엇갈려 맞붙으면 해결방법은 법치(法治)다. 그런데 탄핵이 기각되면 혁명해야 한다는 말까지 나왔다. 법치의 부정이다.

민심이 심각하게 갈리고 여야 정치인들이 안보와 외교문제에서 엇박자를 놓고 있다. 정치권과 특히 대권주자들은 분명한 안보관과 국가관, 경제 살릴 플랜을 구체적으로 제시하라. 국민에게 고통분담도 요구하라. 땀과 눈물 없이 무엇을 이루어낸다는 건 거짓이다.

〈디지털타임스, 2017-01-18〉

19 대한민국은 복지 폭탄세일 중

한국은 지금 복지 보따리 세일 중이다. 그것도 폭탄세일이다. 민주당의 '3+3공약'에 새누리당(옛 한나라당)은 '5+5공약'으로 맞불을 놓는다. '3+3공약'은 무상시리즈(급식 · 의료 · 보육)에 반값등록금 · 주거복지 · 일자리복지를 덧붙인 것이다. '5+5 공약'은 일자리 · 교육 · 주거 · 보육 · 노후 등 5개 분야에서 국민이 걱정 없게 살 수 있도록 5개의 실천방안을 약속하겠다는 것이다.

어느 당이 집권하더라도 복지천국의 문이 열릴 것 같은 분위기다. 말로 무슨 일인들 못할까만 정도가 지나치다. 선거에서 표 얻는 게 급하다고 해도 '누가누가 더 많이 퍼주나' 경쟁을 벌이고 있는 건 너무 심하다. 우선 민주당의 것을 보자. 기존에 주장했던 무상시리즈와 반값등록금에 덧붙여 대학에 진학하지 않는 고졸 청년들에게 반값등록금에 상응하는 혜택을 주기 위해 1200만 원, 취업자에게는 임금보조 명목으로 2년간 월 50만 원, 미취업자에게는 취업준비 명목으로 4년간 월 25만 원, 창업자에게는 일시에 1200만 원을 주겠다는 것이다.

대기업은 청년고용을 매년 3%씩 늘리도록 의무화하고 비정규직 비율을 2017년까지 25%(현재 50%) 수준으로 낮추고 비정규직 임금을 정규직의 80% 수준으로 끌어올리겠다고 한다. 군 사병에게는 월 30만 원을 주겠다고 한다.

민주당을 '복지 포퓰리즘'이라고 비난하던 새누리당도 이젠 한 발 더 나가려고 한다. 비정규직 임금을 정규직의 80%까지 올리겠다는 건 민주당과 같다. 중소기업 취업이 내정된 대학 4학년생에게 1년 간 등록금을 면제하고 정년연장도 법제화하겠다고 한다. 초 · 중 · 고생들에게 아침 무상급식을 검토한다고 한다. 사병월급 30만~40만 원, 고교 의무교육도 실시하겠다는 것이다.

이런 판에 경제를 걱정하고 재원마련을 걱정하면 시대정신이 없는 사람으로 몰릴 판이다. 복지는 어느새 설득이 아니라 선동이 대상이 돼버렸다. 국가재정은 한정돼 있고 쓸 곳은 많은데 이렇게 복지혜택을 늘리면 다른 국가사업은 줄여야한다. 국가안보도 경제도 진짜 어려운 서민들을 도우는 일도 영향을 받을 수밖에 없을 것이다.

민주당도 새누리당도 기업의 고용과 임금 결정에 간섭하려한다. 민간기업이 국영기업인가. 기업의 근로자가 공무원인가. 차라리 사회주의를 하겠다고 하는게 옳지 않은가. 학생들 점심먹이는 문제가 이제 아침먹이는 문제로 발전했다. 늦게까지 공부하는 학생에게 저녁은 안 먹일 건가. 학생들의 신발도 옷도 무상으로 주자는 이야기가 나올 참이다.

공약의 실현가능성은 뒷전이고 유권자의 마음을 움직일 수 있는 것이면 어떤 주장이든 터뜨리고 보는 게 공약이고 그래서 공약은 공약(空約)이 되는 것 아닌가. 국민에게 희생을 요구하는 지도자가 없기 때문에 한국은 위기를 맞고 있다. 정당의 정책은 검증에 시간이 걸린다. 지속적으로 정책을 개발하고 이를 통해 당의 정체성을 확립해야 정책이 검증된다. 그런데 한국의 정당들은 당을 새로 만들거나 이름을 바꾸고 중요한 정책을 즉흥적으로 쏟아내면서 드라마 제작자처럼 행동한다.

TV드라마는 시청률이 낮으면 조기 종영을 하고 다른 인기프로로 내보내지 않는가. 정당이 공약을 개발하고 국민의 지지를 얻으려는 걸 탓할 수는 없지만 설익은 공약을 쏟아내 인기몰이를 하고 있는 게 문제다. 복지 폭탄세일 중인 공약을 훑어보면 너무 화려해서 국민은 어지럽다.

〈UKopia.com 2012-02-06〉

20 '닥치고 퍼주기' 공약 뒷감당은 누가?

총선이 본격적으로 시작됐다. 내세우는 공약은 대부분 반값과 공짜 복지시리즈다. 곳간 생각 않고 퍼주기만 하면 곳간 비우기는 시간문제다. 전국 16개 광역자치단체는 지난 29일 중앙정부가 만 0~2세 영유아 무상보육료 전액을 부담하지 않으면 무상보육 정책을 전면 보이콧하겠다며 정부의 무상보육 정책에 반발하고 나섰다. 영유아 보육료는 중앙정부와 지자체가 반반씩 부담하게 돼있는데 지자체는 재정악화로 부담하기 어렵다는 것이다.

일이 이렇게 된 것은 국회의원들이 선거를 의식하고 지방의 재정사정 고려 없이 영유아 무상보육을 일방적으로 결정했기 때문이다. 공짜 복지를 들고 나온 민주당 정책에 민주당 소속 지자체장들이 반기를 드는 걸 보면 국회의원들이 얼마나 허튼 주장을 하고 있는가를 알 수 있다.

지자체의 반발은 복지정책을 근본적으로 바꾸자는 것도, 대안제시도 아니고 복지부담을 중앙정부에 떠넘기려는 것일 뿐 국민경제의 복지부담은 그대로 남는다. 반값과 공짜 복지의 부작용은 시간이 흐르면 곳곳에서 계속 나타날 것이지만 그걸 걱정하는 정치인은 없다. 시 · 도 교육감도 무상급식 돈 내놓으라고 정부에 요청하고 나섰다.

누울 자리보고 다리 뻗으라고 했는데 복지 천국을 앞당기겠다는 정치권의 생각은 성급하다. 새누리당이 내세우는 '생애주기별 맞춤형 복지'에는 5년 간 89조원, 민주당의 '보편적 복지'에는 164조7000억 원이 들어갈 것으로 추산된다. 이러한 복지 포퓰리즘 공약을 실천하려면 추가적으로 들어갈 돈이 5년간 220조원~340조원에 이른다. 그런 돈을 어떻게 마련할 것인가. 정치인들은 이에 대한 개념이 없다. 그들의 계산은 합리적인 것도 경제적인 것도 아닌 정치적인 것이기 때문이다.

문제는 복지 지출만이 아니다. 큰돈이 들어가는, 해서는 안 되는 일을 하고 있는 것은 더욱 큰 문제다. 세종시 건설이 바로 그런 경우다. 세종시 인구는 10만 명이 채 안 되고 초중고교 34개에 다니는 학생은 1만2000여명에 불과하다. 그러나 세종시는 특별법에 따라 정부직할 광역자치단체로 분류돼 이번 총선에서 국회의원과 함께 시장과 교육감을 뽑는다.

세종시는 여야 정당이 충청표를 노린 정략적 타결의 산물이었다. 대통령과 행정부 일부가 서울에 남고 국무총리와 9부 2처 2청이 이전해서 만들어지는 소위 행정도시가 세종시다. 세종시는 행정부를 분할해서 만드는 도시다. 행정부 분할이자 수도분할이다. 이 경우국정운영의 비능률은 물론 국가적 위기상황에 제대로 대처하기 어렵다는 건 긴 설명이 필요하지 않다. 자족도시가 될 것인가도 의문이고 국가 정체성 훼손과 통일시대 대비에도 역행할 것이라는 점도 문제다.

그런 세종시가 총선 격전지로 떠올랐다. "세종시는 박근혜 대표의 '신뢰 지키기'에 의해 살아났다"면서 지지를 호소하는 새누리당 신진 후보와 '세종시는 노무현'이라면서 세종시 건설계획을 입안하고 추진했다는 민주통합당의 이해찬 후보, '충청도의 맹주, 그래도 결국 선진당'이라는 심대평 후보가 겨루고 있다. 수도분할이 얼마나 잘못된 일인데 서로 잘했다고 공을 다투고 있으니 실로 가관이다.

세종시를 좋은 도시로 만들겠다는 걸 누가 마다하랴. 그러나 행정부를 갈라놓는 상황이 오래 지속돼서는 안 된다. 헌법을 고쳐서라도 모든 행정부를 세종시로 옮기든지 다시 합쳐야한다. 수도를 분할해서는 안 되는 것이기 때문이다. 분에 넘치는 복지지출 못지않게 엄청난 부담을 주는 수도분할이 국가적 재앙이 아니고 무엇인가. 세상 어디에 표 얻겠다고 멀쩡한 수도를 분할하는 나라가 있는가.

우리는 정치인들에게 물어야한다. 경제를 팽개쳐놓고 그 많은 돈을 어디에서 마련해서 어떤 세상을 만들고 나라를 어디로 끌고 가겠다는 것인가를.

〈uKopia.com, 2012-03-30〉

21 월급도 못주면서 잔치와 복지보따리는 왜 풀려하나?

잔치는 언제나 즐겁다. 화려하게 꾸며진 무대에 음악이 흐르고 들뜬 분위기에 휩싸인 사람들은 먹고 마시고 춤추고 즐긴다. 그러나 하지 않아도 될 잔치에 들어간 돈이 빚이라면 그런 잔치를 왜 해야 하는가.

한국은 곳곳에서 잔치판을 벌이고 통 큰 복지 보따리 풀기 경쟁을 하고 있다. 그런데 보따리를 본격적으로 풀기도 전에 구멍이 나기 시작했다. 지자체에서 벌써 돈 떨어졌다는 소리가 들린다. 잔치는 끝나지 않았는데 돈이 떨어져 잔치를 계속할 수 없다니 이런 일도 있는가.

인천시가 6천여 직원들의 4월분 복리후생비의 일부를 자금부족으로 제때 주지 못하고 하루 늦게 지급하는 일이 일어났다. 수당지급이 하루 늦었다는 건 큰 문제 아니다. 문제는 재정난이 심각해 곳간이 비었다는 사실이다.

인천시의 재정난은 이미 예고된 것이었다. 2009년 현대적 도시로 바뀐 인천을 세계에 보여주겠다며 1400억 원을 들여 '세계도시축전'을 개최했다. 장부상의 적자만 150억 원이었다.

이 행사개막에 맞추려고 인천역~월미도를 연결하는 관광열차 건설에 850억 원을 썼으나 부실공사로 개통도 못하고 철거하는 데에도 수백억 원이 들어갈 것이라고 한다.

2014년 인천 아시안게임 주경기장도 2002년 월드컵 경기가 열렸던 문학경기장을 540억 원 들여 리모델링해 사용하면 될 것을 5000억 원을 들여 새로 짓고 있다. 2조 원이 넘는 도시철도 2호선도 무리한 공기단축 때문에 골칫덩이가 돼있다. 인천시가 이런 일을 한 결과 부채는 3조원을 넘었다. 산하 공기업 부채도 7조원이나 된다. 인천시 올해 예산(특별회계 포함)이 7조5000억여 원임을 감안하면 부채규모는 벅차다.

지자체의 재정악화는 인천만이 아니다. 대구, 부산을 비롯해 재정위기에 빠져있거나 빠질 가능성이 있는 지자체는 즐비하다. 자체수입으로 월급도 못 대는 지자체가 전국에 38곳이나 된다니 이대로 가면 지자체 파산이다. 인건비도 못 대는데 그 많은 복지비를 어떻게 감당하며 선심성 사업을 벌일 수 있는가.

재정사정 따지지 않고 허튼 사업을 벌이면 당연히 곳간은 비게 된다. 큰 사업은 제쳐두더라도 전국 지자체에서 실시하는 축제만 해도 연간 1200여개, 축제비용만 7천억 원에 이른다니 가히 축제공화국이다. 2006년 재정파탄으로 파산을 선언했던 일본의 홋카이도 유바리(夕張)시는 시청 직원을 269명에서 103명, 시의원을 18명에서 9명으로 줄였다. 공무원 월급 20~50% 삭감, 세금 대폭인상, 각종 공공요금 인상 등의 조치가 따랐다. 재정파탄위기에 몰린 미국의 캘리포니아주는 공무원 감원, 조직축소, 주립대학 장학금 축소와 등록금 인상, 일부 스쿨버스 운행중단, 교도소 재소자 내보내기 등 온갖 수단을 동원해도 아직은 재정난에서 헤어 나오지 못하고 있다. 재정난은 일종의 늪이다. 한번 빠지면 헤어나오기 어렵다.

인천시는 지난달 지자체 중 처음으로 공무원 수당 일부를 삭감했다. 수당과 성과급 등 삭감으로 연간 예산을 100억 원 정도 아끼고 사회단체의 지원금도 축소하겠다고 하지만 그 정도 대책으로 재정건전화 실현은 어림도 없다. 파국을 막으려면 혁명적 결단이 필요하다. 불요불급한 지출 줄이는 건 물론 공무원 감원도 단행하는 결단이 필요하다. 그런 자구노력 없이 위기탈출은 불가능하기 때문이다. 왜 공무원이 '철밥통'이어야 하는가.

지자체 재정파탄은 나라 전체를 침몰시키는 쓰나미나 다름없다. 지자체장들부터 생각을 바꾸어야 한다. 다음 선거를 노려 선심성·과시용 사업을 벌이거나 선심행정을 하며 정치적 쇼를 펼치는 일부터 접어라. 어려움에 맞서며 주민을 설득하는 그런 정책을 펴라.

〈ukopia.com, 2012-04-06〉

22 그리스 사태에서 한국을 본다

그리스를 중심으로 한 유럽 위기가 전 세계 금융·자본시장을 강타하고 있다. 전 세계 증시가 일제히 곤두박질쳤고 한국도 예외가 아니었다. 그리스 위기는 유럽 여러 나라로 전이될 가능성이 크다. 세계경제는 상당기간 침체를 벗어나기 어려울 것이다.

미국과 독일을 비롯한 주요 8개국(G8) 정상들이 지난 19일 미국의 캠프데이비드에서 유럽 재정위기 등을 논의했지만 "경제 활성화와 금융 스트레스를 타파하기 위해 모든 필요한 조치를 취할 것", "그리스가 책임을 지면서 유로존에 남아 있는 것이 이익에 부합한다"는 성명을 발표하는데 그쳤다. 뾰족한 해법을 내놓지 못했다는 의미다.

23일 열리는 유럽연합(EU)정상회담에서 그리스 문제가 어떻게 다루어질 것인지에 관심이 집중돼 있다. 6월17일 실시될 그리스의 2차 총선은 그리스 사태의 진전을 가늠할 수 있는 분수령이 될 것이다. 긴축 이행을 약속한 신민당(보수 정당)이 높은 득표율로 제1당이 될 것인가, 긴축을 반대하는 급진좌파연합인 시리자가 승리해 연정(聯政)을 구성할 것인가에 따라 그리스의 디폴트 여부가 판가름 날 것이다. 하지만 어떤 정파가 집권하더라도 그리스 경제 회생 가능성은 커 보이지 않는다.

그리스 경제회생은 긴축이냐 성장이냐의 선택의 문제가 아니다. 국민들의 태도가 근본문제다. 나라가 무너질 지경에 이르렀는데도 파업에 열을 올리고 데모도 주말에는 쉬어야한다면서 주중에 한다. IMF 등에서 구제 금융을 끊겠다고 압박해도 긴축 정책에 반대하고 나선다. 일종의 막가파적 행태다. 스스로 일어서려고 하지 않는 나라를 누가 구제해줄 수 있는가. 국민소득 2만 달러의 그리스는 대학원까지 무상교육이지만 졸업하자마자 바로 실업자가 된다. 무상교육은 그리스 복지제도가 내세우는 자랑거리 중 하나였다. 정부가 일자리 만든다고 공무원 수만 늘려 노동인구 4명 중 1명이 공무원이다. 그리스의 이런 꼴은 돈으로 표를 사는 정치인과 그런 정치인을 계속 뽑아준 유권자가 만들어낸 것이다.

한국은 1997년 IMF 외환위기 때 금모으기 운동을 펼쳐 세계를 깜짝 놀라게 했다. 결혼반지는 물론 어린애 돌 반지까지 장롱 속에서 꺼냈다. 약 350만 명이 참여해 약 227톤의 금(약 22억 달러)을 모았다. 외환부족을 메우기에는 턱없이 모자랐지만 액수가 문제 아니었다.금 모으기 운동은 1907년 국채보상운동의 재판이었다. 1905년 을사조약 체결 후 조정은 일본의 유혹에 말려 일본으로부터 차관이라는 이름으로 돈을 빌려 썼고 빚이 쌓였다. 그런데 다시 빚을 낸다는 소문이 나돌자 국민이 나랏빚을 갚자고 나선 것이 국채보상운동이었다.

당시 남성은 금연과 절주 운동을 벌였고 여성은 가락지와 비녀까지 내던졌다. 일제의 방해로 우여곡절을 겪으며 이 운동은 크게 진전되지 못했다. 하지만 나라에 위기가 닥쳤을 때 국민들이 희생정신을 자발적으로 발휘한 것은 대단한 일이었다. 그런데 우리에게 그런 희생정신이 남아있을까. 한국사회에는 그리스를 닮아가는 게 아닌가 하는 우려를 자아내는 일들이 벌어지고 있다.

국가채무는 쌓여가고 있는데 재정적자를 외면하며 무상시리즈를 비롯한 복지확대 보따리를 내놓고 있다. 복지는 확대돼야한다. 그러나 한번 시작한 복지는 되돌리기 어렵다. 복지정책을 처음부터 제대로 설계해야 하는 이유다. 경제능력에 걸 맞는 복지시스템을 만들어야하는 것이다. 그리스 사태는 강 건너 불이 아니다. 대선을 앞둔 정치권과 국민이 그리스사태에서 어떤 교훈을 찾을 것인가에 한국의 미래가 걸려있다.

〈uKopia.com, 2012-05-21〉

23 축구도 경제도 생존전략을 짜고 돌파구를 찾아야

2014 브라질 월드컵은 끝났다. 지구촌 곳곳에서 웃고 우는 일이 벌어졌다. 국제축구연맹(FIFA)에 가입한 나라는 209개국으로 193개 유엔회원국보다 많다. 세계가 축구에 열광할만하다.

축구는 단순한 스포츠가 아니라 국가의 자존심이 걸린 한판의 승부다. 오죽하면 축구전쟁이라고 할까. 실제로 축구 때문에 전쟁을 하거나 전쟁을 하다가 휴전한 경우도 있다. 국교를 단절한 예도 있다. 독일의 뢰브 감독은 코치로 2년, 감독으로 8년 대표팀을 맡아 귀화했거나 이민자 후손 등 유능한 선수들을 발탁해서 단련시켜 빠르고 공격적인 축구팀을 만들었다. 독일의 우승은 준비된 결과였다는 건 우승이 확정된 뒤 "이 우승을 위해 10년을 준비했다"는 뢰브의 소감이 말해주고 있다.

한국의 16강 진입 실패에 국민은 크게 실망했다. 예선 조 편성이 됐을 때 알제리를 제물로 삼겠다는 등 장밋빛 전망을 내놓으며 한국의 16강 진입을 기정사실화했다. 누가 짠 각본인지 국민은 그렇게 믿었기에 실망이 컸다. 홍명보 감독은 귀국 후 사의를 밝혔지만 축구협회는 그의 유임을 발표했다. 홍 감독을 방패막이 삼아 비난의 화살을 피해보겠다는 축구협회의 계산이라는 평가도 있었다. 그러나 부동산 매입사실과 예선 참패 뒤 선수단의 회식 논란이 불거지면서 홍 감독은 물러났다. 형식은 자진사퇴였지만 여론의 악화에 밀려나간 것이다. 감독의 부동산 매입이 경기결과와 무슨 관계가 있으며 선수들의 회식이 감독직을 내놓아야할 정도의 죄인가.

홍 감독을 두둔하거나 비난하자는 게 아니다. 경기 결과에만 책임을 묻기에 앞서 잘못된 과정을 돌아봐야한다는 걸 말하고자 함이다. 16강 탈락이 선수단의 문제만은 아니다. 대표 팀 운영에 원칙도 없고 무능과 밀실행정으로 일관해온 축구협회에 책임을 물어야한다. 대표 팀 감독선임과 선수선발, 전술운용, 세계축구 추세파악 등을 소홀히 한 무능하고 무대책으로 일관한 기술위원회의 책임도 물어야한다.

1998년 프랑스 월드컵 때 네덜란드에 대패하자 한 경기를 남겨둔 상태에서 차범근 감독은 월드컵 현지에서 쫓겨났다. 축구협회는 근본적인 대책 마련은 뒷전이고 성적이 나쁘면 감독 갈아치우는 행태를 보여 왔다. 감독에게 책임을 물을 수 있다. 하지만 원칙도 장기계획도 없이 감독에게만 책임을 묻는 행태는 비난의 화살을 피하려는 꼬리자르기에 다름 아니다.

오래 전 한국감독을 맡았던 비쇼베츠는 임기를 마치고 떠나면서 한국축구가 살길은 "축구협회를 해체하면 된다"는 말을 남겼다. 그 속내를 알 수는 없지만 대한축구협회에 대한 불만과 불신을 그대로 드러낸 말이다. 한국 축구가 살아나려면 최소 10년계획은 내놓아야한다. 축구협회는 국내감독이든 외국인이든 일회용 반창고처럼 쓸 생각을 말고 훌륭한 인재를 골라 힘을 실어주어야 한다. 2010년 남아공월드컵 감독이었던 허정무 이후 조광래, 최강희, 홍명보까지 4년간 3명의 감독이 지휘봉을 물려받았다. 사정이 이런데 무슨 장기계획을 세울 수 있겠는가.

2002년 한일 월드컵 4강 신화를 이루어낸 히딩크 감독이 진단한 한국축구의 문제점은 투지와 체력의 약화였다. 시간과 공간을 선점(先占)하는 '압도와 압박' 축구를 구사하기 위해 체력강화 훈련을 거듭했다. 그런 결과 4강이 가능했던 것이다.

한국축구가 살아날 길은 유소년 축구부터 활기를 띠게 하는 등 기초부터 다지고 K-리그의 활성화에 노력을 기울여야 한다. 월드컵에만 열광할 일 아니다. K-리그를 외면하면서 월드컵 등 국제대회에서 이기기만 바라는 건 씨앗 뿌리지 않고 열매 따려는 것과 다름이 없다. 자칫하면 월드컵 16강이 아니라, 본선 진출도 장담할 수 없는 상황이 온다. 축구협회의 개조가 급선무다.

무한경쟁시대에 경쟁상대보다 더 빨리 더 많이 뛸 수 있어야 생존이 가능하다. 사방이 높은 방어벽이다. 그런 틈바구니 속에서 생존전략을 짜고 돌파구를 찾아 골을 넣어야한다. 축구도 경제도 마찬가지다.

〈선사연 칼럼. 2014-07-24〉

24 이젠 대마도 반환을 일본에 요구해야

독도에 부딪히는 파도소리는 더욱 거세고 요란하다. 이명박 대통령의 독도방문을 계기로 일본은 국제사법재판소(ICJ)제소 카드를 비롯해 외교 · 경제공세를 펼치며 이성을 잃고 있다. 반성할 줄도 사죄할 줄도 모르는 일본이 생떼를 쓰고 있는 걸 보면 우리 땅과 우리 국민을 짓밟던 제국시대로 돌아가고 싶은 것 아닌가 하는 의문을 지울 수 없다.

우선 독도와 관련된 문제 세 가지를 생각해보자. 첫째 런던올림픽 한 · 일전 직후 박종우 선수의 '독도세리머니'에 관해서다. 국제올림픽위원회가 정치적 행위라며 메달수여를 보류한 것은 그렇다 치자.

그런데 뜻밖에도 대한축구협회는 일본축구협회에 공문을 보내 박 선수의 행위를 '비스포츠적(unsporting)' 행위라고 했다. 일본 언론은 기다렸다는 듯이 박 선수의 행위 잘못을 한국이 먼저 인정했다고 보도했다. 박 선수의 잘못이 무엇이며 일본에 왜 사과해야 하는가. 그런 저능 · 저수준의 축구협회라면 차라리 해체하라.

둘째, 이명박 대통령의 독도방문이다. 과거사 반성은커녕 한국의 고유 영토까지 넘보는 일본에 대하여 대한민국 대통령으로서 대한민국 땅을 방문, 영토수호 의지를 보여준 것은 의미 있고 당연한 일이다.

그런데 민주통합당 이해찬 대표는 이명박 대통령의 독도 방문을 '깜짝쇼'에 비유, "나쁜 통치 행위"라고 질타했다. 2011년 5월 홍영표 당시 민주당 원내대변인은 "러시아 대통령은 쿠릴열도를 가는데 왜 우리 대통령은 독도를 방문하지 않는지 국민은 의문스러워하고 있다"고 공식논평을 했다. 민주당은 독도에 안 가는 걸 시비하더니 이제 독도에 간 것을 나쁘다고 한다.

새누리당 박근혜 캠프의 총괄본부장 최경환 의원은 이 대통령의 독도 방문을 "일종의 포퓰리즘"이라며 "그 대가는 다음 정부가 지는 것 아니냐"고 말했다. 다음 정부를 떠맡게 될 것처럼 말하고 있는 걸 보면 오만한 태도도 지나치다. 외교나 영토문제를 정치적 입장이나 정파 또는 진영논리로 접근하다니! 정치적 상대를 흠집 내거나 공격하는 일과 국가이익을 해치는 일을 구별하지 못하는 멍청이들 아닌가.

독도가 역사적으로나 지리적으로 한국영토임을 밝히는 자료는 즐비하다. 1952년 1월 18일, 인접해양주권에 대한 대통령선언(이승만 라인)에서도, 박정희 대통령 시절 1965년 6월 22일에 체결된 한일 어업협정에서도 독도는 우리 영토임을 분명히 했다. 김대중 대통령 시절 1998년 9월 25일 소위 신(新)한일어업협정에서 독도를 중간수역(공동관리수역)에 넣어 문제를 키운 것이다.

일본은 1905년부터 "독도가 주인 없는 땅이라 편입했다"고 주장해왔다. 1905년은 일본이 대한제국을 강압하여 을사늑약을 체결한 해로 당시 대한제국은 이미 국권을 상실하고 있던 때다. 그런데 지난 8월 16일 경북 울릉군은 1902년 당시 대한제국이 독도에서 고기 잡는 일본인 어부들에게 세금을 거둬들이도록 한 행정규칙 자료를 공개했다. 우리가 독도를 과거부터 실효적으로 지배한 점을 입증할 또 하나의 사료가 아닌가.

셋째, 대마도는 한국영토임을 주장하자는 것이다. 초대 이승만 대통령은 정부수립 3일 후 1948년 8월 18일, 1949년 연두기자회견과 연말기자회견 등에서 "1870년대에 대마도를 불법적으로 삼킨 일본은 포츠담선언에서 불법으로 소유한 영토를 반환하겠다고 했기 때문에 우리에게 돌려주어야 한다"고 거듭 주장했다. 6·25전쟁이 터지자, 우선 공산당을 무찌를 때까지 일본에 대한 반환요구를 잠시 참자는 발언도 했다.

'대마도는 한국 땅'임을 보여주는 세계 각국의 지도는 물론 역사적 기록과 흔적은 수두룩하다. 대마도 반환 주장을 꺼릴 까닭이 없다. 결코 일본의 '독도 생떼'에 대응하자는 전략으로 제기하는 게 아니다.

〈ukopia.com, 2012-08-20〉

제7부

기업 살리기와 때리기

01 기업가정신 살려 중소기업에서 영웅 배출해야

◆ 기업가정신 살려야 경제도 산다

중소기업의 어려움은 어제오늘의 일이 아니지만 길이 없는 곳에 새 길을 내야한다. 환경 탓하고 불평불만을 토로하는 건 전략이 아니다. 벽이 높아도 담쟁이처럼 그 벽을 타고 올라가야 한다. 중소기업인의 기업가정신을 강조하는 까닭이다. 우리가 최빈국에서 탈출한 바탕은 기업가 정신과 근로정신이었다. 이렇다 할 기술과 자본도 없이 맨 몸으로 달려들었던 그 열정을 중소기업에서 다시 살려내야 한다.

영일만 모래밭에 포철을 건설한 박태준, 25세의 나이에 조그마한 자동차 수리공장을 만들어 오늘날 현대자동차의 싹을 틔운 정주영, 비관적인 여론에도 불구하고 미래 산업이라는 신념으로 반도체 산업에 승부수를 던져 오늘의 삼성전자를 이룬 이병철 등등 우리가 본받아야 할 기업인들은 즐비하다. 척박한 환경에서 밤샘 작업도 마다않고 기꺼이 땀 흘린 근로자와 어려움을 버텨온 중소기업인들 역시 오늘의 한국을 이뤄낸 영웅들이다. 카네기, 포드, 스티브 잡스, 빌 게이츠, 페이스북의 주커버그를 들먹일 게 아니다. 우리에게도 위대한 기업가와 창업가가 있었고 또 있다. 새 시대를 이끌 영웅들을 계속 배출해야 한다. 창조적 기업인이 시대의 영웅이다. 참신한 아이디어와 첨단기술을 가진 자만이 살아남는다.

기업경영을 취미로 하는 사람은 없다. 바둑 한 판을 두는 데에도 목숨을 건다고 했다. 어떤 상황에도 대비하면서 모든 노력을 쏟는 경영정신이 기업가정신이다. 기업가는 선출직도 아니고 누구에게서 임명받지도 않은, 자기 스스로 그 자리를 맡은 자다. 다시 말해 셀프 임명직이다. 기업가의 능력과 자질, 리더십은 경영성과가 말해준다. 어떤 사람은 위대하게 태어나고, 어떤 사람은 자기 노력으로 위대해지고, 또 어떤 사람은 강제로 떠밀려 위대해진다고 했다. 기업가는 자기 노력으로 위대해질 수 있는 사람이다.

기업가정신은 대기업 경영자에만 요구되는 게 아니다. 중소기업 경영자는 물론 자영업자를 비롯한 모든 경영자에게 필요한 게 기업가정신이다. 기업가정신으로 무장한 젊은이들이 계속 나타나야한다. 학교를 졸업하고 대기업에 취업하는 것을 성공한 인생이라고 생각하는 풍토에서는 중소기업의 성장과 창업활성화를 기대하기는 어렵다. 창업을 두려워하는 건 한 번 실패하면 낙오자로 취급하는 우리 사회의 풍토와 관련이 있다. 성공은 실패를 딛고 일어선 결과가 아닌가. 실패는 성공으로 가는 과정에서 겪는 시련과 같은 것이다.

젊은이들에게 기업하려는 의욕과 창업을 부추기고 기업가정신을 가르치자. 역경을 이겨낸 기업가들의 모습을 보여주고 성공스토리를 읽어주자. 우리의 어린 소녀들이 박세리 선수의 활약상을 보고 꿈을 키워 치열한 경쟁 속에서 여자골프 세계를 제패했다. 우리의 청소년들에게 꿈을 심어주고 그들이 중소기업의 문을 두드리게 하자. 중소기업은 연못에서 나와 큰 바다로 뛰어들어야한다. 중소기업정책과 제도의 중요성보다 더욱 중요한 것은 중소기업인의 기업가 정신이다.

2014년 OECD 보고서는 OECD 34개국 중 한국의 기업가정신은 최하위라고 했다. 2015년 중앙일보의 조사(2월 6~7일 고등학생 이상 1000명 대상)에서 응답자의 49.2%는 "기업가정신이란 말을 들어본 적이 없다"고 했고 응답자 중 10대의 61.6%, 20대의 58.2%는 "기업가정신이 뭐냐"고 반문했다. 학교에서 제대로 기업가정신을 배웠다는 응답자는 4.6%에 불과했다. 기업가정신의 현주소를 잘 보여주고 있다. 대한상의와 현대경제연구원의 공동조사(전국 성인남녀 1000명 대상 '2014년 하반기 기업호감지수'조사)결과는 기업호감도가 100점 만점에 44.7점으로 나타났다. 반(反)기업정서가 여전하다는 증거다.

중국의 왕성한 기업가정신은 놀랍다. 베이징 중관춘(中關村)이나 선전(深玔)에는 새로운 아이디어와 지식, 기술을 바탕으로 벤처세계에 뛰어드는 촹커(創客)라 불리는 젊은이들이 넘친다. 벤처투자액도 크게 늘어나고 있다. 공무원 시험과 대기업 취업에만 매달리는 우리와 사뭇 다르다. 중국과의 경쟁은 물론 한국 경제의 앞날을 걱정하지 않을 수 없는 이유다. 청소년들에게 기업가정신을 가르치고 그들을 창의력 있는 인재를 키워내는 일, 창업기업이 계속 성장할 수 있게 제도와 환경을 만들어가는 일을 서둘러야한다.

당장 먹고살기 힘든데 무슨 기업가정신 타령이냐고? 급할수록 돌아가라고 했다. 5년 10년 20년 후를 한 번 생각해보자. 경제 살리기와 활성화는 당장의 문제만은 아니다. 기업을 제대로 하려는 사람이 많아져야 경제가 살고 또 강해진다. 경제 살리기 해법을 기업가정신에서 찾아야하는 이유다.

◈ 기업의 기(氣)를 살리고 기업도 스스로 변해야

기업은 스포츠보다 훨씬 심한 경쟁을 치르고 사활을 건 승부를 펼친다. 한 때 잘 나가던 기업도 사라지고 이름도 없던 기업이 화려하게 등장한다. 그게 기업의 생태계다. 기업은 스스로 강해져야 살아남는다. 기업하기 좋은 환경 조성은 정부와 정치권의 몫이다.

열쇠는 기업의 기(氣) 살리기에 있다. 기업하기 좋은 환경이 조성돼 기업인들에게 힘을 실어주고 새로운 아이디어로 창업하겠다는, 꿈을 찾아 중소기업에 가서 성공하겠다는 젊은이들이 늘어나야 한다. 기업하겠다는, 기업으로 성공하겠다는 그런 기운이 지배하는 사회를 만들어야 하는 것이다.

적당히 먹고살기 위해 가게를 연다는 생각으로 자영업을 시작하면 실패하기 십상이다. 한국의 자영업 비율은 20%대 후반이다. 미국(7%), 일본(12%)에 비해 지나치게 높다. 수많은 자영업이 생겨나고 거의 대부분이 문을 닫는 건 제대로 된 전략이 없기 때문이다.

한국은 생계형 창업비중이 63%로 인도(66%)에 이어 2위, 기회 추구형 창업비중은 21%로 최하위였다. 카카오톡, 구글, 페이스북, 알리바바 등은 독특한 아이디어를 사업화 한 기회 추구형 창업이었다. 이러한 기회 추구형 창업이 많아져야 미래가 열린다. 우리의 젊은이들에 기업가정신을 불어넣자. 급한데 한가한 소릴 한다고 하지마라. 어려울수록 돌아가고 기본을 다져야한다. 도전은 힘들고 위험하지만 도전하지 않는 것이 더 위험하다. 우물쭈물하며 적당히 안주할 길은 없다.

선거철에는 중소기업과 소상공인들을 위한다는 공약이 빠지지 않는다. 선거철은 언제나 중소기업 강조기간이다. 중소기업에 표가 많다고 생각하기 때문이다. 대기업 때리기에 열을 올리는 이유도 그래서다. 대기업을 때리면 서민들과 중소기업의 표가 몰려올 것으로 착각하는 것 같다.

중소기업은 스스로 변해야 한다. 정책적 지원에 안주해서는 자생력을 키울 수 없다. 중소기업 적합업종으로 지정됐다고 중소기업의 성장이 보장되는 것은 아니다. 대형마트의 진입을 규제하고 영업시간을 제한한다고 소상공인이나 전통시장이 사는 것도 아니다. 소비자의 기호가 달라졌다는 사실을 직시해야 한다. 소비자들이 전통시장을 기피하는 이유로 들고 있는 것은 상품이 다양하지 않고 품질과 가격경쟁력이 없어서라는 조사결과가 이를 말해준다. 소상공인과 재래시장이 살 길은 달라진 소비자의 기호에 맞춰 스스로 변하는 데서 찾아야한다.

❖ '금 수저 흙 수저' 타령 말고 도전 나서라

경제가 발전하면 사람값도 비싸지는 건 당연하다. 하지만 생산성에 비해 임금이 높은 게 문제다. 기득권을 지키려는 조직된 노동자들은 고(高)비용구조를 만들고 청년들의 일자리를 앗아가고 중소기업과 비정규직의 저임금과 고용불안을 유발한다. 대기업이 노조에 밀려 임금을 올리면 그 부담을 중소기업의 납품단가를 깎아 메운다. "대기업이 노조와 임금협상을 벌리고 잔치할 때 협력사는 뒤에서 운다"는 중소기업인의 목소리는 이런 사정을 말해준다.

대기업과 중소기업의 불공정 관계를 개선하지 않고, 노동 유연성을 확보하는 노동개혁도 하지 않고 청년실업 해소와 중소기업 성장을 말하는 건 알맹이 없는 구호나 다름없다. 중소기업 스스로도 혁신에 나서야한다. 어떤 사업을 하더라도 국제경쟁을 생각해야한다. 어떤 업종이 잘 된다고 하면 너도나도 모방하고 출혈 경쟁하는 습성부터 고쳐야한다.

세계 400대 부자 중 65%가 자수성가형 부자다. 한국은 400위 안에 든 5명 모두 상속형 부자다. 창업가정신의 쇠퇴 때문이다. 그렇다고 상속형 부자를 낮게 평가할 이유는 없다. 수성(守成)은 창업보다 더 어렵다고 하지 않는가. 어쨌든 한국경제의 역동성을 살리려면 청년들이 창업에 도전할 수 있고 실패하더라도 다시 일어설 수 있는 환경과 지원제도를 만들어야한다. 그래야 청년들이 창업에 나서 신흥부자가 나오고 경제가 활기를 띨 수 있다.

언제까지 실리콘밸리를 들먹이고 외국의 신흥부자들 이야기만 하고 있을 건가. 어려운 여건을 뚫고 기업을 일궈낸 1세대 창업자들의 출발은 중소기업이었다. 금 수저니 흙 수저니 하는 수저색깔 타령만 해서는 새로운 성장 동력이 샘솟을 수 없다. 흙 수저 들고 태어나서 금 수저 인생을 사는 이야기를 만들어내야 한다.

❖ 중소기업과 대기업의 상생

박지성과 추신수, 누가 운동을 잘하는가를 물으면 어떤 답이 나올까. 축구선수와 야구선수에게 똑 같은 잣대로 평가할 수 없다. 축구선수의 골과 야구선수의 홈런에

몇 점을 줄 것인지, 또 축구선수에게 홈런을 기대하거나 야구선수에게 멋진 슛을 기대하며 점수를 매길 수 없기 때문이다.

2012년 5월 10일 동반성장위원회가 대기업의 동반성장노력을 평가한 동반성장지수를 발표했다. 대기업의 공정거래협약 이행 실적에 대한 공정거래위원회 평가와 5200개 협력중소업체를 대상으로 한 동반성장위원회의 체감도 설문조사 결과를 합쳐 56개 대기업을 우수 · 양호 · 보통 · 개선 등 4개 등급으로 평가한 것이다. 평가대상으로 선정된 56개 기업은 매출액 상위 200대 기업 중에서 사회적 관심이 크고 동반 성장 파급효과가 큰 기업이다.

기업은 업종별 업태(業態)별 특성이 다르다. 전자 · 자동차 등 잘 나가는 업종도 있고 건설 · 조선 등 구조조정을 해야 하는 업종도 있어 평가는 다를 수밖에 없다. 그러나 어쨌든 6개사는 '우수' 등급을 받아 훌륭한 기업으로 평가됐다. 평가 대상 56개사는 동반성장에 참여해 가장 적극적으로 협력 중소기업과 동반성장을 실천하고 있는 가장 우수한 기업이라는 게 동반성장위의 설명이다. 하지만 그런 설명에도 불구하고 '개선' 등급을 받은 최하위 7개사는 '동반성장 꼴찌기업'이라는 낙인이 찍혔다. 우월적 지위를 이용한 대기업의 횡포와 부당한 거래관행은 수없이 지적됐다. 중소기업이 겪는 어려움도 널리 알려져 있다.

사람이든 기업이든 또 무엇이든 줄 세우기를 하면 줄 뒤쪽에 있는 경우 상처를 입을 수밖에 없다. 굳이 줄 세우기를 하지 않아도 기업은 시장에서 평가된다. 그런데 오죽하면 이런 방법까지 개발했겠는가. 문제는 대기업의 행태에 있었다는 걸 부인할 수 없다. 대기업의 분발을 촉구하려는 의도가 있을 것이다. 이런 방법을 통해서라도 중소기업의 어려움을 풀어보겠다는 당국의 노력은 가상하다. 하지만 대기업을 줄 세우는 일이 중소기업을 살리는 길일까.

대기업과 중소기업은 자동차의 앞뒤바퀴에 비유된다. 제대로 협력해야할 이유다. 협력에는 전제가 있다. 기업 간 협력은 서로 이익이 된다고 확신하고 기대할 때 이뤄지는 것이다. 어느 한쪽의 희생과 배려를 기대하며 기업을 경영할 수는 없는 일이다. 중소기업이 부당한 거래를 강요당하거나 대기업이 중소기업의 협력을 원하지 않는다면 동반성장을 외치는 것은 허위로 가득한 구호에 불과하다. 중소기업은 대기업이 협력을 진정으로 원하는 그런 제품과 서비스를 공급할 수 있어야한다. 경쟁력 없이 협력한다는 건 동반퇴보를 가져올 수 있는 것이다. 협력을 말하지만 그 협력은 무한경쟁 속에서의 협력이다. 기업경영은 함께 손잡고 뛰는 '건강달리기'가 아니기 때문이다.

❖ 중소기업현장에 일손이 부족하다

중소기업은 일자리 창출의 보고(寶庫)다. 대기업은 고용문제를 해결하는데 한계를 드러내고 있다. 한국뿐 아니라 세계적 현상이다. 그렇다면 고용문제의 열쇠는 경쟁력 있는 강소기업 육성과 창업활성화에 달렸다. 미국의 경우 4%의 벤처기업이 60%의 일자리를 공급한다. 우리는 그동안 청년 창업의 중요성을 강조해왔지만 청년 창업은 OECD 국가 중에서 가장 낮다. 청년들의 기업가정신이 부족한 탓도 있다. 흔히 실패를 두려워하지 말라고 말하지만 실패하는 경우 아무런 안전망이 없다. 창업 실패는 자신과 가족을 나락으로 빠뜨릴 것이라고 생각하기 때문에 창업에 나서지 못하는 것이다.

한국의 평균 노동시간이 OECD 평균보다 많다고 해서 노동시간을 줄여 일자리를 나누자고 하는 건 옳은 해법이 아니다. 예컨대 자동차 한 대 생산에 들어가는 노동시간은 한국의 경우 중국이나 미국에 비해 훨씬 많다. 중요한 건 노동시간이 아니라 노동생산성이다.

자동차와 전자제품을 비롯한 전 세계에서 판매되는 한국제품의 해외생산 비중은 절반을 넘었다. 해외생산이 유리하기 때문에 국내 일자리는 그만큼 준다. 기업의 국내투자가 늘어나고 외국기업도 국내에 많이 들어오고 해외진출 중소기업의 국내 유턴(U-Turn)도 늘어나야한다.

상황이 어렵고 풀어야 할 과제가 많을수록 전략은 단순하고 명료해야한다. 정책의 초점을 경제성장으로 돌리는 것이다. 일자리 창출, 복지확대를 위해서다. 고용 없는 성장이 문제라고 하지만 성장 없는 고용과 복지확대는 불가능하다. 여우는 적을 피할 수 있는 천 가지의 묘책이 있다고 고양이에게 자랑했다. 그 때 한 떼의 사냥개들이 나타났다. 여우는 그 천 가지 방법 중 어느 것을 택할까 갈팡질팡하다가 붙잡혀 죽었다. 나무로 올라가는 한 가지 방법밖에 모른다던 고양이는 나무로 올라가 살았다. 이솝 우화는 선택과 집중의 중요성을 일깨운다.

이런 저런 문제를 모두 풀겠다고 허둥대다가 여우처럼 잡혀먹지 않으려면 경제정책 목표는 단순 명료해야한다. 중요한 건 투자확대와 기술개발에 매달려 일자리를 만들어 내는 것이다. 일자리의 보고인 중소기업이 모자라는 인력을 채울 수 있는 정책부터 챙겨야한다.

❖ 중소기업, 스스로 강해져야

글로벌 기준에는 대기업과 중소기업의 구분이 따로 없다. 대기업이든 중소기업이든 첨단기술과 아이디어로 승부해야 한다. 중소기업을 지원하고 보호하더라도 중소기업을 고(高)부가가치 산업으로 이끌 수 있느냐에 초점을 맞춰야한다. 실업난인데도 중소기업 생산현장에는 사람이 부족하다. 청년층의 기대수준이 너무 높은 탓이다. 중소기업 경영자 스스로 경쟁력 있는 좋은 직장을 만들려는 노력을 해야 하고 구직자의 생각도 바뀌어야 한다. 의식변화는 간단한 문제가 아니지만 80% 이상이 대학에 진학하는 학벌 위주 풍토를 바꾸는 장기적인 대책이 필요하다. 반값 등록금을 비롯해 청년들의 높아진 기대수준에 영합하려는 사탕발림 공약을 정책으로 내놓는 한 문제를 근본적으로 풀 수 없다.

부당한 거래관행을 일삼는 대기업의 횡포는 마땅히 털어내야 하지만 대기업 때리기가 중소기업 위하는 일은 아니다. 비리 기업인의 일탈행위를 다스리는 것과 기업 때리기는 당연히 구별돼야 한다. 기업하기 좋은 환경을 만들지 않고 고용과 복지를 논하는 이 거대한 모순을 깨야하는 것이다.

중소기업은 경제의 뿌리이자 성장의 원동력에 비유된다. 뿌리는 식물의 몸통이 쓰러지지 않도록 지탱하고 땅속의 물을 흡수하며 양분을 저장하는 기관이자 식물의 생명줄이다. 뿌리가 튼튼해야 꽃을 피우고 튼실한 열매를 맺을 수 있다. 국민경제의 뿌리인 중소기업이 경쟁력을 높여야할 이유다.

물이 부족한 곳의 나무는 뿌리의 수가 많고 길게 뻗는다. 물과 양분을 흡수하기 위한 몸부림이다. 중소기업이 경제의 뿌리라면 자생력을 키우기 위한 몸부림이 필요하다. 스프링클러로 물을 충분히 공급하는 경우 나무는 뿌리를 길게 뻗지 않는다. 그런 나무는 강한 바람이 불거나 물주기를 멈추면 쓰러지거나 말라죽는다. 정부 지원에 안주하면 상황이 바뀌는 경우 퇴출되기 십상이다. 중소기업의 자생력을 키우는 길이 어디에 있으며 어떻게 해야 하는가를. 환경을 불평하고 대기업의 횡포에 불만을 터뜨리는 일은 그 뒤에 해도 늦지 않을 것이다.

중소기업을 옥죄는 '손톱 밑 가시'를 뽑자는 이야기가 있었다. 손톱 밑 가시는 중소기업 및 소상공인이 현장에서 겪는 실질적인 애로사항의 종합세트로 장기어음 결제 · 납품단가 인하 · 비용전가 · 기술과 인력 탈취 · 일감 몰아주기 등 헤아릴 수없이 많다. 오래 전부터 박혀온 가시인데 그동안 왜 뽑지 못했을까.

설익은 정책은 누군가에게는 또 다른 새로운 가시가 된다. 서울시가 대형마트와 기업형 슈퍼마켓이 팔 수 없거나 수량을 줄여 팔도록 권고할 수 있는 품목 51종을 선정해 발표한 것이 그러한 예다. 동네 슈퍼마켓과 골목상권을 보호하기 위해서라고 하지만 대형마트에 물품을 납품하는 중소업체와 농어민들이 입을 피해와 소비자의 선택권 제한은 어쩌라고. 재래시장과 영세상인을 살리겠다는 걸 누가 마다하겠는가.

방법이 잘못된 것이다. 재래시장과 영세상인을 보호하려면 대형마트와 당당히 경쟁할 수 있도록 이들의 경쟁력을 높이는 일을 도와야한다. 가시만 제거하면 중소기업이 활력을 찾을 것인가. 가시 뽑기는 중소기업의 경쟁력을 키우는 데 도움이 될 수 있는 전제조건이자 외적 환경에 불과하다.

가시 뽑기는 작은 고개 하나 넘기다. 더 가파른 고개를 넘기 위해 중소기업 스스로 원가절감, 새로운 아이디어와 기술개발, 품질개선 등을 통해 경쟁력을 높여야한다. 공부방을 만들어주고 좋은 책걸상을 마련해주었다고 해서 성적이 저절로 향상되는 것은 아니듯 가시제거만으로 모든 게 해결되는 건 아니다.

◆ 실패도 자산, 창업에 도전해야

성공에만 초점을 맞출 일은 아니다. 실패도 자산이라고 여기는 사회적 분위기를 조성하고 많은 청년들이 벤처창업에 뛰어들게 해야 한다. 중소기업을 지원해야 할 약자로 여기는 정책은 실패하기 마련이다. 중소기업을 살리는 길은 끊임없는 구조조정에 있다. 정치권은 자생력과 경쟁력을 상실하고 있는 기업에게 잘못된 신호를 보내는 일도 삼가야한다. 가시제거만으로 중소기업이 활력을 찾을 것이라고 기대한다면 참으로 순진한 것이다. 중소기업이 더 빨리 더 멀리 뛰어야 살아남는다.

중소기업이 대기업 못지않은, 대기업을 뛰어넘는 경쟁력을 갖추어야 한다. 고소득국의 경우 중소기업의 효율성이 대기업보다 높거나 대기업 수준에 육박한다. 중소기업이 경쟁력을 높이지 않는 한 고소득국으로 진입하기 어렵다는 걸 말한다. 언제까지 '9988'을 외치고 있을 것인가. 중소기업의 경쟁력을 끌어올리는 일이 시급하다.

우리는 흔히 히든챔피언을 많이 가진 독일과 창업국가 이스라엘을 들먹인다. 그러나 그 기본바탕에 대한 검토는 소홀하다. 예컨대 이스라엘이 창업국가로 발전한 것은 이스라엘 정치, 경제, 문화, 역사, 군사 등이 종합적으로 작용한 결과인데 그런 점을 간과한다. 이스라엘은 천연자원이 부족하고 사방이 적으로 둘러싸여 안보상황이 불안한 소국이다. 그러한 불리한 환경을 극복하기 위하여 창의성을 강조하는 교육과 과학기술에 대한 도전, 생산적 군대 시스템 그리고 벤처창업 등으로 국가발전을 이루었다. 특히 운송비가 적게 드는 하이테크정보산업을 발전시켰다. 이스라엘에서는 학문적 경력보다 어느 군부대에서 복무했느냐는 것을 더 중시한다. 군복무를 기피하거나 군 생활을 잃어버린 세월로 치부한다면 이스라엘의 창업이야기를 해서는 안 된다.

젊은이들에게 도전하라고 하면서 우리 사회는 한 번 실패하면 패배자 또는 낙오자로 치부한다. 그런 풍토에서는 창업열기가 일어날 수 없다. 실패는 성공으로 가는 징검다리이기에 "성공하고 싶다면 더 많이 실패하라"는 말뜻을 새겨들어야 한다. 그래야 창조든 혁신이 가능해진다.

중소기업인은 장인(匠人)이어야 한다는 걸 다시 강조한다. 장인에게는 최고 최선을 추구하는 장인정신이 있고 그것은 본질적으로 창조적이고 혁신적이다. 이스라엘 창업과 기업의 성공이 정부정책에 의존한 게 아니었다. 정책적 지원에 기대해서야 창조적일 수 없다. 중소기업인이여, 스스로 희망의 등불을 켜고 높이 들어라.

한국이 선진국과 경쟁해서 이기려면 과거처럼 선진국을 추종하는 전략으로는 안 된다. 창조경제를 내세운 건 옳았지만 창조경제를 정부가 주도하는 건 적절하지 않다. 창조경제의 주역은 어디까지나 기업이다. 기업의 창의력은 치열한 경쟁과 이윤동기에서 나온다. 창조경제를 하려면 기업을 옥죄는 거미줄처럼 얽혀있는 규제부터 완화해야한다. 기업이 마음껏 뛸 수 있어야 창조경제가 꽃핀다.

창조경제의 성공 여부는 창업과 벤처의 활성화에 달려있다. 당장 창업해서 성공하기는 어려운 일이다. 그런데도 우리는 기다리지 못한다. 꽃은 쉽게 피지 않는다. 숱한 인고의 세월을 거쳐야 핀다. 멀리 내다보고 씨앗을 뿌려야한다.

창업은 위험한 것이라는 국민의 의식부터 바꿔가려면 위험을 무릅쓰고 도전해서 성공한 사례들이 쏟아져야한다. 진취적 분위기를 확산하기 위해 초등학교 때부터 기업가정신을 가르치는 교육혁신이 필요하다. 창업은 청소년의 희망직업이라는 도전정신을 심어야한다. 창업을 말리는 사회에 미래가 있을 턱이 없다. 각종 고시에 매달리고 안정된 직장만을 찾으면서 창조를 말하는 건 구름 잡는 이야기다.

기업 크기가 어떻든 중요한 것은 어느 분야에서든지 전문성을 가지고 세계시장으로 뛰어들 수 있어야한다는 점이다. 대기업에 대한 의존도가 너무 높아 중간이 없다는 게 한국경제와 중소기업의 문제가 아닌가. 중소기업 문제의 본질적 해결책은 중소기업의 경쟁력과 자생능력 제고에 있다. 중소기업은 기술혁신과 참신한 아이디어를 쏟아내면서 스스로 일어서겠다고 다짐해야 한다. 그런 중소기업을 돕기 위해 조세·금융정책 등을 다듬는 게 정책의 몫이다.

글로벌 경쟁은 점차 치열해지고 있다. 세계적 경쟁은 방향도 알기 힘든 돌풍이나 다름없다. 바람이 강하면 나무도 강해진다고 했다. 강하지 않으면 생존할 수 없다. 강소기업이라야 살아남는다. 중소기업 스스로 어려움을 극복하는 게 생존과 발전전략이다. 중소기업은 믿고 기댈 건 모든 종업원과 기업이 공급하는 제품과 서비스의 경쟁력이라는 점을 다시 확인해야한다.

02 일자리는 정치인이 아닌 기업이 만든다

"실업자 100만 명 돌파, 청년실업률 9.8%로 역대 최고, 쉬고 있는 청년과 비자발적 비정규직 포함 체감실업률 34%, 올해까지 3년 간 2%대 저성장". 서민의 삶이 얼마나 팍팍하고 힘든가를 가늠하기에 충분한 통계다.

무엇보다 급한 건 일자리 만들어 먹고살 길을 여는 일이다. 미국 오바마 정부는 해외에 나가있는 미국 기업을 불러들이는 '리쇼어링' 정책을 시행해 왔다. 트럼프 정부는 법인세 인하(35% → 15%)정책까지 들고 나오며 더욱 적극적이다. 트럼프 대통령은 미국기업은 물론 외국기업에게까지 미국 안에 공장을 세우라고 협박한다. 현대·기아자동차는 5년간 미국에 31억 달러 투자계획을 밝혔다. 삼성전자와 LG전자 등 한국 기업들도 트럼프의 요구에 응하고 있다.

우리는 어떤가. 대권주자들과 지방자치단체는 공공부문에서 또는 노동시간을 줄여 일자리 만들겠다고 경쟁한다. 공공공부문의 비대화와 비효율은 어찌할 건가. 일자리를 만드는 건 기업이지 정치인이 아니다. 노동개혁법안이 좌초돼있고 기업의 발목을 잡는 규제에다 기업인을 죄인취급 하고 있다. 기업 경영환경이 이런데 투자와 고용을 늘일 계획을 세울 수가 있겠는가.

기업의 일탈행태는 용납돼서는 안 된다. 하지만 기업경영은 목숨 걸고 투쟁하는 독립운동과는 다르다. 정치권력의 희망사항을 거절하면서 기업경영을 한다는 건 현실적으로 어렵다는 사실을 한 번 생각해보자. 기업의 일탈행태를 옹호하자는 게 아니라 정치권력을 바로 세우는 일이 무엇보다 중요하다는 걸 말하고자 하는 것이다.

미국 트럼프 정부의 출범은 경제외교가 막혀있는 우리에게 또 다른 도전이다. 일본의 아베 총리와 손정의 소프트뱅크 사장, 중국의 마윈 알리바바 회장은 미국으로 달려가 트럼프 당선인을 만났다. 우리 정부 당국자와 기업인 어느 누구도 트럼프를 만난 사람이 없다. 트럼프 당선인은 지난 14일 14명의 실리콘밸리 정보기술(IT)기업의 최고경영자들과 가진 '테크서밋'에 외국인으로 유일하게 이재용 삼성 부회장을 초청했다. 하지만 특검의 출국금지 조치로 트럼프와의 회동은 불발됐다. 이 모임에서 트럼프는 '도울 일 있으면 언제든 내게 직접 전화하라'고까지 말했다는 것이다. 국익을 챙길 더없이 좋은 경제외교의 기회를 우리 스스로 차버린 것은 안타까운 일이었다. 특검의 삼성 이 부회장 구속영장은 법원에서 기각됐지만 글로벌기업 삼성의 이미지는 크게 실추됐고 오랜 기간 쌓아 올린 브랜드 가치는 추락했다. 죄가 있다면 법원에서 가리면 되는 일이었는데 출국금지조치를 한 특검은 누구를 위한 존재인가를 물어야한다.

다시 말하지만 일자리는 기업이 만든다. 그런데 각종 규제정책에다 강성노조와 고임금, 국민의 반(反)기업정서는 기업을 해외로 몰아낸다. 이런 판에 기업가정신을 말하는 게 엉뚱하게 들릴지 모른다. 현실의 기업과 기업인 모습이 어떻게 비쳐지든 기업과 기업가정신의 중요성은 더욱 강조돼야 마땅하다. 초등생 때부터 가르치는 기업가정신이 미래 경쟁력이다. 기업이 범죄 집단으로 취급되고 기업인이 죄인취급 받는 모습을 보는 청년들이 창업을 하겠다는 꿈을 꿀까. 모두 공무원 시험 준비하느라 머리를 싸매고 있지 않은가.

입버릇처럼 창업과 중소기업 위한다는 소리 하지마라. 올해부터 중소기업(근로자 300명 미만)에도 정년 60세가 의무화된다. 임금체계는 손대지 못하고 정년만 늘린다. 청년의 일자리는 더욱 줄어들 수밖에 없다. 협력 중소기업의 연쇄도산 위험을 높이는 어음제도의 폐지, 대기업의 임금상승 부담을 하청업체에 전가하는 불공정거래를 뿌리 뽑는 구체적 정책부터 하나씩 시행하라. 중소기업도 남 탓하기에 앞서 스스로 경쟁력을 갖추는 일에 매진해야한다. 그래야 중소기업이 일자리 만드는 보고가 된다.

〈중소기업뉴스. 2017-01-25〉

03 경제위기 돌파, 임금동결 생각할 때다

현대자동차 노조의 파업이 남긴 파장은 간단하지 않다. 국내외에서 품질 불량 문제가 제기돼 있는데도 남의 일인 양 임금인상을 외치며 파업을 했다. 파업이 끝났다고 끝난 게 아니다. 대외신인도 하락과 글로벌 경쟁력 악화, 잦은 파업에 따라 생겨난 '반(反)현대차 정서'는 어떻게 극복할 것인가.

또 다른 충격은 삼성전자의 신제품 갤럭시 노트7의 단종이다. 세계시장에서 선두 경쟁을 벌이던 삼성전자의 발걸음이 주춤거린다. 한국 대표기업의 이런 사정은 한국기업과 한국경제의 현주소를 상징적으로 보여준다. 우리의 수출전망은 밝지 않다. 주력산업은 힘을 잃고 있고 조선・해운산업의 문제도 현재 진행형이다. 좀비기업들은 즐비하다. 화물연대와 철도노조 파업도 경제난을 가중시킨다.

그런가 하면 초가삼간 타는데 내년 대선을 겨냥, 안 방 차지하려는 정치판의 싸움질을 보는 국민의 마음만 까맣게 타고 있다. 심각한 위기인데도 경제를 챙기는 곳이 어디인지도 알 수 없고 돌파구도 보이지 않는다. 과거 IMF외환위기 때는 국민 모두 긴장했고 난국을 벗어나고자 단결했다. 지금은 위기가 지속되다보니 위기에 둔감하고 있는 것이다.

평균 연봉 1억 원에 육박하는 현대차 귀족노조의 임금 올리자는 파업에 자동차 부품 등 중소 협력사들의 피해는 눈덩이처럼 불어났다. 현대차 14만대 생산차질과 손실액 3조원은 그렇다 치고 협력사 5천여 곳의 4조 매출 손실은 도둑맞은 거나 다름없다. 소년이 장난으로 던진 돌에 우물 안 개구리는 목숨을 잃는다고 하지 않는가. 국내소비자와 중소기업계는 현대차 불매운동까지 거론한다는 사실을 귀족노조가 알고 있는가.

대기업 위기는 고스란히 중소기업에 이전된다. 고임금 귀족노조가 임금인상 투쟁을 벌이면 저임금 중소기업은 숨 쉴 틈도 없어지고 청년실업문제는 더욱 악화된다. 현대차의 국내 생산비율은 2006년의 65%에서 37%로 줄었다. 생산기지를 해외로 옮기면 그만큼 국내 일자리는 줄어든다. 대기업노조는 청년들의 일자리를 뺏을 뿐 아니라 대기업-중소기업 임금격차의 주범이 돼있다.

경제전쟁에서 영원한 1등은 없다. 자동차 업계 선두주자였던 포드는 GM에 밀렸고 다시 도요타가 앞서 달려 나갔다. 또 어떤 차가 더 빨리 달려 나갈지 모른다. 휴대폰 시장을 석권했던 모토롤라는 노키아에 밀렸고 삼성전자가 새로운 강자로 등장했다. 그런데 삼성전자와 애플이 경쟁하는 스마트폰 시장 판도에서 삼성이 밀리고 있다. 삼성의 브랜드가치에도 금이 갔다. 그러나 어떤 어려움을 당해도 기술과 품질로 돌파해야한다.

노조를 비롯한 기득권층의 저항을 돌파하고 개혁해야 한국경제가 산다. 부실기업의 구조조정에 속도를 내고 좀비기업을 없애야한다. 제조업과 정보통신기술(ICT)을 융합해 작업 경쟁력을 높이는 4차 산업혁명이 진행 중이다. 후진적인 정치와 경직된 노동시장으로는 4차 산업혁명의 빠른 변화를 수용하지 못하고 낙오한다. 노동·공공·금융·교육개혁을 왜 못하고 있는가. 이는 비효율을 걷어내려는 일이지 정쟁의 대상일 수 없다.

경제를 다스리는 리더십부터 다져라. 자동차를 비롯한 글로벌 시장은 기술력은 비슷해지고 치열한 가격경쟁을 벌이는 시장이 돼있다. 고임금구조와 귀족 대기업노조의 임금인상 투쟁이 한국경제의 발목을 잡는다면 이를 깨야한다. 우선 임금동결을 결단할 때다. 경제가 활력을 되찾고 일자리가 늘어나면 보상받을 날은 온다. 공무원부터 앞장서는 희생정신이 필요하다. 그래야 공기업은 물론 고임금 민간 기업에 영향을 미친다. 열심히 일하고 많이 받는 건 좋은 일이다. 하지만 낮은 임금이라도 받을 기회조차 없는 청년들을 생각해보라. 일자리 만드는 게 급하지 않은가. 비관하는 건 대책이 아니다. 개혁과 혁신 그리고 결단이 필요할 때 결단해야 살길은 열린다.

〈디지털타임스, 2016-10-26〉

04 법인세 인하, 세계적 추세다

정치계절의 절정은 대통령 선거다. 사실상 대선 싸움이 시작돼 정치는 싸움판이다. 게다가 현대자동차와 철도・지하철 노조의 파업까지 겹쳐 멈춰선 대한민국이 휘청거린다. 대선의 계절엔 온갖 공약이 춤춘다. 그 가운데 으뜸은 복지보따리 풀기다. 여야는 수십조원이 들어갈 '아동수당' 신설을 구상하고 있다는 게 좋은 예다. 재원을 어디서 마련할 것인가에는 깊은 성찰이 없다.

야당은 이미 법인세율 인상과 대기업・최상위 고소득자의 증세 법안을 국회에 내놓았거나 추진하고 있다. 부자증세는 매력적인 구호다. 기업은 부자인가. 법인세는 법인이 부담하는 것처럼 보이지만 주주와 소비자, 종업원에게 귀착된다. 일부 정치권은 '기업=부자'로 인식, 법인세 인상을 부자증세로 둔갑시킨다. 그러나 기업은 부자가 아니다. 기업의 대주주가 부자다. 부자증세를 하려면 개인소득세에 초점을 맞춰야한다. 기업의 사내유보금은 기업이 번 수익 중 배당 등으로 사외에 유출된 것을 빼고 회사가 보유한 공장설비, 기계 등 투자의 결과물과 현금성 자산을 모두 포함한 것이다. 그런데도 기업이 현금으로 보유하고 있는 것으로 오해한다.

법인세는 세계적으로 인하하는 추세다. 2008년 글로벌 금융위기 이후 OECD회원국의 절반인 17개국이 법인세율을 내렸다. 태국은 30%에서 20%로, 베트남은 23%에서 20%로 내렸고 인도네시아는 25%에서 17% 수준으로 내릴 계획을 세우고 있는 등 동남아 각국에서도 법인세를 경쟁적으로 내리고 있다.

그러나 한국은 이와 반대로 가고 있다. 이명박 정부가 부자만을 위해 법인세를 내렸다고 비난하는 건 사실의 왜곡이다. 김대중 정부도 28%에서 27%로, 노무현 정부도 25%로 내렸다. 부자만을 위한 감세가 아니었다. 한국의 법인세 최고세율(22%)은 OECD 평균(23.4%)보다 낮다. 그러나 기업의 부담을 보자. 2014년의 경우 기업이 주로 부담하는 준조세는 44조6700억 원인데 비해 법인세는 42조6500억 원이었다. 준조세는 법인세보다 많았다. 법인세만을 따질 게 아니다. 법인세가 총조세에서 차지하는 비중은 15.5%(2015년)로 OECD 국가 중 최상위권이고 국내총생산(GDP)대비 법인세 비중도 OECD 국가 중 최상위권이다.

법인세는 상위 10% 기업이 90% 이상을 떠맡고 있다. 소득세는 어떤가. 상위 1% 소득층이 전체 소득세의 36%, 상위 10%가 전체의 80% 정도를 부담한다. 그런가 하면 전체 근로소득자 48,1%는 소득세를 한 푼도 내지 않는 면세자다. 헌법의 납세의무를 들먹이지 않더라도 이는 정상이 아니다. 소득세가 총조세에서 차지하는 비중은 15,4%로 OECD 평균(25.3%)보다 크게 낮다. 영국은 면세자가 거의 없고, 면세자 비율은 호주(23.1%), 일본(15.8%), 독일(19.8%) 등 OECD 평균은 16% 정도다.

세금 올리자는 걸 누가 좋아하겠는가. 해법은 세원(稅源)을 넓히고 세율을 낮추는 것이다. 그러나 정치권은 소득세면제자를 양산하며 부자증세만을 외쳐왔다. 다수에게 선심을 베풀고 소수에게 부담이 집중되는 걸 선호하는 건 표를 얻기 위해서다.

고소득자가 세금을 많이 내는 건 당연하다. 저소득자도 그 소득에 걸맞게 얼마의 적은 세금이라도 내는 것도 당연하다. 진정한 복지는 다수에게 적정한 세금을 걷어 어려운 형편에 있는 소수에게 혜택주는 것이어야 한다. 소득재분배를 제대로 할 수 있는 조세수단은 개인소득세다. 정치권은 세금 안 내는 자를 부추겨 세금 많이 내는 자를 때리는 일을 부자증세라고 호도해서는 안 된다.

공평과세를 하려면 감면세를 조정하고 고액소득자의 세금탈루를 막고 이를 벌해야 한다. 법인세 인상으로 세수를 확보하려는 건 세계적 추세에 역행한다. 법인세 인상은 투자와 경제성장률을 떨어뜨릴 가능성에 주목할 일이다. 기업에 특혜 주자는 이야기가 아니다.

〈디지털타임스. 2016-09-28〉

05 '기업을 뛰게 하는 나라' 만들어라

새해에는 으레 희망을 말한다. 그러나 희망을 말할 틈도 없이 북핵과 중국경제의 요동 등 대형 악재가 터졌다. 하지만 우리에게는 위기극복의 DNA가 있다. 안보를 챙기면서 2%대 저성장의 늪을 탈출하는 게 급하다. 우선 기업을 뛰게 해야 한다.

우리는 산업화와 민주화를 이루었다고 자랑했다. 하지만 산업화는 공업화의 기초를 닦고 작은 성취를 이루었을 뿐 산업화의 갈 길은 멀고도 험난하다. 민주화는 독재체제를 벗어나 국민의 뜻이 제대로 반영될 수 있는 체제를 갖게 됐다는 것을 의미하는 것이지 제멋대로 주장하고 행동한다는 게 아니다.

자유무역협정(FTA)을 기업에 특혜를 주는 것으로 정치권이 착각하는 것도 문제다. 한·중 FTA 비준안을 통과시키면서 기업의 '자발적 기부'로 농어촌상생협력기금 1조원을 조성하기로 한 국회를 보라. 기업이 돈을 더 벌면 세금을 더 내면 된다. 국가가 법에 없는 자릿세, 다시 말해 준(準)조세를 왜 뜯는가. 올림픽 등 체육행사, 각종 외교·문화행사는 물론 청년희망펀드·창조혁신센터·동반성장기금 마련을 위해 기업은 많은 후원과 기부를 한다. 국가적·사회적 사업에 기업이 동참하는 건 바람직한 일이다. 하지만 기업을 재원 조달의 수단으로 활용, 준조세를 부과하면서 '자발적'이라는 이름을 붙이는 건 바람직하지 않다.

한국의 법인세율은 24.2%로 OECD 평균인 25%와 거의 같다. 그러나 기업이 낸 준조세(2014년)는 44조6708억 원으로 법인세 42조6503억 원보다 많다. 이게 정상인가.

우리사회의 반(反)기업정서는 여전하다. 역사교과서만이 문제가 아니다. 경제교과서는 시장과 기업을 적대시하는 내용으로 학생들을 가르치고 있다. 전체 임금노동자의 3.3%에 불과한 민노총은 "기업은 적"이라고 하고 4.4%의 한국노총은 9·15 노사정 합의에 대해 "전면 파탄 났다"는 자기 부정적 행태를 보인다. 청년일자리 창출과 비정규직 해결에는 눈 감겠다는 것이나 다름없다. 사회적 합의는 중요하지만 합의가 불가능해서 노동시장 개혁이 중대한 차질을 빚게 됐다면 정부가 노동개혁을 추진하는 길 이외에 다른 길은 없다.

기업이 뛰지 않고 변화하지 않아 사라지는 건 기업의 책임이다. 그러나 기업을 뛰지 못하게 발을 묶는 건 당국의 책임이다. 비리기업과 기업인 때문에 기업을 뛰지 못하게 하는 건 구더기 무서워 장 담그지 않겠다고 하는 것과 다를 바 없다.

야당과 국회는 일자리 만드는 법안을 붙들고 있으면서 일자리 창출을 요란하게 외친다. 청년일자리 창출에 도움을 주려고 '청년희망펀드'를 만들었다. 하지만 일자리 부족은 돈이 없어서가 아니라 기업의 투자부족 때문에 나타나는 현상이다. 좋은 일자리 부족은 대학진학률이 세계 최고라는 사실과도 관련이 있다. 교육개혁의 필요성을 말해주는 것이다.반기업정서의 확산과 함께 청년들은 금수저 흙수저 타령을 하고 경영자는 과감한 도전보다 안전 운행을 선호한다. 도전정신과 기업가정신이 쇠퇴하면 경제와 사회는 활기를 잃는다. 순탄한 도전이 어디 있는가. 기술변화는 빠르고 환경은 급변하는데 진화하지 않는 기업은 생존조차 어렵다. 무모하다고 생각되는 도전, 보통 사람이 생각할 수 없는 도전이 위대한 역사를 창조한다.

기업의 일탈행태를 벌하는 것과 기업을 뛰지 못하게 하는 것은 다른 이야기다. 기업의 일탈행태를 옹호하는 사람은 없다. 생산과 투자를 통해 경제성장을 견인하고 일자리를 만드는 기업에 도움을 주자는 주장을 친(親)기업 · 친재벌로 매도해서는 안 된다. 왜 친(親)기업을 두려워하는가. 기업을 뛰게 하려면 규제부터 철폐하라, 기업이 쉽고 편하게 돈을 벌 생각에 사로잡혀 있거나, 정부와 정치인이 기업을 규제하지 않으면 기업의 일탈을 막을 수 없다고 생각하거나, 사회 전체가 열심히 뛰는 기업에 박수를 보내는 환경을 조성하지 않으면 저성장 탈출과 일자리 창출은 먼 나라 이야기가 된다.

〈디지털 타임스. 2016-01-14〉

06 '규제 지뢰밭' 속히 걷어내라

경제 어려운 건 뉴스도 안 될 정도로 일상화돼있다. 경제위기에다 개성공단 가동 전면 중단에 이르는 등 안보위기상황이 겹쳐있어 대단한 위기인데도 위기의식이 없는 게 오늘의 한국이다.

한국경제를 지탱해온 자동차·전자·조선·석유화학 등 주력업종 대부분이 침체돼있다. 산업화 50년 만에 처음 있는 일이다. 그런가 하면 새로운 성장산업은 싹을 틔우지 못한다. 세계적 관심사로 등장한 드론, 무인자동차, 로봇, 3D 프린팅, 사물인터넷(IoT), 가상현실(VR) 등으로 대표되는 4차 산업혁명은 진행 중이고 선진국이 선점하고 있다. 혁신은 광속으로 일어나면서 새로운 세상이 펼쳐지고 새로운 산업이 나타나고 있는 것이다.

그런데 우리는 어떻게 버틸 것인지 전략도 구체적 행동도 보이지 않는다. 어두운 세계경제 전망은 수출 의존도가 높은 한국 경제에 어려움을 가중시킨다. 살길은 노동시장 개혁이든 구조조정이든 혁신을 앞당기고 생산성과 경쟁력을 높일 수 있는 모든 수단을 동원하는 데에 있다. 나무 잎이 떨어지는 걸 보고 겨울이 온다고 느끼면 이미 늦다.

가능한 모든 정책과 수단을 동원해도 버티기가 힘겨운 게 엄혹한 현실이다. 그런데도 '기업활력제고특별법'(원샷법)이 210일 만에 국회를 통과했을 뿐, 알맹이 다 빠진 서비스산업발전기본법과 노동개혁 4법은 여전히 국회에서 잠자고 있는 건 개탄스러운 일이 아닌가.

온갖 규제는 경제에 또 다른 걸림돌이다. 최근 열린 제9차 무역투자진흥회의에서 박대통령은 "모든 규제를 물에 빠트리고 살릴 것만 건져야한다"고 말했다. 청와대에서 규제혁파 끝장 토론을 한 게 언제였는데 규제혁파 이야기가 또 나오는 걸 보면 규제혁파는 경제가 어려울 때마다 등장하는 단골메뉴가 돼있다. 규제를 없애지 못하면서 규제 없애겠다는 소리만 반복하는지 알다가도 모를 일이다.

중앙정부와 국회만 규제의 산실이 아니다. 지방자치단체의 조례와 규칙 등 자치법규 중 상위법에 위배되거나 법적 근거가 없는 불합리한 규제가 6000건이 넘는 것으로 나타났다. 전국이 온통 규제 지뢰밭이다.

서울대 재학생들이 창업한 온라인 중고차 경매업체 '헤이딜러'의 서비스 중단에서 보듯 청년들의 벤처 창업의지를 꺾어버리고 있는 것도 규제의 칼날이다. 멀쩡하게 영업을 잘하고 있는 면세점의 문을 닫게 하는 것도 잘못된 규제의 본보기다. 일본은 면세점을 늘리고 관광객 유치에 걸림돌이 되는 규제는 보이는 대로 해제하면서 관광산업은 사상 최대의 호황을 누리고 있다.

현대중공업 육상건조시설 한복판에 골리앗 크레인이 자리 잡고 있다. 스웨덴의 세계적 조선업체 코쿰스(Kockums)가 문을 닫으며 내놓은 것을 현대중공업이 막대한 해체비용을 부담하는 조건으로 1달러에 사들인 것이다.

스웨덴은 100여 년간 조선강국이었고 스웨덴의 해안도시 말뫼는 1980년대 초까지 국가경제 중심이 되는 해양산업도시였다. 2002년 9월 25일 말뫼의 자부심이었던 코쿰스 크레인의 마지막 부분이 해체돼 운송선에 실려 한국으로 떠날 때 말뫼 주민들은 아쉬워했고 스웨덴 국영방송은 "말뫼가 울었다"며 장송곡을 틀었다. 이게 말뫼의 눈물(Tears of Malmoe)이다. 스웨덴 조선업이 한국에 밀렸고 세계 1위였던 한국 조선업은 저가 노동력을 앞세운 중국에 밀리고 있다. 한때 잘나가던 산업이나 기업도 상황변화에 제대로 대처하지 못하면 사라지는 건 당연하다. 경쟁력을 잃으면 어떤 산업도 '말뫼의 눈물'과 같은 상황에 빠지지 않는다는 보장이 없다.

우리는 어떤 문제를 붙들고 있는가. 어느 산업, 어느 기업이 눈물을 흘리는 게 아니라 자칫 잘못하면 한국이 추락할 수 있다. 그런데도 노동기득권, 경제 발목 잡는 규제, 정쟁을 일삼고 더 퍼주기 경쟁을 벌이는 정치권은 한국의 추락을 부채질한다. 위기는 우리 앞에 이미 와있다. 이대로는 안 된다.

〈디지털타임스, 2016-02-29〉

07 면세점 특허제도, 이대로 좋은가

면세점 특허를 둘러싼 기업들의 경쟁이 치열한 가운데 오는 11월 14일이면 서울 시내 면세점 3곳과 부산 1곳 등 4곳의 면세점 입찰결과가 발표된다. 올해 면세점 특허가 만료되는 곳은 롯데면세점 소공점(12월 22일)과 월드타워점(12월 31일), SK네트웍스의 워커힐면세점(11월 6일), 신세계의 부산 조선호텔면세점(12월 15일)이다.

지난 7월에는 서울 3곳의 면세점 입찰에 재벌기업 8곳을 포함 21개 기업이 뛰어들어 경쟁을 벌였다. 선정된 업체는 세계경쟁에서 메달이라도 딴 듯이 환호했다. 이번에도 그럴 것이다. 어떤 업체가 특혜를 누릴 것인지는 우리의 관심사가 아니다. 기업경영은 도전과 혁신을 통해 세계경쟁을 치러야하는 장정(長征)인데 국내 기업끼리 특혜 따기에 매달리는 경쟁에 매몰되는 것이 안타깝기 때문이다. 그러나 그런 판을 만든 건 정부다. 기업을 탓할 수는 없다. 시내 면세점 사업의 특허권을 쥐고 있는 나라는 한국뿐이다.

면세점 매출은 2010년 4조5000억 원에서 2014년 8조3077억 원, 올해는 9조원에 이를 것이라고 한다. 주로 중국 관광객들 덕분이다. 면세점 허가만 받으면 '땅 짚고 헤엄치기'나 '황금알 낳는 거위'를 손에 넣는 것인데 기업들이 뛰어들지 않을 까닭이 없지 않은가.

정부가 2013년 면세점 사업자 선정 기준을 강화하기 전에는 일정 조건을 충족한 사업자는 대부분 면세점업을 할 수 있는 사실상 신고제였다. 사업자를 특정하면서 독과점체제가 굳어진 것이다. 독과점으로 생긴 이익의 환수를 위해 당국은 수수료를 크게 인상하는 등 관련 법률과 제도 개선안을 마련하겠다고 한다.

독과점 이익의 발생이 문제이고 그것의 환수가 목적인가. 면세점 특허를 계속하면 아무리 선정과정이 공정하고 적격업체를 선정한다고 해도 특혜는 발생하기 마련이다. 일정 조건을 갖추면 면세점업을 할 수 있게 진입장벽을 없애는 게 옳다.

현재 특허기간은 5년이라서 면세점 사업을 하는 업체는 5년마다 신규 지원업체와 경쟁해야한다. 다시 허가를 받지 못하면 쌓아놓은 노하우와 브랜드는 물거품이 되고 초기 투자금은 사장될 수 있다. 시내 면세점의 성장 가능성이 큰데 그 숫자를 제한하거나 면세사업을 하겠다는 업체를 막을 까닭이 있는가. 업체가 난립할 것이라고 왜 걱정하는가. 면세점을 하겠다는 업체끼리 경쟁하는 건 자연스러운 일이다. 경쟁은 서비스 개선과 더 많은 외국 관광객 유치에도 이로울 것이다. 규제는 경쟁력을 갉아먹는다. 면세점업은 수출산업과 다를 바 없다. 중국인 관광객의 50%는 쇼핑을 위해 한국을 찾는다는 통계도 있다.

한국은 면세점 시장규모 세계 1위다. 한국을 타도하려는 태국과 중국 등 외국의 도전이 날카롭다. 중국은 외국으로 떠나는 관광객을 국내에 붙잡으려고 지난해 8월 자국민 면세 혜택을 주는 세계 최대 규모의 하이난 면세점(CDF몰)을 열었다. 대만도 지난해 5월 진먼섬(金門島)에 에버리치 면세점을 열고 중국관광객 유인에 공을 들이고 있다. 일본은 내년 초 도쿄에 대형 시내면세점을 열 채비를 갖췄다.

면세점업도 세계적 경쟁체제에 돌입했다. 세계 면세점업계는 글로벌 경쟁력 향상을 위해 대형화 · 전문화에 주력하는 추세다. 그렇다고 해서 대형화만 능사가 아니다. 대형면세점도 소형 편의점도 생존할 수 있는 길을 열어야한다. 현재 외국인에게 세금을 환급해주는 점포가 전국에 7600곳이 있다. 외국인이 이곳을 이용하는 경우 출국할 때 공항에서 세금을 환급받기 위해 긴 줄을 서야 하는 등 불편함 때문에 이용을 꺼린다. 편의점 등 골목가게까지 면세점을 늘리고 일본처럼 상품 구매현장에서 면세혜택을 줄 수 있게 제도를 바꿔야한다.

우리가 바라는 기업은 좋은 제품과 서비스를 상대적으로 값싸게 공급할 수 있고 고용을 늘리는 세계적 경쟁력을 갖춘 기업이다. 특허를 따서 특혜를 누리려는 그런 기업이 아니다.

〈디지털타임스. 2015-11-12〉

08 기업은 '남행열차'타고 미래驛 향해야

"좋은 일자리를 강조하면서도 우리는 일자리를 창출하는 기업들에 적대적이었다." 지난 5월 영국 총선에서 참패한 노동당 당수이자 총리였던 토니 블레어의 총선 참패 원인분석이었다. 영국 국민은 모든 국민에게 고통분담을 요구하는 정책을 내세운 보수당을 선택했다.

집권한 캐머런 총리는 공공부문 구조조정과 복지축소에 나서며 '불법 파업과의 전쟁'을 시작했다. 이미 알고 있듯이 독일의 슈뢰더 노동개혁은 독일에 수많은 일자리를 제공하는 쪽으로 작용, 경제 회복의 원동력이 됐다. '유럽의 환자'로 불리던 스페인도 노동개혁으로 투자와 일자리가 늘어나고 있다.

한국은 어떤가. 시급한 게 한 둘이 아니지만 그중에서도 제일은 노동개혁이다. 지난 9월 진통을 거듭한 끝에 잠정합의한 노사정 합의도 앞길이 불투명하다. 노동개혁의 구체적인 내용을 끌어내기까지 또 다른 진통이 예상되기 때문이다. 이해당사자인 노동계와 경영계가 만족할만한 합의를 도출한다는 것 자체는 사실상 무리한 목표였다. 지금 여야 정치권은 역사교과서 전쟁에 빠져 노동개혁 문제는 관심 밖이다.

'한국, 이대로 가면 미래 없다'는 게 일반적인 인식이고 여론조사 결과도 그렇다. 왜 그런가. 상황을 바꿀 정책도, 그런 의지도 보이지 않은데다 정치가 실망스런 작태만 연출하고 있어서다. 대책 없는 비관은 비참한 결과만 가져온다.

꺼져있는 성장엔진을 되살려야한다. 복지를 확대하고 빈부격차를 줄일 수 있는 힘은 경제성장에서 나온다. 성장보다 복지를 말하는 게 시대정신이라고 하는 사람에게 복지는 무엇으로 감당할 것인가를 물어야한다. 올해 노벨경제학상 수상자 앵거스 디턴은 인류를 빈곤과 질병으로부터 대탈출시킨 것은 경제성장이라면서 성장을 멈추면 더욱 불평등한 사회로 퇴보한다고 했다.

기업투자를 가로막는 각종 규제, 강성노조의 파업 등등 경제성장을 가로 막는 벽을 허물어야한다. 그게 노동자를 포함해서 우리 모두가 함께 사는 길이다. 역사교과서만 문제가 있는 게 아니다. 경제교과서는 시장과 기업을 적대시하는 내용을 담고 있다. 학생들에게 기업을 적대시하도록 교육하고 있는 것이다. 한국을 떠났거나 철수를 검토하는 외국기업 최고경영자는 전투적 강성 노조 때문에 "한국에서 사업하는 건 미친 짓"이리고 했다. 한국기업도 투자를 망설이고 밖으로 나가려한다. 한국을 먹여 살리고 있는 전자 · 자동차 · 조선도 안전하지 않다. 10년 내 경쟁력을 상실한다는 전망도 나온다.

우리는 위기 때 단결하는 국민이다. 지금의 상황은 1997년 외환위기 때보다 더 심각한데 위기인 줄도 모른다. 심한 가뭄이 오고 나서야 물의 중요성을 깨달으면 늦다. 4대강 사업을 보라. 그동안 4대강을 둘러싼 정치공방만 하다가 가뭄이 심각해지자 4대강 16개 보에 담겨 있는 7억t의 물을 가뭄 지역으로 보낼 송수관과 중소규모 댐 건설 등 4대강 물을 이용할 방안을 마련한다고 서둔다. 이미 나왔어야 하는 대책이었다. 모든 일이 이런 식이다.

독일 폴크스바겐 사태는 전 세계에 충격을 던졌다. 자동차만이 아니라 세상에 완벽한 제품과 서비스는 없다. 기술과 경험부족 등으로 불량품이 나올 수 있다. 하지만 고의로 속이고 감추는 건 범죄다. 우리 기업은 폴크스바겐 사태를 비난할 자격이 있는가. 기업인들은 '남다른 행동과 열정으로 차세대 산업과 먹거리'를 개척해야한다. 대중가요의 제목 그대로 '남행열차'를 타야한다. 누가 뭐라 해도 한국경제의 미래를 열어갈 주역은 기업과 기업인이다. 멀리 내다보고 시대를 앞서가는 기업이라야 미래를 개척한다.

〈중소기업뉴스, 2015-10-28〉

09 기업인 호통 치는 게 재벌개혁 아니다

국정감사가 시작됐다. 재벌 총수들을 포함한 90명이 넘는 기업인들이 불려나온다. 여야 정치권이 정기국회 개원 대표연설에서 재벌개혁론을 들고 나왔다.

재벌개혁의 필요성을 제기하고 우리 사회의 반(反)기업 정서를 부추기는데 한 몫 보탠 건 롯데사태였다. 재벌의 불법·탈법과 황당한 '땅콩 회항'사건을 비롯한 재벌 2~3세의 몰지각행태는 엽기소설이 아닌 우리 사회의 생생한 이야기다. 영화 '베테랑'은 실제로 일어난 일들을 연상시켰고 재벌에 대한 반감이 영화에 투영됐다. 이런 일들이 어우러져 우리 사회의 반(反)재벌·반기업 정서는 확산된다.

롯데사태의 본질은 경영권 분쟁이었다. 따라서 롯데 주주가 풀어야 할 문제였고 결국 그렇게 됐다. 그런데 우리 사회가 왜 야단이었나. 롯데 분쟁과정을 언론에서 중계방송 하듯이 보도한데다가 우리의 대일감정이 나빠진 시기에 롯데가(家) 아들들의 언어문제까지 겹쳐 롯데는 일본기업이라는 이미지가 덧씌워져 일부에서 롯데불매운동까지 벌어졌다. 제품과 서비스에 문제가 있거나 잘못된 행태를 보이는 기업을 응징하는 건 소비자의 자유다. 하지만 기업의 국적을 따져 불매운동을 벌인 것이라면 이는 글로벌시대에 맞지 않는 일이다.

롯데사태는 가족경영 자체 때문에, 다시 말해 가족기업이기 때문에 벌어진 것이 아니다. 창업자의 시대착오적 황제경영과 경영승계의 기준이나 원칙이 없었기 때문에 벌어진 일이다. 합리적인 승계 프로그램이 제대로 갖춰져 있지 않으면 이런 사태는 언제 어느 기업에서든 벌어질 수 있다. 세계적으로 성공한 기업 중에 가족기업이 많다. 자동차 메이커 폭스바겐·BMW·포드·벤츠, 금융업의 베어링은행·로스차일드, 유통업의 월마트 등이 가족경영체제를 제대로 갖춘 기업이다. 세계적으로 이름이 있는 가족기업의 비중은 미국이 33%, 독일과 프랑스는 각각 40%, 동남아는 56%에 이른다.

기업의 전근대적 소유·지배구조는 바뀌어야한다. 경영권 방어와 소액주주 보호, 투명경영, 투명한 지배구조 등 어느 것 하나 중요하지 않은 게 없다. 대기업의 횡포와 부당한 갑질도 뿌리뽑아야한다. 그러나 정치권이 기업인을 불러 호통 치고 망신주고 반성문을 억지로 받아내는 것으로 해결될 일이 아니다. 기업은 기수가 채찍을 때리면 달리는 경주 말이 아니고 정치인은 기수가 아니기 때문이다. 국감 증인채택을 둘러싸고 이권을 챙긴다는 소문 등 국감을 빙자한 국회의원들의 횡포도 널리 알려져 있다. 이런 걸 보면 기업의 비리와 부정행태는 정치인의 비리와 부정, 검은 정치자금과 어떤 관련이 있지 않을까 하는 의문을 지울 수 없다. 온갖 비리를 저지르고도 큰소리치는 국회의원을 증인으로 불러 따지고 싶은 국민의 심정을 국회의원은 알까.

기업가정신과 혁신을 강조하는 분위기 없이 경제를 활성화시킬 길은 없다. 기업을 때리고 기업인들을 죄인으로 취급하는 사이에 우리 사회의 반기업 정서는 확산되고 기업가정신은 사라진다. 청년들이 공무원 시험에 열을 올리는 이유도 그런 분위기와 무관하지 않다. 이래서는 지속적인 경제성장은 불가능하다. 하지만 반기업 정서를 없애는 책임은 기업인에게 달려있다. 누구를 탓하랴.

기업의 탈법과 불법은 예외 없이 법과 제도를 통해 다스려야한다. 국감에서 호통치는 것으로 될 일이 아니다. 재벌의 통렬한 반성과 환골탈태가 필요하다. 이와 함께 기업을 마음껏 뛸 수 있게 기업하기 좋은 환경을 만들어야한다. 우리가 먹고살아갈 길이 왕성한 기업 활동에 있기 때문이다. 기업이 맞는 현실세계는 정글이다. 정글돌파에 필요한 건 앞을 보는 통찰력과 신념, 추진력이다. 노동시장의 유연화를 위해서도, 경제의 지속성장을 위해서도, 사회정의를 위해서도 기업과 기업인의 새로운 각오가 절실하다. 힘이 있고 그 힘이 클수록 책임을 더 많이 느끼고 져야하는 건 세상의 이치가 아닌가.

〈선사연 칼럼 2015-09-14〉

10 롯데사태를 어떻게 볼 것인가

◆ 롯데사태의 본질

롯데사태는 한심한 가족 간 막장드라마였다. '롯데는 일본기업'이라는 말까지 불거지면서 각종 시민단체, 소상공인연합회가 롯데 불매운동을 벌이는 등 민심이 등을 돌렸다. 프로야구 롯데자이언츠 팬들 사이에서도 '롯데'를 떼고 '부산'자이언츠로 바꾸자는 얘기가 나돌 정도다. 롯데사태가 시시각각으로 언론에 보도되면서 반(反)롯데 · 반(反)재벌정서가 확산됐다. 정치권을 중심으로 재벌그룹의 소유 · 지배구조를 손봐야한다고 주장까지 나왔다.

롯데사태의 본질은 경영권 분쟁이다. 따라서 롯데 주주가 풀어야 할 문제였다. 결국 그렇게 됐다. 8월 17일 일본 롯데홀딩스가 소집한 임시 주주총회에서 신동빈 회장을 한 · 일 롯데그룹 최고경영자로 결정함으로써 롯데사태는 일단 끝났다. 그런데 왜 우리 사회가 야단이었나. 국민들은 롯데가(家)의 이전투구에 그저 '실망'했을 뿐인데 언론에서 롯데 분쟁과정을 중계방송 하듯이 보도한데다가 우리의 대일감정이 나빠진 시기에 롯데는 일본기업이라는 이미지가 덧 씌어져 반(反)롯데분위기가 확산된 것이다.

◆ 롯데는 일본기업인가

롯데는 어느 나라 기업인가. 일본기업이라고 보는 국민도 적지 않다. 롯데그룹 의사결정에 핵심역할을 하는 광윤사(光潤社)와 일본 롯데홀딩스의 소재지, 신격호 장남 신동주의 일본어 인터뷰, 신동빈 롯데그룹 회장의 일본어 억양의 서툰 한국어 발음, 롯데가(家) 총수와 자녀들과의 일본어 대화, 일본이름 호칭 등에 영향을 받은 결과다. 특히 부산시민들은 "부산서 돈 벌어가 일본에 보내는 거 아니냐" "롯데가(家) 2세의 일본말 하는 거 보니 정이 떨어진다"고 표현한다. 다분히 감정적이다. 문제의 본질은 언어가 아니다. 만일 일본어 아닌 영어를 구사했다면 어떤 느낌을 받았을까. 한국에 진출한 외국기업의 최고경영자나 임원들 중에 한국말을 못하는 자가 많다. 어쨌든 '롯데는 일본기업'이라는 이미지가 많은 국민의 뇌리에 박혔다. 사리를 따진 결과가 아니라 국민의 인식이 그렇다. 앞으로 롯데가 풀어야 할 과제다.

지금은 글로벌시대, 다국적기업시대다. 기업의 소유·지배구조를 기준으로 기업의 국적을 따지는 건 시대착오적이다. 미국 클린턴 행정부에서 노동부 장관을 지낸 로버트 라이시(Robert B. Reich) 교수는 '누가 우리인가(Who is us)?'라는 논문(Harvard Business Review, 1990년 1~2월호)에서 '중요한 것은 기업의 국적이 아니라, 그 기업의 사업장이 어디에 있느냐 하는 점'이라고 지적했다. 예컨대 IBM은 본사가 미국에 있어 미국기업이지만, IBM 일본법인(IBM Japan)은 일본에서 투자와 생산, 고용을 창출하고 있으므로 일본기업이다. 도요타는 일본 자동차회사이지만 미국법인(Toyota America)은 미국회사로 봐야 한다는 논지였다.

롯데는 80여개 계열사를 통해 9만5000여명을 고용하고 있다. 가맹점 사업주와 협력사 직원까지 합치면 국내에서만 총 35만개의 일자리를 창출하고 있다. 35만 명에 관련된 가족의 숫자까지 합하면 100여만 명이 롯데와 관련돼 생계를 유지하고 있는 셈이다. 그런 기업을 일본기업이라며 배척한다는 게 얼마나 무리한 일인가. 한국에서 기업 활동을 하는 기업은 국적이 어디든 한국기업이다. 국적을 따져 배척할 까닭이 없다.

기업의 소유구조만 따진다면 삼성전자 등 외국인 지분이 50%를 넘는 국내 주요기업 대부분이 외국기업이 된다. 신한금융의 대주주는 재일동포다. 그렇다고 해도 신한금융을 일본금융회사라고 하지 않는다. 제품과 서비스에 문제가 있거나 잘못된 행태를 보이는 기업을 응징하는 건 당연한 소비자의 자유다. 하지만 롯데 불매운동이 일본기업이라고 해서 벌이는 것이라면 바람직한 게 아니다.

◆ 가족경영과 승계문제

가족경영은 나쁜 것이고 후진적인 것인가. 롯데사태는 가족경영 자체 때문에 벌어진 것인가. 그렇지 않다. 합리적인 승계 프로그램이 제대로 갖춰져 있지 않았기 때문에 벌어진 일이다. 다시 말해 창업자의 시대착오적 황제경영과 경영승계의 기준이나 원칙이 없었기 때문이다. 이는 롯데만의 문제는 아니다. 세대를 거듭할수록 창업가문 구성원은 늘지만 승계에 명확한 기준이나 뚜렷한 원칙이 정해져 있지 않으면 이런 사태는 언제 어느 기업에서든 일어나게 돼있다.

세계적으로 성공한 기업 중 가족기업은 상당히 많다. 영국의 주간지 이코노미스트(2015년 4월 18일자)에 따르면 가장 성공한 기업의 대부분이 가족기업이며 세계적으로 이름이 있는 가족기업의 비중은 미국이 33%, 독일과 프랑스는 각각 40%, 동남아는 56%에 이른다. 어느 나라든 가족기업이 경제에서 차지하는 비중이 큰 것은 가족경영에 장점이 많다는 증거다. 폭스바겐 · BMW · 포드 · 벤츠 등 자동차회사, 밀레와 같은 가전업체, 베어링은행(Barings Bank)이나 로스차일드 등 금융업, 월마트도 등 유통업체가 가족경영체제를 제대로 갖춘 기업이다.

현대 자본주의의 단점으로 드는 것은 단기실적주의와 소위 대리인 문제(agency problem)다. 전문경영인들은 임기 중에 실적을 올리려는 단기실적주의에 빠지기 쉽고 장기적 안목으로 과감한 투자를 하지 못한다. 경영에 책임을 진다는 것도 그 자리를 물러나는 것에 불과하다. 대리인 문제는 기업 소유자(주인)와 경영자(대리인) 간에 이해상충으로 주인이 경제적 손실을 입을 가능성이 있는 상황을 말한다. 가족기업의 장점은 단기실적주의와 대리인 문제를 극복할 수 있다는 것이다. 가족경영은 총수가 자신의 지분을 넘어 무한책임을 지기 때문에 과감한 장기투자를 할 수 있다는 것이다. 위기 때 전문경영인 체제보다 오너경영이 더 좋은 성과를 낸다는 결과도 많이 제시된다. 물론 단점도 많다. 롯데의 경우에서 보듯이 오너의 황제경영에는 견제가 없어 의사결정의 위험성이 따른다. 무능력 · 부적격자가 승계하는 경우 기업을 망칠 우려가 있다는 점, 다시 말해 경영승계에 따르는 문제도 존재한다. 우리의 재벌문화에서는 재벌 3세 4세 5세 등으로 내려갈수록 오너 경영의 단점이 부각될 가능성은 분명히 크다.

오너경영이나 전문인경영에 모두 장단점은 있다. 어떤 소유나 지배구조가 성과를 내는데 적정한가를 판단하기도 어렵다. 중요한 건 가족기업이든 전문경영인이 경영하는 기업이든 경영능력을 갖춘 사람이 기업을 경영해야한다는 점이다. 프로 운동의 구단주나 감독이 능력 없는 아들이나 친족을 선수로 기용해서 게임을 망치는 경우를 상상할 수 있는가.

창업자 가문의 사람이라도 능력이 검증돼야 경영에 참여하거나(창업자 가문이 13대째 300년 넘게 가족경영을 이어오고 있는 독일의 화학 · 의약회사 머크와 1856년 창업 이래 5대째 경영권을 이어가고 있는 스웨덴의 발렌베리그룹의 경우) 독일의 BMW의 경우 오너의 자녀가 신분을 숨기고 입사해 일반 직원과 똑같이 훈련을 받고 경력을 쌓는 경영시스템과 전통이 확립돼야 가족기업은 성공하고 장수한다.

성공한 가족기업은 롯데처럼 폐쇄경영이나 '너 나가' 식 소위 손가락 경영을 하지 않는다. 법적 절차나 경영인으로서 검증 과정 없이 그저 아버지가 손을 들어주면 그게 경영승계라고 생각하는 가업승계는 결코 성공하기 어렵다. 비록 합리적인 승계 프로그램이 제대로 갖춰져 있다 하더라도 후계자가 가업을 성공적으로 이어간다는 보장은 없다. 어쨌든 승계는 기업의 운명을 결정할 핵심 사안이다.

◆ 롯데의 과제

우리 사회에는 재벌가(家)의 상속 다툼, 일탈행태 등 국민의 이맛살을 찌푸리게 하는 사건들이 많았다. 경영권 분쟁은 롯데만의 일이 아니다. 한국 기업에서 분쟁이 많은 것은 높은 상속세 등 이유가 다양하다. 국회 등에서 소유와 지배가 괴리돼 있다는 비판도 있지만 주식회사는 자기자본만 가지고 경영하는 게 아니다. 기업 성장 과정에서 낮은 지분율로 기업을 지배하는 것은 전 세계적인 현상이다. 낮은 지분으로 지배력을 유지하는 것은 차등의결권 등에 힘입기 때문이다. 미국 포드자동차는 총수 일가 지분율이 1.9%에 불과하지만 차등의결권을 통해 40%의 의결권을 행사한다. 구글도 21.5%의 지분으로 73.3%의 의결권을 행사하고 있다.

순환출자가 다시 도마 위에 올랐다. 순환출자 덕분에 기업인들이 적은 자본으로 단기간에 더 많은 기업을 설립하고 더 많은 일자리를 창출할 수 있었다. 차등의결권 등의 경영권 방어 장치가 없는 현실에서 순환출자는 경영권 방어를 위한 제도적 대체물로 기능했다. 순환출자는 좋은 것이라거나 나쁜 것이라고 할 그런 제도가 아니다. 기존 순환출자를 일시에 해소하는 경우 주력 기업이 큰 타격을 받을 수 있다. 미리 계획을 세워 단계적으로 소유와 지배의 괴리를 줄여가야 한다.

지난 7월 삼성물산과 제일모직을 합병할 때 국제 투기자본 엘리엇의 공격을 막아낸 것은 지분 24%를 가진 소액주주 대부분이 애국심을 발휘, 찬성표를 던졌기 때문이다. 당시의 분위기는 우리나라 기업을 국제투기자본에 빼앗기지 않기 위해 외국에 다 있는 차등의결권제도(기업의 지배주주에게 보통주의 몇 배에 달하는 의결권을 주는 것)와 포이즌 필(적대적 인수·합병의 시도가 있을 때 기존 주주들에게 시가보다 싼 가격에 지분을 매수할 수 있도록 권리를 부여하는 것)을 도입하자는 분위기가 형성됐다. 그러나 롯데사태가 불거지자 분위기는 반전됐다. 적은 지분으로 막강한 권한을 행사하는 걸 막아야한다는 것이었다.

경영권 방어와 소액주주 보호, 투명경영 강화는 모두 중요하다. 이를 가능케 하는 제도마련은 정책당국의 몫이다. 반(反)롯데정서가 확산되자 위기를 느낀 신동빈 회장이 여러 차례에 걸쳐 대 대(對)국민사과를 하면서 호텔롯데 상장과 그룹의 순환출자 연내 80% 이상 해소를 약속했다. 순환출자 고리를 해소하는 데 들어갈 거액의 자금(신 회장은 7조원이라고 했지만 2조5000억 원에 이를 것이라는 분석이 있다)조달 방법은 제시되지 않았다. 여론의 악화를 막기 위해 서둘러 밝힌 약속을 그대로 믿기는 아직 이르다. 롯데사태에 대한 여론이 무뎌지면 지배구조 개편은 흐지부지될 가능성도 배제하기 어렵다.

우선 "롯데그룹은 유통 분야에서 압도적인 시장 점유율을 바탕으로 중소 납품업자들에게 불공정거래 행위를 많이 했다"는 주장에 답을 해야 한다. 경영권 분쟁과정에서 불거진 반(反) 롯데정서, '롯데=일본기업'이라는 국민의 인식을 불식시키는 일도 서둘러야한다. 비정상적 지배구조를 바로 잡을 프로그램과 비윤리적 경영행태와 불공정행위 등 모든 문제를 바로 잡는 방안을 구체적으로 제시해야한다. 롯데를 비롯한 대기업들은 비록 사(私)기업이라고 하지만 사회적 공기(公器)의 성격이 짙다. 사회적 책임이 막중하다는 이야기다.

〈지역사회연구소, '지역사회', 2015년 가을호〉

11 뛰고 싶은 기업의 발목 잡는 정치

"백마는 가자 울고 날은 저문데 거칠은 타관 길에 주막은 멀다." 엉뚱하게 이 노랫말이 떠오른다. 민생은 괴로워 울고 있는데 정치는 주막역할을 하기는커녕 경제와 기업의 발목을 잡고 있기 때문이다.

재계는 지난 7월 9일 "경제 살리기 위해 기업은 투자도 내수 진작도 할 테니 정부와 국회가 제발 투자할 수 있게 환경을 조성해 달라"고 호소했다. 오죽하면 이런 호소를 할까. 복지 포퓰리즘과 정치실패 때문에 발생한 그리스 사태는 결코 먼 나라 이야기가 아니다. "기업투자를 위해 모든 수단을 동원하겠다"는 박 대통령의 발언도 허공을 맴돈다. 국회선진화법 탓만 할 게 아니다. 그동안 정부가 경제에 '올인'한 흔적이 별로 없다. 규제개혁 끝장토론을 했어도 크게 바뀐 게 없지 않은가. 추경은 단기대책이다. 단기대책과 함께 노동·공공부문을 비롯한 구조개혁에 총력전을 펼쳐야한다.

청년들은 '임금피크제 시행하라'고 국회와 민주노총을 향해 목청을 높이고 일자리 달라고 아우성이다. 정년은 연장되지만 임금 피크제는 손도 못 대고 있다. 그러면서 청년실업을 걱정한다.

청년실업 해소는 구호만으로, 또 단기에 해결되지 않는다. 임금피크제 실시와 임금체계의 합리적 개선 등 노동시장 개혁에 정권의 명운을 걸 각오로 임해야한다. 고학력 실업자의 눈높이와 그에 걸 맞는 일자리 부족 때문에 발생하는 '일자리 미스매치' 현상은 교육개혁·직업교육 강화로 대처해야한다.

연간 40여만 명이 취업시장에 나온다. 대기업과 공기업의 고용증가에는 한계가 있다. 알짜배기 중소기업과 벤처가 희망이다. 기존에 없던 일자리를 만들어야한다. 청년들에게 꿈을 심어야한다. 창업을 부추기고 벤처 영웅들을 만들어내야 한다. 미국 실리콘밸리의 창업이야기를 신화처럼 들먹이고 있을 일이 아니다.

장수(長壽)기업과 '히든 챔피언'을 육성해야한다는 소리는 요란했다. 가업승계 지원도 숱하게 들어본 소리지만 부(富)의 대물림을 막아야한다는 정치논리에 막힌다. 가업상속공제의 기준을 대폭 완화한 상속증여세법 개정안이 국회의 문턱을 넘지 못하고 있다.

상속세 때문에 회사를 매각할 수밖에 없었던 사례를 보는 중소기업인들은 편법을 이용하려하거나 가업승계를 포기할 마음을 굳힌다. 이는 바로 기업경영의 단절이다. 기업경영을 지속하면서 세금을 내고 고용을 유지한다면 그건 '도랑치고 가재 잡기'다.

영국의 주간지 이코노미스트(2015년 4월18일자)에 따르면 세계적으로 가장 성공한 중소기업의 대부분이 가족기업이며 독일의 경우 중소기업(Mittelstand)의 3분의2가 가족기업이라는 것이다. 가족기업의 비중은 미국이 33%, 독일과 프랑스는 각각 40%, 동남아는 56%에 이른다. 어느 나라든 가족기업이 경제에서 차지하는 비중이 큰 것은 가족경영이 후진적 지배구조가 아니라 장점이 많다는 증거다. 가족기업에 대한 재조명이 필요하고 가업승계를 원활하게 하는 길을 터야한다. 일본정부는 세제혜택을 통해 경영권 조기승계를 독려하고 있다. 중소기업경영진의 고령화에 대처하기 위해서다.

언제나 무성한 건 중소기업 살리자는 소리다. 정치인들이 중소기업을 위한다며 그럴듯하게 희망사항과 설익은 정책포부를 발표하는 경우도 흔하다. 포장만 바꾼 정책을 새로운 정책이라고 발표하기도 한다. 그럴 때마다 중소기업은 기대의 상승과 상승된 기대의 좌절을 맛본다. 희망사항에 불과한 알맹이 없는 정책을 남발하지 말고 중소기업이 맘껏 뛸 수 있게 판을 짜야한다.

그 판에서 어떻게 뛰든 그건 중소기업이 알아서 할 일이다. 경쟁력 없는 기업을 살리겠다는 신호를 주어서도 안 된다. 중소기업인도 지원에 기대며 남 탓하는 낡은 사고의 틀을 깨야한다. 자생력을 기르는 건 기업인의 몫이다.

〈중소기업뉴스. 2015-08-12〉

12 성완종式 기업경영의 종말

성완종 전 경남기업 회장이 남긴 쪽지와 통화 녹취록으로 온 나라가 시끄럽다. 이름이 오르내린 정치인들은 불행하게(?) 곤욕을 치르고 있지만 부정 · 불법자금 수수에서 자유로운 정치인은 많지 않을 것이라는 게 우리 사회 일반의 인식이다.

그는 밤낮없이 호텔과 음식점은 물론 온갖 곳을 돌아다니며 유력 정치인들을 만나 회사공금을 개인 돈처럼 뿌렸다. 돈의 위력을 발휘한 건 두번에 걸친 특별사면이었다. 하지만 이번에는 돈 받은 자들이 그 돈값을 치르지 않는다고 '신뢰 없는 사람들'이라 비난하며 최후의 선택을 했다. 성완종 사건은 검은 돈거래에 얽힌 인간관계의 허망함과 그 저질성, 천박성을 모두 드러냈다.

어쨌든 사건의 진위는 철저히 밝혀져야 하고 비리 · 부정 관련 정치인을 몰아내는 정치개혁의 계기가 돼야한다. 그렇다면 비록 역설적이지만 그가 우리 사회에 기여하는 바가 작지 않을 것이다. 기업경영이 얼마나 힘들면 전쟁에 비유할까. 기업이 사는 길은 어떤 경우든 품질 좋은 제품과 서비스를 상대적으로 값싸게 공급하는데 있다. 특혜를 받거나 로비를 통해 한때 재미를 볼 수 있을지라도 자생력이 없는 기업은 결국 사라진다.

학생이 공부를 멀리하면 성적이 떨어진다. 정치인이 싸움만 하고 군인이 국방을 소홀히 하면 나라가 망한다. 기업인이 딴 짓을 하면 기업 역시 망한다. 성완종 전 회장은 그런 식으로 기업을 하면 성공할 수 있다고 생각했을까. 노력한다고 모두 성공하는 것은 아니다. 성공은 특수한 상황의 결과이기도 하고 운에 좌우되기도 한다. 하지만 성공을 가져오는 기본바탕은 실력과 노력이다.

타고난 재능의 크기가 어떻든 간에 어떤 분야에서든 일류가 되려면 최소한 1만 시간의 연습이 필요하다고 한 게 신경과학자 대니엘 레비틴(Daniel Levitin)교수가 내놓은 '1만 시간의 법칙'이다. 1만 시간은 하루 3시간씩 10년에 해당하는 시간이다. 하루 24시간도 모자란다고 밤낮 뛰는 사람이 얼마나 많은데 어디 1만시간만 필요하겠는가. 1만 시간을 연습한다고 일류가 되고 성공을 보장하는 것은 아니지만 '1만 시간의 법칙'은 어떤 일이든 그 일에 매달리라는 메시지다.

우리 사회에서 기업가를 보는 눈은 곱지 않다. 세월호 유병언, 경남기업의 성완종과 같은 사이비 기업인들의 행태가 불거지기 때문이다. 기업의 일탈과 기업 오너들의 탐욕 제어는 우리가 풀어야 할 과제다. 정상과 비정상의 희미한 경계를 분명히 하고 관행이라는 이름으로 빚어지는 비리부터 몰아내야한다.

기업의 부실과 일탈에는 정부와 정치권의 책임도 크다. 성완종 사건은 기업과 정치가 야합해 기업과 사회를 어지럽힌 또 하나의 사례다. 그가 국회의원 시절 그 지위를 이용해 자기 회사의 워크아웃 과정에 깊숙이 개입했다는 사실은 기업의 생사(生死)와 금융지원이 경제논리가 아닌 어떤 정치적 힘에 좌우됐다는 증거다. 이런 일이 앞으로 일어나지 않는다는 보장은 없다.

한국경제는 세월호, 성완종 리스트, 공무원 연금에 흔들리고 있는 것 같지만 근본문제는 성장의 엔진이 멈춰버렸고 일자리가 늘어나지 않는다는 점이다. 누가 엔진을 가동시킬 것인가. 자영업이든 중소기업이든 대기업이든 제대로 된 사람들이 앞장서야한다. 기업인들이 한눈 팔 겨를이 없게 돕는 건 정부와 정치권의 몫이다.

기업인들이 일에 매달려 1만 시간이 아니라 10만 시간도 모자랄 만큼 분발할 일이다. 지금도 비자금 같은 걸 만들며 허튼 짓 하는 성완종 식 기업경영을 하는 기업인은 없을까.

〈중소기업뉴스, 2015-05-13〉

13 '부자 때리기'로 세금 더 걷는다?

부자는 세금을 많이 내야한다. 그런데 얼마를 내는 게 적정한가. 원래 '적정'이라는 말에서는 정답을 찾기 어렵다. 어쨌든 표를 의식하는 정치권은 부자를 때린다. 부자 아닌 사람들이 절대다수라서 그렇다.

민주통합당은 "1% 슈퍼부자에 대한 증세를 통해 99% 서민을 위한 복지재원을 마련하겠다"고 한다. '1 대 99'의 대립구도가 선거에 유리할 것으로 생각하기 때문일 것이다. 2011년 연말 국회에서 최고 소득구간을 신설해 연 3억원 초과 최상위 소득자들의 세율을 35%에서 38%로 올렸다. 이 경우 늘어날 세수(稅收)는 7000억 원으로 추산됐다.

그런데 민주당은 소득세 최고구간 적용대상을 3억원 초과에서 1억5000만원 초과로 내리겠다는 것이다. 그럴 경우 적용대상은 3만100명(전체 소득자의 0.16%)에서 14만 명(0.74%)으로 대폭 늘어나고 세금은 4000억원 정도 더 걷힐 것이라는 것이다.

민주당은 종합부동산세 부과기준도 '공시가격 9억 원 이상 주택 또는 토지'에서 '6억 원 이상'으로 낮춰 종부세 과세 대상을 확대하고 법인세도 올리겠다고 한다. 1% 부자에게만 세금을 더 걷고 99% 국민의 세금은 늘리지 않겠다는 것은 정치적 셈법이고 일종의 꼼수다. 복지재원을 충당하기 위해서 세금을 더 거두어야하지만 부자들에게만 그 짐을 떠안기는 건 옳지 않다. 부자를 두둔하고자 해서가 아니고 그럴 까닭도 없다. 우선 세금구조를 한번 보자.

전체 근로소득자의 39%와 자영업자 41% 등 모두 840만 명이 소득세를 한 푼도 안 냈다(2010년). 근로자 최상위 1%가 전체 근로소득세의 36%, 상위 6%가 전체 근로소득세의 68%를 내고 있다. 자영업자도 상위 7%가 전체 종합소득세의 85%를 감당한다. 법인세도 기업의 상위 1%가 전체 법인세의 80%를 내고 있다.

2010년도 국세 수입은 총 177조7784억 원이지만 세금 감면 액수는 30조원(14.4%)이었다. 이런 이유로 우리의 조세부담률은 19%대로 OECD 평균치(25%)에 크게 미치지 못한다. 세금의 대부분을 감당하고 있는 고소득자와 대기업에게 세금을 더 거두어 조세부담률을 올리기는 어렵다.

세금을 내지 않는 사람들을 부추겨 세금을 많이 내는 사람들을 때리겠다는 것은 잘못된 정책이다. 세금 감면제도를 손질하고 저소득자들이 1원이라도 세금을 내고

10원이든 100원이든 더 많은 혜택을 받게 해야 한다. 그래야 탈세를 비난할 자격이 있고 돈 많이 들어가는 정치권의 허튼 공약과 정부정책을 비판할 수 있는 것이다. 부자에게 더 많은 세금을 매겨 가난한 사람들을 돕는다는 건 매력적인 정책처럼 보이지만 중요한 건 세원(稅源)을 넓히고 세율(稅率)을 낮추는 일이다.

최고세율을 올리고 누진율을 확대하면 세금이 더 걷힐 것 같지만 실제는 그렇지 않다는 게 역사적 경험적 사실이다. 세수(稅收)는 세율보다 경제성장과 더 밀접한 상관성을 갖는다. 경제가 활성화돼야 세수는 늘어나는 것이다.

프랑스 유력 일간지 '르피가로'는 "연간 1200가구가 넘는 부유층이 '세금이 부담된다'며 프랑스를 떠나 스위스, · 벨기에로 이민을 가고 있다"고 최근 보도했다. 스웨덴의 세계적인 가구업체 '이케아(IKEA)'의 캄프라드가(家)나 음료용기인 '테트라 팩'을 생산하는 테트라 라발의 라우싱가(家)가 높은 세금을 피해 해외로 떠났다. 우리와 관계없는 먼 나라 이야기일까.

세금구조를 종합적으로 손질하지 않고 '부자 때리기'를 하는 건 세수확보와는 거리가 먼 전형적인 '편 가르기'와 '표심잡기'에 불과한 것이다.

〈Ukopia.com, 2012-03-02〉

14 한국경제 현황과 기업의 활로

❖ 한국경제 · 미국경제 · 세계경제

한국은 경제적으로 여러 어려움을 맞고 있는데도 정부는 복지재원 마련에 고민하는 모습을 보이고 있을 뿐 경제를 어떻게 끌고 갈 것인가에 대한 큰 그림이 보이지 않는다. 복지를 증진시킬 수 있는 바탕은 경제성장에 있다. 한정된 자원으로 다양한 수요를 충족하기는 불가능하므로 정책에도 우선순위를 따져야하고 해서는 안 되는 일은 접어야한다.

세계경제는 어떤가. 미국 유럽 중국 일본 등의 지도자들은 자국문제 해결에 정신이 없어 글로벌 경제위기를 해결할 강력한 리더십을 기대하기 힘들다. 경제침체는 상당기간 지속될 것이라는 건 새삼스런 이야기가 아니다.

미국경제는 2014년에 서서히 회복될 것이라는 전망과 새로운 경기침체에 빠질 것이라는 전망이 엇갈리고 있다. 중국은 2020~2030년 미국을 앞설 것이라는 전망도 있다. 중국의 2012년 GDP는 8.25조 달러로 미국 GDP(15.68조 달러)의 53%) 수준이다. 그러나 중국의 통계에서 유의해야할 점은 소득통계가 상당히 부풀려져 있다는 점이다.

중국은 경제규모가 미국 다음으로 큰 탓에 G2라고 한다. 하지만 국제사회의 힘과 주도권은 실물경제 규모만으로 되는 게 아니다. 세계금융시장에 대한 영향력 없이 주도권 행사는 어렵다. 중국의 금융은 낙후돼있고 관치금융이나 다름없다.

미국의 지난 3분기 경제성장률이 2.8%로 예상보다 높았다. 양적완화를 축소할 것이라는 전망으로 세계증시가 하락했다. 어쨌든 미국의 양적완화 축소는 시간문제고 달러공급을 줄이면 금리상승 주가하락 신흥국에서 외화자금이 빠져나가는 사태가 벌어질 수 있다. 환율전쟁이 예상되는 것이다.

한국은 안보를 미국, 경제는 중국에 의존해야하는 상황에서 어떤 정책으로 대처해야 할 것인가는 중요한 과제다. 경제가 전망도 흐리고 미래도 보이지 않는다면 심각한 일이다. 그런데 복지만 외칠 뿐 경제 살리기와 미래대비에 관한 말은 없다.

❖ 경제민주화와 창조경제

한국에서 경제민주화와 창조경제라는 용어가 널리 쓰인다. 경제민주화를 기업을 규제하는 올가미로 착각하기도 한다. 실리콘밸리가 성공을 거두고 있는 것은 워싱턴DC에서 멀리 떨어져있다는 말이 있다. 기업은 규제가 없어야 성공할 수 있다는 말이다.

대기업이든 중소기업이든 잘못된 행태는 바로 잡아야 하지만 그 일에 경제민주화라는 이름을 쓸 이유는 없다. 어쨌든 지난 대선에서 뜻도 분명치 않은 경제민주화를 내세운 쪽은 재미를 보았다. 재벌의 일탈행위는 당연히 규제돼야 하지만 재벌의 존립 자체와 구별돼야한다.

경제전쟁에서 영원한 1등은 없다. 자동차 업계 1위였던 포드는 GM, GM은 도요타에 밀렸다. 또 어떤 차가 앞으로 달려 나갈지 모른다. 휴대폰도 세계시장을 석권했던 모토롤라는 노키아에 밀렸고 삼성전자가 새로운 강자로 등장했다. 삼성전자와 애플이 경쟁하는 스마트폰 시장 판도가 어떻게 바뀔지 누가 알겠는가.

Sony 전성기에 많은 전자회사들이 Sony를 경쟁자로 보았지만 Sony는 Nike를 경쟁자로 보았다. 사람들이 Nike 운동화를 신고 야외활동을 많이 할 것이라는 점을 포착, Sony는 야외활동에서도 영화 음악 게임 등을 즐길 수 있도록 하겠다는 전략을 세웠다. 그런가 하면 Nike는 경쟁상대를 과거 닌텐도(휴대용 게임기)로 생각했다. 닌텐도가 대세일 때 나이키 신발을 신고 밖에 나갈 일이 줄었다. Nike가 운동화에 게임기를 달자 운동화는 게임기가 되었고 계속 변신해 이제 Nike는 운동화제조회사라기보다 데이터회사, 디바이스회사가 됐다. 그래서 Nike의 경쟁상대는 애플이라는 말이 나오는 것이다.

창조경제라는 말도 무엇을 뜻하는지 분명하지 않다. 창조는 새로운 것을 만들어 내거나 이미 존재하고 있는 요소들의 새로운 조합이다. 예컨대 스마트폰은 전화기+컴퓨터+녹음기+사진기+TV+영화관+음악+라디오 등의 조합이다.

한국은 과거 선진국의 정답지를 받아 성실하게 따라잡는 catch-up의 모범생이었지만 이제는 새로운 개척자로 나서야 한다. 창조경제를 내세운 건 잘한 일이다. 그러나 창조경제의 주역은 기업인데 정부가 창조경제를 주도해서는 안 된다.

창조경제를 말하면서 이스라엘을 본받자고 하는데 이스라엘의 창업국가 비전은 정부정책에 의존한 게 아니었다. 이스라엘의 창업문화 촉발계기는 군대의 교육훈련으로 군대에는 어떤 위기에 닥쳤을 때 대처할 정해놓은 매뉴얼이 없다. 현장에서 스스로 문제를 해결하라는 것이다. 여기에서 새로운 아이디어가 나오고 문제해결능력, 주도적 사고, 독립심 등 기업가정신이 길러진다.

이스라엘의 최고 명문은 대학이 아닌 군대다. 이스라엘에서는 학문적 경력보다 어느 군부대에서 복무했느냐는 것을 더 중시한다. 우리는 군복무를 기피하거나 군생활을 잃어버린 세월로 치부한다면 이스라엘의 창업이야기를 해서는 안 된다.

◆ 복지증진, 법과 질서

복지증진은 중요한 과제다. 복지증진은 옳은가 그른가의 문제가 아니라 돈 문제다. 복지는 한 번 시행하면 후퇴불가능하고 수혜자는 그걸 권리로 생각한다. 지하철 노인 무임승차로 적자가 늘고 있다면서 무임승차 연령을 65세에서 그 이상으로 올리자는 주장이 나오지만 시행은 안 될 것이다. 선거에서 표가 떨어질 것인데 누가 그것을 시행할 것인가. 한국의 노령인구비율은 2012년 12.2%에서 2018년 14%, 2025년 25%(1000만명)로 급증한다. 출산율은 2013년 1.1%로 세계최저다.

'증세 없는 복지'는 속임수고 실현하기도 어렵다. 정답은 복지를 줄이든지 증세하는 것이다. 반값 등록금도 대학생들의 표를 노린 포퓰리즘이다. 대학진학률이 세계최고라는 건 자랑거리가 아니다. 대학가지 않아도 성공할 수 있는 세상을 만들어가야 하는데 국가재정에 압박을 가하면서 반값등록금을 서두른다는 게 얼마나 허황한 일인가. 중소기업의 인력난도 대학생이 많다는 것과 관련이 있다.

한국의 시급한 과제는 법과 질서 지키기다. 법과 질서 무너뜨리는 게 마치 정의라고 착각하는 사람이 많고 불법이 관행처럼 돼있다. 그래서 불법에 관대하다. 떼쓰면 통한다. 6법 위에 떼법이 있다. 법과 질서만 바로 지켜도 경제성장이 1% 증가한다는 연구결과도 있다.

◆ 기업에 힘 실어줘야

기업문제는 정책의 문제와 개별기업의 경영문제 두 가지다. 정책이 좋아야 하지만 아무리 정책이 좋아도 개별기업이 경영을 잘못하면 기업은 실패한다. 중소기업 지원성과를 극대화하려면 지원목표를 명확히 해야 한다. 미국의 중소기업기본법에는 '정부지원의 궁극적 목적이 중소기업의 국제경쟁력 확보'로 명시돼있다. 그래서 지원받는 기업이 이 목표를 달성하고 있는지를 평가하는데 중점을 두게 된다. 한국은 다양한 지원제도가 있지만 많은 사람들이 중소기업정책을 약자에 대한 지원정책으로 이해하고 있다.

어떤 중소기업을 지원 육성할 것인가? 300만 중소기업은 업종과 규모, 애로요인도 천차만별이다. 규모가 작다는 것만으로 한데 묶어 이야기할 수는 없다. 중소기업 문제를 대기업과 중소기업 간 문제로 보는 건 잘못이다. 대기업 횡포를 막는 건 당연하나 중소기업체 간의 거래, 즉 1차 하도급업체와 2차 하도급업체, 2차 하도급업체와 3차 하도급업체 간의 거래관행에도 많은 문제가 있다.

기업경영은 순풍에 돛달고 떠나는 항해가 아니라 거센 파도와 폭풍우에 대비하는 항해다. 어떤 상황에도 대비하면서 모든 노력을 쏟는 경영정신, 바로 그것이 기업가 정신이다. 젊은이들이 창업에 열을 올리는 분위기를 만들어야한다.

Microsoft의 빌 게이츠, Facebook의 주커버그, Google의 래리 페이지/세르게이 브린, Apple의 스티브 잡스는 대학을 중퇴했거나 대학 때 창업했다. 이병철 · 정주영 회장 등 창업세대 거장들은 거의 빈손에 특유의 기업가정신으로 시작했다. 그들처럼 무에서 유를 창조하려는 기업가들이 계속 나타나야한다. 한국의 우수한 인재들, 꿈을 가진 젊은이들이 창업에 열을 올리거나 중소기업의 문을 계속 두드려야한다. 창업에서 실패하면 낙오자로 취급하는 사회분위기를 바꿔야한다. 모두 좋은 대학 나오고 미국유학을 다녀오고 삼성전자에 들어가는 게 성공한 인생은 아니지 않은가.

초등학교 때부터 기업가정신을 가르치는 등 교육부터 바꾸고 기업가의 성공스토리를 퍼뜨려야한다. 박세리 선수가 골프에서 활약하는 걸 보고 얼마나 많은 박세리 키즈들이 나타났는가.

기업하기 좋은 환경을 만들어야한다. 정부와 정치권이 기업과 기업인을 규제만 할 게 아니라 격려할 수 있는 제도와 법을 마련해야 한다. 일부 기업과 기업인 비리와 일탈행태로 반 기업정서가 팽배한 게 우리 사회다. 이런 정서를 바꾸는데 모두가 앞장서야한다. 기업경영은 종착점 없는 마라톤과 같은 것, 기업인들은 물론 젊은이들이 도전정신을 갖고 뛰어야한다. 그래야 미래가 열린다.

◆ 한국경제발전의 조건과 과제

2002년 월드컵 때 한국축구는 4강에 들었다. 히딩크 감독의 리더십이 빛을 발했다. 그는 능력위주로 선수를 선발하고 기용했다. 한국축구의 문제점은 기술보다 체력이 약하다고 판단해서 체력보강에 주력했고 선수들에게 자신감을 불어넣었고 이탈리아 전에서처럼 위기 때 승부수를 던졌다.

히딩크 리더십을 빌려 박근혜 정부의 성공조건을 살펴보자. 먼저 인재기용이다. 어떤 자리든 그 자리를 맡을 능력이 있는가를 따져 기용해야한다. 한국경제와 사회의 문제점을 파악하는 일도 중요하다. 복지보다 경제성장이 우선이고 법과 질서를 확립하는 일이 무엇보다 중요하다. 한국은 위기인데 위기인줄도 모르고 있는 것 아닌가 하는 의심도 든다. 정부는 좋은 일 한다는 명분에 도취돼선 안 된다. 정부는 쓸 수 있는 수단이 별로 없는데 달성하고 싶은 목표가 너무 많은 것 아닌가. 박정희 정부는 당시 내재해 있던 국민과 사회의 잠재적 역량을 결집, 국가발전을 이루었다. 박근혜 정부는 성장잠재력 자체를 키우면서 성장을 이루어야 하는 어려운 과제를 안고 있다.

〈2013년 11월 13일 LA다운타운 Millennium Biltmore Hotel에서
ytnradio.us 주최 '한미경제 · 정치세미나'에서 발표한 내용의 요약
(미주 서울대 동창회보. 237호 2014년 1월에 게재)〉

15 기업 경쟁력 강화 방안과 세계경제의 명암

❖ 서론

한국경제는 갈 길이 먼데 허송세월을 하고 있다. 규제 철폐, 혁신 성장이라는 말만 무성할 뿐 진척이 없다. "뉴질랜드 재미없는 천국, 한국은 재미있는 지옥"이라는 말이 있는데 여기 미국과 여기 LA는 어떤가. 2013년에 미국에서 한국으로 역(逆)이민자는 5300여명이었고 한국에서 미국으로 이민간 자는 353명이었다. 1976년 한국에서 미국으로 이민간 자는 2만 6천5백 명에 비하면 상황은 크게 달라졌다. 2000년대 들어 미국에서 한국으로 귀환하는 사람은 매년 5000여 명에 이른다. 아메리칸 드림에서 코리안 드림으로 바뀌고 있는 셈이다.

한국은 선진국인가 중진국인가. 선진국이라고 하면 소득뿐만 아니라 문화 사회 과학 기술 등 여러 분야에서 앞서가는 나라다. 어쨌든 지금처럼 2~3% 성장률은 절대적으로 낮은 수준이다. 선진국이든 중진국이든 다 함정이 있다. 20세기 들어 기존의 선진국이 함정에 빠진 상황이 발생했다. 1929년 미국이 먼저 함정에 빠져 대공황을 야기, 주식시장 붕괴 대량실업을 발생시켰고 이것이 유럽경제를 마비시켜 세계는 대공황을 겪었다. 2008년 리먼브라더스 투자은행파산과 함께 대형금융회사가 차례로 쓰러지면서 글로벌 금융위기가 발생했다. 미국이 금융위기를 극복하지 못했으면 세계경제는 위기에 빠졌을 텐데 미국이 양적완화정책을 실시해서 미국경제가 살아나기 시작했다. 남유럽 5개국은 이미 선진국 함정에 빠졌다.

중진국 함정은 중(中)소득국 단계에서 성장 동력을 잃고 고(高)소득국에 이르지 못하거나 저소득국으로 후퇴하는 현상이다. 중진국 함정에서 탈출 못하는 이유는 자국이 통제하기 어려운 외부요인 때문이거나 탈출에 걸림돌이 되는 내부요인 때문이다.

소득이 높다고 선진국이 되지 않는다. 경제는 물론 문화 사회 정치 각 분야에서 선진화가 이뤄져야한다. 한국은 과거도 그랬지만 지난 1년 소모적인 싸움만 거듭됐다. 승자는 없다. 한국엔 좌파도, 우파도 없고 자파(自派 · 자기편)만 있을 뿐이라는 농담이 술자리를 맴돈다.

한국인은 누구인가

한국인은 사실 대단한 기적을 이루어냈다. 영국 이코노미스트 서울특파원 대니얼 튜더(Daniel Tudor)가 쓴 책 '기적을 이룬 나라 기쁨을 잃은 나라'(Korea, The Impossible Country)에서 "한국은 불가능에 가까웠던 '한강의 기적'을 이뤘다고 기술하고 있다. 박정희의 '하면 된다!' 정신은 외국인 저자가 보기에도 기적을 만든 원동력이었다. "박정희와 정주영이 회의할 때면, 박정희는 길고 복잡한 세부 조건을 들어가며 자신의 요구 조건을 제시하고, "그래, 할 수 있겠어?"라고 물어보곤 했다. 그에 대한 정주영의 답변은 항상 "예, 물론 할 수 있습니다"였다. 대통령 고문 김동진이 정주영에게 "당신, 각하께서 원하시는 게 뭔지 진짜 이해하긴 한 거요?"라고 물으면 정주영은 늘 이렇게 대답했다. "아닙니다. 하지만 어떻게든 해낼 수 있다고 확신합니다."

독일계 한국인 이참은 한국인은 골프 연습을 너무 해서 갈비뼈에 금이 가면서도 한번 시작하면 끝까지 밀어 붙인다고 했다. 또한 진돗개가 한국인과 성격이 비슷하다고 했다. 진돗개를 여러 마리 키우면 싸움이 끊이질 않는다. 싸움에서 져도 승복하지 않고 계속 도전한다는 것이다. 그런데 진돗개를 멧돼지 사냥에 이용, 1 대 1로 상대하면 진돗개는 죽는다. 세 마리를 투입, 공동작전을 펴서 멧돼지를 피로하게 한 다음 물어서 죽일 수 있다. 강한 적을 거꾸러뜨리기 위하여 협력하다 보니 세 마리가 친해져서 사이좋게 지낸다는 것이다.

이어령 전 문화부 장관의 이야기다. 1988년, 인천에서 전국 소매치기들이 모인다는 연락을 들은 경찰은 비상이 걸렸다. 서울에서 모이면 잡히니까 인천에서 모여 작전을 짠다고 생각한 경찰이 몰래 잠입했더니 "우리가 아무리 소매치기지만 대한민국이 올림픽을 하게 됐는데 우리도 할 수 있는 일이 있을 꺼다. 이번에 외국인 관광객의 주머니를 터는 녀석은 영원히 소매치기 업계에서 매장시키자."고 하더라는 것이다. IMF외환위기 때 금 모우기 운동, 1907년 을사보호조약 체결 후 국채보상운동을 벌인 것은 한국인의 단결심과 애국심을 보여준 것이다. 한국인은 동기만 부여하면 뭐든지 할 수 있다. 문제는 어떻게 동기부여를 하느냐다.

◆ 한국은 위기를 극복하고 발전할 수 있는가.

한국의 발전과정에서 위기 아닌 적은 없었다. 한국의 발전과정은 정책과 제도만으로 설명이 안 된다. 정책과 제도에 경제발전에 집중한 정치적 지도력과 기업가정신이 합쳐진 결과다. 필리핀은 가난했던 우리에게 원조를 하고 장충체육관을 지어주었다. 우리는 가난에서 벗어나고자 죽기 살기로 일하고 또 일했다. 파독광부와 간호사, 중동 건설노동자들을 기억해보라. 여러분은 미국에 온 동기와 목적은 각기 다르겠지만 꿈을 이루고 도전하려고 온 것일 것이다. 산림청의 불조심 구호는 "키우는데 한 세대 태우는데 하루, 불조심"이다. 나라경제가 바로 그렇다. IMF때 경제 망가지는 것은 삽시간이었다. 위기를 극복하고 발전하려면 어떻게 해야 하는가.

1) 기업에 대한 인식부터 바로 잡고 기업을 뛰게 해야 한다.

한국에서는 삼성전자와 현대차에 대한 의존도가 너무 높다는 우려의 목소리가 나온다. 그러면 문제가 풀리는가. 진짜 문제는 더 많은 삼성전자와 현대차와 같은 회사를 키울 생각은 않는다는 점에 있다. 대기업은 국내투자를 망설이고 있다. 중소기업은 자금과 기술 부족으로 어렵다. 강성노조와 후진적 정치를 바꿔야한다. 규제개혁을 외쳐도 법률 개정이 필요한 내용이면 기대하기 어렵다. 이런 정치 이런 국회라면 경부고속도로, 포항제철소, 소양강 다목적댐 같은 미래를 위한 투자는 불가능했을 것이다.

대기업과 중소기업의 동반성장을 말하고 있지만 목적이 좋다고 결과도 좋은 것은 아니다. 동반성장보다 공정한 경쟁이 먼저다. 경쟁을 통해 소비자에게 선택받은 기업은 살고, 실패한 기업은 도태된다. 그게 시장경제다.

한국에서 대기업이 더 이상 안 나오는 이유는 무엇인가. 2013년의 경우 국정감사를 하면서 기업인 196명을 불러놓고 기업인들을 죄인 취급했다. 일종의 인민재판과 같았다. 기업인들은 국감 증인 출석을 빼달라는 로비를 한다는 건 다 알려진 일이다. TV드라마를 보더라도 기업인을 거의 부정적 인물로 묘사한다. 언론도 그렇다. 한국의 반(反)기업정서는 기업인들의 사기를 꺾는데 부족함이 없다. 정치권은 기업을 때리고 학교에서는 경제와 기업을 제대로 가르치지 않는다.

글로벌 기업을 키우는 건 안중에 없고 대기업비중이 커졌다고 보도한다. 학생들이 배우는 교과서에는 기업가 이야기는 없고 기업을 자선단체 아니면 사악한 집단으로 가르친다. 그래서 반(反)기업정서가 확산된다. 미국의 교과서에는 카네기, 록펠러 등 기업가들의 모습을 감동적으로 기술하고 있고 독일도 크룹, 지멘스, 벤츠 등 독일경제 번영에 기여한 업적을 칭송하고 있다. 국민의 마음을 얻는 데 실패한 기업가도 반성해야 한다. 그러나 기업인의 도덕성과 일탈행위를 규제하는 것과 기업을 규제하는 일은 구별해야한다.

기업을 옥죄는 규제는 즐비하다. 비현실적 규제가 많아 지키는 것 자체가 불가능에 가깝다. 환경・안전・건축・식품위생 등에 관련한 규제는 규제자나 피규제자 모두 규정대로 되지 않는다는 걸 알면서도 그냥 명목상 유지한다. 그러나 사건이 나면 문제가 된다.

수도권 지역에 공장 하나 짓는데 인허가 도장을 280여개 받아야하는 건 엄연한 현실이다. 규제는 권력이다. 공무원은 규제강화만 생각한다. 그래서 규제개혁에 대통령이 직접 나서야한다. 규제건수를 줄이는 데만 집중하면 안 된다. 공무원들은 규제성과를 계산하는 데에는 귀신이다. 규제 두 개를 하나로 묶거나, 법 → 명령 → 규칙 → 지도로 치환, 규제숫자를 줄인다. 규제건수는 줄어들어도 규제는 그대로다.

국회와 정부가 새 규제를 만들면 담당부서는 시행령으로 규제를 추가하고 지자체는 고시나 예규를 만든다. 지자체 공무원이 움직이지 않으면 중앙부처의 규제개혁은 헛일이 되는 것이다. 지방 규제의 대부분은 기업을 뜯어먹자는 것이다. 지자체는 말썽을 없앤다면서 법규정에 없는 주민들의 도장을 받으라고 한다. 이 경우 당연히 도장 값은 지불해야 한다.

수도권을 규제하면 지방이 산다는 논리도 허구다. 수도권에 투자를 하지 않고 외국으로. 나간다. 지방이 살려면 수도권 규제를 통해서가 아니라 지방에서 기업을 끌어들이는 정책을 내놓아야한다. 덴마크 레고그룹이 1996년 2억 달러 들여 경기도 이천에 유럽형 테마파크인 '레고랜드'를 세우기로 했으나 수도권 규제 때문에 투자를 포기했다. 2002년 독일에 뺏긴 레고랜드 관광객은 매년 100만 명에 이른다는 것이다.

소비자는 안방에서 전 세계를 상대로 쇼핑을 하는 세상인데 대형마트 휴무일을 지정하고 영업시간을 규제함으로써 전통시장과 골목상권을 보호하겠다고 한다. Pizza와 떡볶이는 배달되는데 떡은 안 된다고 한다. 공장 오폐수 배출기준은 지방마다 다르다.

1960년대 미국의 대기업 영향력은 커졌다. 입법부는 대기업을 규제하는 법을 만들고 사법부는 대기업에 불리한 판결을 내렸다. 1960-70년대 미국 대기업의 변호사 의존도는 증가했고 대기업은 경쟁력 보다 법적 대응에 주력했다. 그런 결과 미국기업의 경쟁력은 잠식됐고 그 틈새를 파고든 것이 일본기업이었다.

기업을 뛰게 하려면 법인세 부담도 줄여야한다. 대기업의 법인세율은 높이고 중소기업의 법인세율은 낮추자고 하는 건 결코 중소기업을 위하는 일이 아니다. 법인세로 소득의 불균등을 완화하는 건 가능하지 않다. 법인세는 기업이 부담하는 것이 아니라 법인의 주주가 부담하는 것이다. 중소기업의 주주 중에도 거부가 있고 대기업 주주들 중에는 무수한 '개미'들이 있다. 소득재분배를 제대로 할 수 있는 조세수단은 개인소득세뿐이다. 한국의 조세부담률은 OECD 평균보다 꽤 낮지만 GDP에서 법인세가 차지하는 비중은 OECD 국가 중 최상위에 속한다. 우리 재정에서 법인세의 역할을 줄이는 것은 경쟁력 강화에 기여할 것이다. 어느 사회든지 중산층은 그 사회의 중심세력이다. 당연히 세금도 중산층이 주로 부담해야 한다. 세제개편안에 여야당 모두 반대하는 건 참으로 이상한 일이다. 부자증세를 외치며 소수에게 부담을 집중하는 걸 정치인들은 선호한다. 표 때문이다.

법인세율을 올리면 투자는 줄고 고용도 줄어 결국 부담은 국민에 돌아간다. 법인세율을 올려 복지재원을 마련하는 건 옳지 않다. 법인세율 인상은 복지 확대를 위한 증세 수단이 될 수 없다. 법인세율은 다국적 기업들이 입지를 결정할 때 매우 중요한 변수다. 그래서 지난 10여 년간 선진국을 포함해 대부분의 나라가 법인세율을 경쟁적으로 낮췄다. 법인세율을 높이면 단기적으로는 세수가 더 늘어나겠지만 기업 투자가 줄어 GDP가 떨어지고 고용도 줄어들게 된다. 복지 재원을 마련하기 위한 증세는 부가세로 풀어가야 한다.

2) 서비스산업 등을 비롯해서 개방과 경쟁체제로 가야한다

한국경제 살길은 고용의 70%를 차지하는 서비스업의 경쟁력을 높이는 일이다. 한류(韓流)는 자유와 개방과 경쟁에서 싹텄다. 2006년 스크린쿼터를 축소하면 망한다던 영화산업은 어떤가. 국산영화는 시장을 석권하고 있다.

한-칠레 FTA이 2004에 체결돼 이제 발효 10년이 됐다. "칠레산 포도를 수입하면 망할 것이라던 포도농가의 수입은 오히려 두 배나 늘었다. 거봉과 청포도 등 고품질

상품을 잘 키워 맛으로 경쟁한 덕분이었다. 농산물 경쟁력은 가격보다 품질과 안전성이라는 걸 FTA 10년이 가르쳐 준 교훈이다. 포도나무를 베어냈던 농가의 90%는 5년 뒤(동일작물재배제한기간) '포도'로 U턴했다.

3) 법과 질서 지키기

떼쓰면 통하는 게 한국이다. 질서만 바로 잡아도 경제성장 1% 증가한다는 연구결과도 있다. 우리 사회가 갈등으로 인한 사회비용이 연 82조~246조원이라고 한다. 갈등 해소만 돼도 국민 개인소득이 4000달러(200조원인 경우)는 올라가 3만 달러 시대를 바라보게 된다. 갈등의 근원은 정치다.

법을 지키는 건 당연한 일인데 법을 지키는 게 투쟁이 되는 나라가 한국이다. 법을 지키기 어려운 규정 만들어 놓기 때문이다. 국경일마다 범법·범칙자를 사면 또는 감형하는 게 관례가 돼있다. 준법의식이 이완되는 데 기여하는 것이다. 철도파업을 '强 대 强' 충돌이라고 언론은 보도했다. 이는 잘못됐다. 불법과의 전쟁이라고 해야 했다.

4) 단기실적주의를 극복해야한다

성장잠재력을 갉아먹는 단기실적주의(short-termism)를 극복해야한다. 장기 어젠다를 설정하지 않은 복지 구호의 과잉은 문제다. 대통령 임기가 5년 단임이라서 자연스럽게 단기성과에 얽매여 장기계획이 사라진다. 공공기관 최고경영자(CEO)들이 자연스럽게 물갈이되고 공공섹터의 영향을 받아 민간도 비슷해진다. 긴 안목의 계획이 사라지는 것이다. 공공섹터는 물론 민간섹터 역시 재임기간 동안 이전과는 다른 무언가를 보여줘야 한다는 강박관념 때문에 무리수를 두게 되고 일관성이 사라진다.

단기적인 성과를 내려고 씨앗을 먹으면 가을에 거둘 게 없어진다. 미래를 내다보는 기초 연구를 줄이고 눈앞의 전략만 세우다 보면 결국 다음 먹거리를 찾지 못해 경쟁력을 잃는다. 많은 글로벌 기업은 단기 과제와 중장기 과제를 병행하는 전략을 쓴다.

5) 정치개혁과 국민의 각성

나라는 전쟁 아닌 재정파탄으로 망할 수 있는 시대다. 복지포퓰리즘을 극복해야 한다. 2012년 반값등록금 경쟁을 할 때 영국의회는 대학등록금 상한을 3배 인상했다. 기초연금 인상을 호언하던 때 노르웨이는 1963년 이후 출생자에 대해 기초연금 제도를 폐지했고 스웨덴은 1998년 기초연금제를 폐지하고 저소득 노인에게만 지원하는 정책을 폈다.

돈을 벌어들인 만큼만 쓴다는 '페이고법'(pay as you go)을 통과시켜야한다. 정치권과 정부가 재정지출을 증대하는 법안을 발의할 때는 재원조달 방법을 담은 법안도 함께 내놓아야 한다는 법안은 무분별한 선심성 포퓰리즘을 제도적으로 통제하는 효과가 클 것이다. 그러나 국회통과는 기대하기 어렵다. 국회의원은 자신들의 '돈 쓰는 권한'이 축소될까 반대할 것이기 때문이다.

한국의 교육청에는 돈이 없어 학교시설을 제때 못한다. 무상급식, 무상복지 포퓰리즘에 밀린 학교는 화장실 개보수를 못해 학생들은 고통을 받고 있다고 한다. 학교는 정작 필요한 것들은 가르치지 않는다. 컴퓨터 사회를 살아가지만 컴퓨터교육도, SW 실습도 없다. 오로지 입시에 집중돼있을 뿐이다. 최근 10년간 대학의 컴퓨터과학 전공자가 학부 23%, 대학원에선 34% 감소됐다. 삼성전자의 SW인력 3만9000명 중 과반수가 외국인이다.

한국의 저성장 기조는 일시적인 상황이 아니다. 기업의 투자 부진, 가계 소비 부진과 더불어 저출산 고령화에 의한 경제 구조적인 문제다. 수출주도형 한국 기업이 눈부신 성과를 달성할 수 있었던 핵심역량은 선택과 집중에 의한 '빨리 따라가기'(Fast Following)'였다. 그러나 이제 그런 전략으로는 안 된다. 기존 역량을 뛰어넘는 혁신이 필요하다. 창조는 물론 중요하지만 고질적인 비효율도 제거해야 한다.

위기는 항상 닥친다. 그걸 극복하는 게 발전이다. 위기 극복 가능한가? 장기적으로는 교육이고 단기적으로는 규제혁파로 기업을 뛰게 하고, 복지를 조정해야한다. 정치인의 각성도 당연히 요구된다. 표 계산만 하면서 복지에 빠져들면 나라는 수렁으로 미끄러진다.

〈2014-4-10 미국 LA에서 개최된 YTN 경제세미나에서 발표한 내용을 요약〉

제8부

교육과 대학교수의 정치참여

01 대학교수의 정치활동과 대선판에 몰려드는 현상

◆ 폴리페서는 한국에만 있는 부정적 의미의 용어

폴리페서(polifessor)는 정치(politics)와 교수(professor)를 합성해서 만든 조어(造語)로 한국에만 있는 말이다. 교수들이 정치권에 너무 많이 기웃거리는 것을 빗댄 말이고 주로 부정적인 의미로 쓰인다. 특히 대선판에 왜 교수들이 몰려드는 현상은 각 대선 캠프가 전문가처럼 보이는 사람들을 끌어 모아 세(勢)를 과시하려하고 폴리페서들은 이에 호응하기 때문에 생긴다.

박근혜 대통령 탄핵으로 실시된 2017년 19대 대선에서 더불어민주당 문재인 대통령 후보 캠프의 정책자문단에 참여한 교수들만 1000명이 넘는다고 했다. 교수들이 계속 자발적으로 와서 더 이상 못 받는다는 이야기도 들렸다. 국민의당 안철수 후보 캠프에도 교수를 포함한 700명 규모의 외부 전문가 자문단을 출범시켰다고 했다. 유력후보의 주위에 그렇게 많은 교수들이 모여든 건 정상일 수 없고 그들 모두가 정책자문을 한다는 것도 사실상 불가능하다. 결국 그들 거의 대부분은 정책자문보다 세 과시용 들러리에 불과할 것이다. 웬만한 교수들은 모두 정치판에 몰려있는데. 거기에 끼이지 못하는 교수는 속된 말로 쪽팔린다고 하는 소리도 들리지만 이 시간에도 연구에 몰두하는 교수는 절대다수다.

지난 2012년 18대 대선에서도 2007년 제17대 대선 때처럼 폴리페서의 대선후보 캠프행이 줄을 이었다. 박근혜 문재인 안철수 캠프에 직접 참여 걸로 파악된 숫자만 500명을 넘었고, 간접 참여까지 합치면 1000명을 넘었다고 했다. 한국의 대선은 가히 폴리페서의 계절이라 해도 과언이 아니다.

현실정치에 참여하려는 교수들 조직은 김영삼 전 대통령의 차남 김현철씨가 처음 만들었다. 1992년 대선 때 이른 바 동숭동 팀이다. 동숭동 팀의 위력은 막강했다. 동숭동 팀 출신들은 이후 정부 위원회를 장악하며 정치교수 양산시대의 모태가 되었다. 김대중 정부와 노무현 정부에서 장관이나 국회의원으로 폴리페서를 대거 등용했다. 뿌리가 깊은 관료사회를 견제하기 위해서 폴리페서를 선택한 것이다. 그러나 교수들이 대선캠프 주위를 맴돌게 된 건 2002년 대선 때부터라고 해야 할 것이다. 당시 상대적으로 지지기반이 약했던 노무현 후보를 소수의 교수그룹이 지지했고 그들은 노무현 정부에서 권력의 핵심에 진입했다. 정부의 각종 위원회의 위원 자리 하나

못 맡으면 '무능한 교수'라는 자조가 나올 정도였다. 이를 지켜본 상당수 교수들이 "줄만 잘 서면 무슨 자리든 할 수 있다"는 생각을 갖게 되었을 것이고 이것이 폴리페서를 양산하는 데 기여했을 것이라는 분석도 있다.

"교수의 정치 활동은 교수 양식의 문제" "학생 지도가 우선"이라며 폴리페서를 비판하던 교수들이 여러 대선 캠프에 몸을 담았다. 내가 하면 투자고 남이 하는 건 투기라고 주장하는 것인지, 캠프에서 활동하는 건 정치활동이 아니라고 생각하는지는 알 수 없다. 대선 때마다 여야와 후보를 옮겨 다닌 교수들도 눈에 띈다.

미국의 경우 교수 등 전문가들은 후보 개인이 아니라 정당을 보고 참여한다. 전문가들은 지지 정당의 정책 자문에 응하고 일부는 지지 정당이 집권할 경우 국정에 참여했다가 정권이 끝나면 대학이나 연구소로 돌아간다. 한국의 경우 전문가들은 지지정당이 아니라 후보 개인 또는 사적인 통로를 통해 캠프에 들어간다. 후보들은 그 교수가 자신과 정책적 노선을 같이할 사람인가를 따지기보다 대중적 지명도가 높은 사람을 우선 끌어들이는 경쟁을 벌인다. 이미지와 인기를 과시하기 위해서다.

폴리페서의 행태는 언론에서도 자주 보도됐다. 주로 부정적인 보도였다. 그 가운데서도 동아일보(2007. 3.14~20)는 '폴리페서의 계절'이라는 시리즈 기사를 통해 폴리페서 현상의 역기능과 순기능을 다루었다. 선진국 대학사회에서 교수가 정치에 한눈을 팔기는 쉽지 않다. 특히 선거철마다 권력과 정치권의 주위를 돌며 추한 모습을 보이는 한국형 '폴리페서'는 눈을 씻고도 찾아보기 어렵다.

교수신문의 신동준 편집국장은 폴리페서의 유형을 세 가지로 분류한 적이 있다. 불쑥 찾아와 대통령이 되는 비책을 후보에게 전달하겠다는 '좌충우돌 형', 상식 수준의 자료를 싸들고 와 면담을 요청하는 '보따리 형', 여러 캠프를 돌아다니며 보고서를 제출하는 '나그네 형'이 그것이다. 이런 부류에 들어가는 교수라면 교수의 품위와 자질은 찾을 길이 없다.

정치참여 교수의 과거와 현재

교수의 정치 참여는 어제오늘의 일이 아니다. 과거에도 있었고 현재에도 있고 미래에도 있을 것이다. 과거에는 반정부적 언동을 하는 교수를 정치교수, 권력에 아부하며 정부의 입장을 적극 대변하던 교수를 어용교수로 불렀다.

과거 정치에 참여한 교수들은 정치인의 보조적 역할에 그쳤다. 지금은 아예 정치를 끌고 가겠다는 흐름이 많이 형성되고 있다. 이른 바 '신(新)폴리페서'의 등장이다. 신폴리페서라는 신조어는 소셜 미디어를 통해 대중과 적극적으로 의사를 소통하며 정치적 견해를 펼치고 막강한 영향력을 행사하는 교수를 일컫는 말이다. 이러한 신폴리페서는 정치인보다 더 정치를 본업으로 삼고 있는 것처럼 보이고 그렇게 행동한다.

학문적 소양과 전문성을 현실 정치에 반영할 기회를 갖는 것 자체를 문제 삼을 수는 없다. 교수든 그 누구든 능력이 있다면 정치관련 자문활동을 하거나 국회에 들어가거나 정무직에 나가는 등 정치활동을 하는 게 이상할 것 없다. 오히려 긍정적이다. 그렇다면 문제는 무엇인가. 교수직을 유지한 채 정치판에 뛰어들어 활동하며, 강의와 연구라는 본업을 팽개쳐 대학과 학생에게 피해를 주는 게 문제다.

폴리페서는 학문적 전문성을 사회에 접목하려는 게 교수 본연의 의무라는 주장도 있다. 그 주장이 옳다고 하더라도 연구는 언제하고 학생들은 언제 가르치느냐는 질문에 분명한 답을 해야 한다. 교육계 원로 김인회 한양대 초빙교수는 "교수들이 힘을 모아 대학 경쟁력을 키우기에도 부족하다. 정치하고 싶은 교수는 정치판으로 들어가라!"고 했다. 교수직을 유지한 채 정치에 참여할 것이 아니라 교수직을 그만두고 정치활동을 하라는 이야기다. 교수들이 교수직을 유지한 채 무분별하게 정치에 참여하는 경우 학생 수업권 침해와 연구 활동 차질 같은 근본적인 문제를 야기하기 때문이다.

선거에 출마해서 고배를 마셔도 학교로 돌아가면 그만이고, 당선 뒤에는 휴직 상태로 있다가 다음 선거에서 재선하면 그 휴직을 연장한다. 휴직을 통해 교수직을 유지함으로써 신진 연구 인력의 교수직 채용도 가로 막는다. 그래서 대학은 폴리페서의 영원한 휴식처라고 하는 것이다.

2008년 4월 치러진 18대 총선을 전후해 서울대 사범대는 폴리페서 문제로 큰 내홍을 겪었다. 지역구에 출마한 체육교육과 김모 교수에게 사직을 권고했지만 김 교수는 교수직을 유지한 채 선거를 치렀다. 강의가 제대로 이뤄지지 않았음은 물론이다. 당선됐다면 별 문제없이 넘어갔을 것이다. 서울대는 학교로 돌아온 김 교수에게 감봉 3개월 처분을 내렸다. 당시 김 교수를 겨냥, 폴리페서 문제를 강력히 제기한 사람은 조국 서울대 법학전문대학원 교수였다. 2009년 6월 서울대는 선거에 출마하는 교수들은 학기 전 휴직계를 제출해야 한다는 규정과 선출직에 당선된 교수가 재선을 위해 휴직계를 내는 것도 금지하는 방안을 마련했으나 흐지부지됐다. 사립대는 그런 규정조차 만들려는 움직임조차 없었다.

김일수 한국형사정책연구원장의 폴리페서에 대한 언급을 보자. "교수가 트위터 팔로어를 수십만 명씩 갖고 있다면 그걸 관리하는 시간이 엄청날 것이다. 그 시간에 공부에 매진했다면 더 훌륭한 성과를 만들어 냈을 것이다. 학문에 소명감이 없으면 정치에 뛰어드는 게 낫다." 폴리페서 중에서도 연구도 열심히 하는 교수가 있다는 말에 "정치에만 눈을 돌리면서 연구가 되는가. 학자의 본분은 연구하는 거다. 교수 평가용으로 논문 몇 편 쓴 걸 갖고 연구했다고 볼 수 없다"는 말도 했다.

2012년 4월 19대 총선에서 현직교수가 15명, 재선 이상이 4명 등 모두 19명이 당선됐다. 18대 국회의 교수 출신 의원은 총 20명, 17대 국회의 교수출신 의원은 26명이 이었다. 교수직을 유지한 채 다음 정부에 참여할 교수는 또 얼마일까. 정부에 들어가면서 교수직 사표를 쓴 사람도 있다. 서울대 교수였던 정운찬 전 국무총리가 그런 경우였다.

◈ 교수의 정치참여를 부추기는 제도를 고쳐야

민주국가에서 자유로운 정치 활동은 주권자인 시민의 정당한 권리다. 교수도 시민의 한 사람이다. 그렇다면 교수가 정치를 하는 게 뭐가 문제인가. 이 정당한 권리를 놓고 선거철이 되면 폴리페서 문제가 불거진다.

정당법은 공무원의 정당가입이나 정치활동은 금지하고 있지만 국립대 교수들은 예외로 하고 있다. 공직자는 총선이나 대선에 출마하려면 90일 전에 공직에서 사퇴해야 하지만 교수들은 이 규정에서도 예외다. 각 대학도 별도로 제한 규정을 두고 있지 않고, 일부 사립대학에서는 오히려 정치권에 대한 바람막이나 로비 창구로 활용하기 위해 용인하거나 부추기는 경향도 있다.

그러니 출마해서 당선되거나 정무직으로 나가면 휴직을 하고, 낙선하거나 그 직을 그만두면 다시 교수로 돌아온다. 교수들이 선거 캠프에 참여하거나 수업과 연구를 뒷전으로 미루더라도 대학이 이를 제재할 수 있는 규정이 없다. 폴리페서들은 지지한 대선 후보가 낙선해도 자신은 교수직을 유지할 수 있어 손해 볼 일이 없고 지지

후보가 당선되면 그에 따른 보상을 받을 수 있다. 폴리페서를 탓하기 전에 잘못된 제도를 고쳐야한다.

교수의 정치 참여에 대한 시비가 일자 중앙대 이상돈 교수는 정년을 4년 남기고 스스로 물러났다. 2012년 새누리당 정치쇄신특별위원회 위원을 지냈던 이상돈 교수는 정치권에 본격적으로 관여하면서 대표적 '폴리페서' 중 한 사람으로 거론됐었다. 이 교수는 "지난 1년간 정치 참여를 하면서 학생들에게 소홀한 것은 아니었지만 정상적인 교수 생활은 하지 못했다"며 정치에 참여하고 나서 대학에서 가르친다는 건 좋지 않은 면도 있다"고 했다. 학교에 적(籍)을 걸어두고 정치 활동을 하는 다른 교수들과 달리, 사표를 던진 것은 이례적이라는 평가다. 이 교수의 결정을 두고 가타부타할 일은 아니다. 그가 자의적으로 선택한 것이기 때문이다. 하지만 그의 결정이 다른 폴리페서들에게 많은 걸 생각하게 할 것임은 분명하다.

지난 18대 국회에서는 대학교수가 국회의원에 당선되면 자동으로 교수직에서 사퇴하도록 하거나 선거 기간 휴직을 의무화하는 법안이 발의됐지만 처리되지 않았다. 19대 국회에서도 이완영 의원 대표발의로 교수가 국회의원과 장 · 차관 등 정무직 공무원으로 임용되려면 아예 사직하도록 하는 개정안(폴리페서 금지법)이 제출됐지만 통과되지 않았다.

폴리페서를 비난만 하고 있을 수 없다. 교수가 공직에 일정기간 진출하는 경우 사표를 내게 하거나 강단으로 복귀할 때는 재심사를 받게 하는 방안 등 제도적 장치가 필요하다. 그래도 문제는 여전히 남는다. 강의와 연구보다 정치현장을 들락거리며 사실상의 정치활동을 하는 경우다. 자신의 전공분야와 관계없이 정치적 또는 사회적 현안이 불거질 때마다 참견하고 앞장서는 새로운 형태의 폴리페서를 규제하기는 사실상 어렵다는 게 문제다. 이 문제는 대학사회나 교수 스스로 풀어야한다.

대학교수와 전문가가 설 자리

대학교수는 되기는 어렵지만 되고 나면 쉽다는 말이 있다. 사실은 그렇지 않다. 교수사회의 경쟁은 치열하다. 대부분의 교수들은 지금 이 시각에도 연구에 몰두하고 있다. 연구하고 강의하고 봉사하는 게 교수의 책무다. 대학교수가 전문적 식견으로 자문활동을 하는 것은 오히려 권장돼야할 일이다. 그러나 교수가 연구결과를 통해 정책을 제언하는 게 아니라 정치판에 기웃거리고 줄서기 하는 걸 봉사라고 할 수는 없다.

2012년 노벨생리의학상 수상자 야마나카 신야 일본 교토대 교수는 "빨리 연구실로 돌아가고 싶다. 연구 목표는 변하지 않을 것이며 다음 주라도 연구를 계속할 것"이라고 말했다. 생리의학상 공동수상자 존 거던 영국 케임브리지대 교수도 "아침 일찍 연구실에 나가야지 뭘 하겠느냐"고 말했다(한국경제신문 2012.10.10). 연구가 천직임을 아는 연구자들이다. 2002년 직장인으로 노벨 화학상을 수상한 다나카 고이치도 여전히 그 회사 연구실에 출근한다.

한국에는 수많은 폴리페서들이 연구를 뒷전으로 하고 정치판을 기웃거린다. 교수직을 정치판에 뛰어들기 위한 징검다리로 이용하려한다. 어느 분야에서 이름이 조금 알려지면 자신이 연구하는 전문분야와 다른 일에 뛰어들거나 정치판으로 들어서기도 한다. 한국에서 노벨상 수상자가 나온다면 연구를 접고 정치판으로 들어서는 일은 없을까. 축구의 박지성 선수는 축구스타지 야구장에서는 관중에 불과하다. 역도의 장미란 선수가 피겨스케이팅의 김연아 선수처럼 얼음판을 누빌 수 없다.

자신이 평생 닦은 학문으로 국민과 나라에 기여하는 것은 지식인의 사명이라는 점에서 교수의 정치참여 자체를 나쁘게 볼 수는 없다. 교수의 정치참여에 대한 긍정적 견해를 보자. "교수의 현실정치 참여는 정책의 전문성과 실효성을 높이는데 기여할 수 있을 것이다. 이론을 현실에 적용해 보고, 그 경험을 통해 다시 이론의 현실적 합성을 높일 수 있어 학문과 현실을 접목시키고 발전시키는 상승효과를 가져올 수 있다."(연세대 김영세 교수) "폴리페서가 나서지 않으면 한국의 개혁은 요원하고 희망이 없다. 개혁적 학자들이 책을 일시 물리고 나랏일을 걱정하는 것은 권장할 만한 일이지 결코 비난할 일이 아니다."(경북대 이정우 교수) "학자의 존재 이유는 진리를 추구하는 데 있다. 그러나 진리 탐구 못지않게 중요한 것이 그 결과로 얻은 지식을 통해 보다 나은 삶과 사회를 만드는 데 보탬이 되려는 의지일 것이다. 새로운 지식을 전파하고 공감대를 구축해 정책에 반영함으로써 우리 모두의 삶이 나아지는 것은 오히려 바람직한 일일 수 있다."(연세대 문정인 교수)

이들의 주장은 일리가 있다. 폴리페서들이 만들어 낸 정책 아이디어가 한국사회 발전과 정치발전에 도움이 될 수 있다면 오히려 환영할 일임에 틀림없다. 그렇다면 무엇이 문제인가. 교수가 정치판에 기웃거리고 줄서기 한다는 점이다. 그게 사회봉사는 아니기 때문이다. 그러나 교수들이 소신과 원칙 없이 철새처럼 옮겨 다니고 변신하며 대선주자들의 입맛에 따라 맞춤형 정책을 들이미는 것은 문제다. 복지지출이 과다해서 재정압박을 가져올 것이라고 비판하던 교수가 정치권에 들어가서는 복지확대를 주장하는 등 소신과 양심을 던져버리고 상대가 원하는 걸 맞춰주는 '맞춤형 지식소매상'으로 전락하는 게 문제다.

능력이 출중한 교수는 여러 가지 일을 할 수 있다고? 바둑 한 판을 두어도 목숨을 건다고 하는데 여기저기 힘을 분산할 수는 없는 일이다. 세계 정상의 운동선수도 계속 연습한다. 그래야 최고수준을 유지할 수 있고 또 그 수준을 한 단계 끌어올릴 수 있다. 잠시라도 한 눈을 팔지 않는다. 한 번 정상에 올랐다고 그 수준을 유지할 수 있는 게 아니기 때문이다. 교수가 전문가라면 전문가답게 행동해야한다. 대선 후보들의 세 과시용 들러리로 동원되는 여러 사람들 중 하나에 불과하다면 엑스트라밖에 더 되는가.

교수든 누구든 직업선택의 자유, 정치참여의 자유가 있다. 대학교수가 특정분야의 전문가로 초빙되거나 발탁돼 전문적 식견으로 자문활동을 하는 것을 탓할 수는 없다. 전문가의 정책 아이디어가 경제와 사회발전, 정치발전에 도움이 될 수 있다면 그건 좋은 일이다. 정치 참여 교수들의 성공사례도 있다. 하지만 최근 보았듯이 일부 교수 출신 장·차관과 수석들의 행태는 실망을 넘어 교수의 품위와 자질을 허무는데 부족함이 없었다. 정치판을 기웃거리고 캠프 참여를 디딤돌로 삼아 한자리 챙기려는 폴리페서들은 결국 대학사회를 정치의 장으로 물들이고 교육의 부실과 대학의 경쟁력을 낮추는데 기여할 뿐이다. 교수가 설 자리는 연구실과 강의실이다. 학생을 가르치고 연구하고 연구결과를 통해 사회에 봉사해야한다. 교수의 품위는 교수 스스로 지킬 일이다. 품위를 손상시키는 교수를 대학사회가 스스로 정화할 수 없다면 대학과 교육의 발전을 기대할 길이 없다.

대학사회에 새바람이 불어야한다. 대학사회와 교수들 스스로 폴리페서를 규제해야한다. 대학사회가 자정능력이 없다면 대학과 교육의 발전을 기대하기는 어렵다. 대학당국과 교수들에게 물어보고 싶은 게 있다. 한국 대학은 세계에서 어느 수준에 있으며 세계 어느 나라에 수백, 수천 명의 교수들이 선거캠프에 모이는 경우가 있는가를.

〈한국지역사회연구소, '지역사회'(2013년 봄호)와
선사연 칼럼(2017-04-12)을 종합해서 수정보완〉

02 노벨상 타령, 언제까지 할 것인가

10월은 노벨상의 계절이다. 하지만 우리에겐 안타까운 우울의 계절이다. 일본은 올해까지 노벨과학상 수상자를 21명이나 배출했다. 중국 토종 과학자도 올해 노벨상을 탔다. 아시아 국가인 인도와 파키스탄에서도 노벨과학상 수상자를 배출했다. "우리는 언제쯤 탈 수 있을까?" 안타깝고 부러운 마음으로 노벨상타령을 하다가 곧 잊어버린다. 해마다 반복되는 일이다.

노벨상에 아무리 목말라 해도 모래밭에 성을 쌓을 수는 없다. 학문과 연구에 지름길은 없다. 학문과 연구의 목적이 노벨상 타는 데에만 있지 않다. 노벨상을 받지 못한 위대한 과학자는 수상자보다 훨씬 많지 않은가.

우리가 서둘 것은 우리에게 맞는 교육제도와 연구풍토를 정착시키는 일이다. 우리의 교육정책과 교육현장을 보라. 무상급식, 수능시험 난이도 조정, 반값등록금 등을 놓고 떠들었지 교육의 본질을 논의한 적이 있는가. 공교육은 창의와 수월성을 억누르는 평준화의 틀에 갇혀 부실하다. 그러니 사교육 시장이 확대될 수밖에 없다.

휴식과 수면이 부족한 학생들은 시험에 나올 문제를 풀거나 암기하는 주입식교육에 내몰려있다. 주입식 교육에 질문은 아예 없다. 대학입학 관문인 수능시험은 정답이 있는 문제를 빨리 실수 없이 풀어야한다. 참신한 발상을 하거나 새로운 해답을 찾을 여유도 그럴 이유도 없다. "얼음이 녹으면?" 이라는 문제의 정답은 물이라고만 가르치고 얼음이 녹으면 봄이 온다는 건 모범답안에 없다는 식이다.

모든 학생이 대학에 가야 하는 건 아닌데 대학진학이 교육의 목적이 돼있다. 대학생은 양산된다. 이는 청년실업문제와 무관하지 않다. 대학교육은 대학이 알아서 할 일인데 대학입시를 비롯해서 대학에 대한 교육부의 간섭이 심하다. 어떤 인재를 키워낼 것인가에 대한 철학이 교육부에는 없는 것 같다. 교육을 제대로 하려면 교육부부터 없애라는 말이 무슨 뜻인가를 교육당국은 생각해봐야한다. 우수한 학생들은 법대와 의대로 몰린다. 의사 99%가 진료 분야를 선택하고 기초의학분야에 가면 '천연기념물'이라고 한단다. 기초의학분야는 취직도 어렵고 월급도 적기 때문이라는 것이다.

어떤 것이든 값진 열매는 쉽게 익지 않는다. 성공을 보장할 수 없는 과제를 장기간 붙들고 실패를 거듭하며 씨름하는 과정이 실험이고 연구다. 실제로 실험실에서 실수로 엉뚱한 결과를 낸 것이 노벨상을 받는 계기가 된 경우도 있다. 연구와 실험 등 창조적 도전에는 실패가 따른다. 실패해도 '괜찮다'며 도전을 장려하고 용기를 주는 교육시스템과 지원 없이 단기속성결과만 중시하는 풍토에서 무슨 창조를 기대할 수 있는가.

노벨상 타령 그만하고 우리의 교육과 연구시스템부터 혁신해야한다. 초등학교에서 대학까지의 교육은 인재를 양성하는 기본 요람이다. 제대로 교육받은 인재들이 기초과학이든 응용과학이든 평생 한 분야에서 마음껏 연구할 수 있도록 안정적인 연구풍토를 조성하고 지원해야한다. 우선 노벨 수상자를 배출할 수 있는 바탕을 넓혀야한다. 학교와 연구기관, 기업과 정부가 각각 해야 할 몫이 있는 것이다.

급할수록 돌아가야 한다. 우리 사회는 단기적인 성공을 기대하면서 성과가 빨리 나오지 않는 경우 성급하게 실패의 딱지를 붙인다. 실패는 성공의 어머니인데! 실패를 용인하지 않는 풍토에서 세상을 깜짝 놀랠만한 연구결과가 나오기는 어렵다. 우리의 척박한 연구풍토와 교육을 확 뜯어고치지 않는 한 노벨상 타령도 인재양성 이야기도 하지 말자. 백년대계가 아니라 해마다 수능과 입시제도가 바뀌는 교육정책으로 무엇을 할 수 있는가. 교육부 개혁하고 교육제도를 근본부터 뜯어고쳐야한다.

〈선사연 칼럼, 2015-10-13〉

03 서울대가 죽어야 교육이 산다?

민주통합당은 서울대를 없애는 것을 대선 공약으로 내세울 모양이다. 서울대를 없애는 대신 지방에 여러 개의 '서울대'를 만들겠다고 한다. 2004년 노무현 정부 때 대통령 직속의 교육혁신위원회가 서울대를 없애겠다는 이야기를 꺼냈다.

당시 서울대 폐지 논리는 대학 서열화를 없애고 학벌주의를 타파하기 위해서라는 것이었지만 교육계 안팎의 부당성 지적 때문에 접었던 것이다. 그걸 다시 꺼내는 것은 더운 여름에 겨울 코트를 꺼내는 격이다. 서울대라는 포장만 하면 내용이야 어떻든 지방 대학들이 서울대 수준이 돼서 좋아할 것이라고 생각하는 것 같다.

서울대 출신보다 비서울대 출신의 수가 많고 학부모 수 역시 그러하니 서울대를 없앤다고 하면 표가 많이 나올 것이라는 계산일 것이다. 대선을 앞두고 표 얻을 궁리를 한 끝에 나온 것이겠지만 참으로 한심한 발상이다.

정권을 잡기 위해서, 또 표만 얻을 수 있으면 무슨 짓이라도 할 수 있다는 것은 빈대만 잡으면 초가삼간이 타는 건 알 바 아니라는 발상과 다를 바 없다. 사교육과 입시경쟁이 생기고 학벌위주 사회와 대학 서열화가 생기는 것은 서울대 때문만은 아니다. 비록 그렇다 하더라도 서울대를 없애면 대학서열화와 사교육과 학벌위주 풍조가 사라질 것인가.

학벌과 학력은 다른 것이다. 서울대를 없애면 또 다른 대학의 위상이 올라갈 건 뻔하다. 그럴 경우 또 그 대학도 없애자고 할 것인가. 잘 하는 건 더 잘하게 하고 처지는 건 끌어올리는 노력을 하지 않고 잘 하는 것을 끌어내려 키 맞추기 하는 하향평준화, 잘못된 평등주의로는 다 함께 망한다.

서울대와 어깨를 겨루는 대학이 많이 생겨난 현실을 똑바로 보라. 지방을 발전시키고 지방대학의 경쟁력을 높이는 건 풀어야 할 과제다. 그러나 서울대를 없앰으로써 그런 과제를 풀 수 있는 건 아니다. 우리는 한국에서 '서울대 서울대' 하지만 서울대가 세계적 수준의 대학 반열에 오르려면 갈 길이 한참 멀다.

한국의 대학수준은 세계 10위권 경제대국에 어울리지 않게 뒤처져 있다. 낮은 수준의 대학교육을 그대로 둔다면 국가경쟁력은 더 이상 끌어올리지 못할 것이다. 학벌주의 사회는 개혁돼야 한다. 서울대 폐지를 말할 것이 아니라 어떻게 대학교육의 질을 높여 국가경쟁력을 제고할 것인가를 생각해야한다. 다른 한편으로 대학 가지 않아도 성공할 수 있는 세상을 만들어야한다.

삼성전자가 잘 나아가고 있고 거기에 취업하려는 자들이 줄을 서 있어 문제가 많으니 삼성전자를 없애거나 모든 전자회사에다 삼성전자 이름을 붙이자고 하면 어떨까. 프로야구가 인기인데 상위 팀이 잘 나가고 있으니 잘 나가는 팀의 선수를 뽑아 꼴찌 팀으로 트레이드해야 한다고 주장하면 어떨까. 그런 하향평준화가 바람직한 것인가.

"국가경쟁력을 결정하는 핵심적인 요소는 대학의 경쟁력이다. 1세기 넘게 미국 대학의 경쟁력은 세계 최고 수준을 유지하고 있다. 그런데 미국의 경제가 살아나지 못할 이유가 있겠는가." 미국 경제가 일본에 밀리던 1980년대 후반 세계적 석학 대니얼 벨이 일본에서 미국 경제의 장래에 대해 강연했을 때 청중의 질문을 받고 했던 답변이다.

〈uKoipia.com, 2012-07-03〉

04 역사교과서를 어찌할꼬

고등학교 역사교과서 논란을 보는 마음은 어이없고 참담하다. 역사교과서는 모두 8개, 교학사 교과서만 우 편향으로 알려져 있고 지학사 교과서가 좌파에서 약간 중도 쪽으로 와 있을 뿐 나머지 6개 교과서는 대한민국 성취를 부정하고 건국의 문제점을 들추고 있다. 다양성을 추구하겠다고 도입한 검정교과서제도의 결과가 이렇다.

교학사 교과서를 교재로 삼으려 했던 학교는 전국 1794학교 중 20여 개에 불과했다. 그런데도 전교조를 비롯한 좌파성향의 사회단체들이 이들 학교를 상대로 협박과 악의적인 괴담, 유언비어 유포 등 온갖 방법을 동원, 채택을 못하게 압박했다. 광우병 파동이나 철도노조파업 등에서 보던 방법이 아닌가. 교육부는 교재채택을 철회하는 과정에 외압이 있었다고 발표했다. 그런 조사를 하고 발표만 하면 뭣 하는가. 교학사 교과서를 채택한 학교는 사실상 없다. 이제 모든 학생들은 우리의 역사에 대한 인식도 편향될 수밖에 없다. 역사교육이 이래도 되는 것인가.

역사에는 공과(功過)가 없을 수 없지만 대한민국은 절대빈곤에서 탈피, 산업화와 민주화를 이룬 자랑스러운 나라다. 우리의 역사를 미화만 하려는 것이 아니라 사실이 그렇다. 학교교육기간은 지적훈련기간이다. 학생들을 편향된 시각의 외눈박이로 키워서는 안 되는 것이다.

런던대학과 오사카대학 명예교수인 일본출신 모리시마 미치오는 '왜 일본은 몰락하는가'(1999년)라는 책에서 2050년 일본은 몰락한다고 했다. 일본 몰락의 원인은 경제적인 이유가 아니라 교육과 정신의 황폐화에서 오는 정치의 무능과 빈곤 때문이라는 것이다. 교육성과가 가장 오르는 10대 후반의 젊은 학생들에게 깊은 생각을 하지 않게 하는 교육을 한다. 훌륭한 관료와 기업가와 문화인을 키워내더라도 훌륭한 정치인을 만들어내지 못하면 일본은 장래가 없다. 정치인의 질이 나쁘기 때문이다. 1999년의 현실을 전제로 해서 이때 교육받은 학생들이 50년 후 인생의 절정기에 어떤 지도자가 될 것인가를 추론하면서 2050년에 몰락한다는 것이다. 이건 한국을 분석한 것이 아닌가 하는 착각이 든다.

역사는 어떤 시각으로 누가, 언제 기록하느냐에 따라 달라질 수 있다. 그래서 역사해석을 다양하게 허용하려고 검정제도를 도입한 것이다. 전교조와 일부 세력은 자기들이 보고 싶고 가르치고 싶은 것을 선택하는 건 다양성이고 자기들과 이념이 다른 사람들의 선택은 다양성 훼손이고 악이라며 교과서 채택을 방해한다. 그들은 교육을 잘 하자는 게 아니라 진영논리에 빠져 그들이 가진 편향된 이념을 학생들에게 주입시키려는 억지투쟁을 하고 있는 것이다. 학교가 교과서를 마음대로 선정하지 못하고 전교조나 시민단체의 눈치나 살펴야 하는 세상인데 다양성 보장은 이미 물 건너갔다.

근・현대사는 집필자의 이념과 시각에 따라 역사 서술 내용이 크게 달라질 수밖에 없는데 근・현대사 비중을 50~80%로 지나치게 크게 배정하도록 지침을 내린 건 교육부다. 더욱이 퇴임한 지 1년, 6년도 안 된 대통령 정권에 대해 교과서가 평가를 내린다는 것은 역사기술이 아니라 정치 선전이나 다름없다. 교과서가 신문의 칼럼이나 다를 바 없지 않은가.

이런 문제가 생길지 몰랐다면 교육부는 무지한 것이고 알고도 대비하지 않았다면 직무유기다. 모든 역사교과서에 오류가 많은 것도 논란을 키운 원인이다. 졸속 또는 편향된 시각으로 집필한 교과서는 부실공사와 다를 바 없다. 교육부는 그런 교과서를 만들게 한 책임, 검증을 부실하게 한 책임에서 벗어날 수 없다. 부족한 교과서 전문가, 짧은 검정심사기간, 집필과 검정 기준 선정 등등에서 나타난 교육부의 무능과 무지를 들추려면 끝이 없다. 오죽하면 교육을 제대로 하려면 교육부를 없애야한다는 말이 나올까.

문제가 불거지자 '국정교과서 환원 논란'이 일고 있다. 우리 사회 대부분의 갈등은 정치권에서 비롯된 것인데 역시 정치권이 이 논란에도 빠지지 않았다. 국정으로 환원하든 검정제도를 유지하든 중요한 건 제대로 된 교과서를 만드는 일이다. 교육현장이 이념 대립의 현장이 돼있고 대들보 무너지는 소리가 들리는데 온전한 대한민국을 지키고 이끌 인재를 키우는 교육이 가능한가. 교육부를 비롯한 교육계와 정치권이 모두 명심해야한다. 어떤 교과서를 만들어 교육을 할 것인가. 근본적으로 다시 생각하라.

〈선사연 칼럼, 2014-01-16〉

05 역사교과서 국정화에 찬성이냐 반대냐

역사교과서 국정화에 찬성이냐 반대냐를 묻는다면 어떤 답을 할 수 있는가. 앞뒤 사정 다 빼고 그렇게 묻는 건 제대로 된 질문이 아니다. 교과서 내용을 먼저 밝힌 다음 국정화 찬성과 반대를 물어야한다.

교과서에 거짓과 오류, 잘못 기술된 사례는 즐비하다. 대한민국은 '정부수립', 북한은 '국가수립', 대한민국은 '독재' 북한은 '후계체제' 등등 교과서 곳곳에는 반(反)대한민국 정서가 흐르고 있고 대한민국은 친일 · 독재 · 분단 세력이 이끌어온 나라, "정의가 패배한 역사"의 나라가 돼있다. 6 · 25 전쟁도 누구에게 책임이 있는지 애매하다. 산업화와 민주화를 이뤄 세계적 성공사례가 된 대한민국은 교과서에는 없다. 노동운동가 전태일은 있지만 산업화에 기여한 이병철 · 정주영 같은 기업가는 없다. 반(反)기업정서가 교과서에 흐른다. 미국의 역사교과서엔 카네기 · 록펠러 등 기업인을 자세히 기술하고 스티브잡스 · 빌 게이츠도 등장한다.

역사를 어떻게 쓸 것인가는 간단한 문제가 아니다. 역사에는 명암이 있고 역사적 인물에 공과가 있다. 역사를 보는 눈은 사람마다 다를 수 있다. 하지만 역사를 감정적으로 다뤄서는 안 된다. 역사적 사실을 모두 기술할 수는 없다. 경중(輕重)을 따져야 하고 중요한 역사적 사실을 고의로 누락시키거나 왜곡해서는 안 된다. 역사를 진실탐구로 보지 않고 이념투쟁의 수단으로 보려는 의도를 깔아서는 더욱 안 되는 것이다.

고교 역사교과서는 8종(種)으로 다양성이 있는 것처럼 보이지만 다양성은 허울일 뿐이다. 무엇을 위한 다양성인가. 대한민국의 체제부정과 역사적 사실 왜곡, 검증되지 않은 일방적 주장 등을 허용하는 게 다양성일 수 없다. 그동안 교육부는 잘못된 내용의 수정을 권고했다. 하지만 역사를 정치 · 이념투쟁의 수단으로 보려는 민중사관을 가진 집필진이 소송을 제기하거나 교묘하게 표현만 바꾸는 등 교육부의 지침이 통하지 않았다. 교육부의 무능과 직무유기 때문이다. 정부는 검인정제도를 강화하는 것으로는 교과서 부실과 왜곡문제를 해결할 수 없다고 판단, 국정으로 바꾸겠다는 결단을 내린 것이다.

정부가 현행 교과서에 문제가 많고 검인정으로는 바로잡을 수 없다고 했으니 국정화를 반대하려면 여러 종의 '편향교과서'에 문제가 없다는 점을 먼저 밝히고 정부 주장의 잘못을 반박해야 한다.

그런데 그렇게 하기는커녕 쓰지도 않은 국정교과서를 '친일 · 독재교과서'로 못 박는다. 이건 상영되지도 않은 영화를 좋다거나 나쁘다고 평하는 것과 다를 바 없다. 지금이 어느 땐데 누가 친일 · 독재교과서를 만들자고 한다는 것인가. 교과서만이 문제가 아니다. 교실에서의 편향적 수업은 또 다른 문제다. 좌편향 교사들은 온갖 유언비어를 퍼뜨리고 교사의 사상과 이념을 전수하려한다.

더욱 가관인 것은 국정화 반대세력들은 국정교과서 필진에 대해 인신공격을 서슴지 않는다는 점이다. 비교적 객관적으로 쓰였다는 교학사 교과서가 지난 번 검정을 통과하였을 때 이들 세력은 출간을 막으려고 출판사에 방화와 살인 협박까지 했다. 출간된 후에는 교과서의 채택을 막는 일을 조직적으로 벌여 채택률을 0%대로 만들었다. 이번에는 국정화 집필자로 거론만 돼도 '친일파' '어용'이라고 매도한다. 이는 집단테러이자 인민재판이고 인격살인이다. 과연 이 땅에 지성이 살아 있는가.

교과서 문제의 본질은 국정화 반대냐 찬성이냐가 아니다. 교과서가 잘못돼 있다면 이를 바로 잡아야하는 문제다. 올바른 교과서를 만들자는 건 자라나는 세대들에게 과거를 되새기고 현재를 제대로 읽고 밝은 미래를 만들기 위한 우리의 과제다. 결코 정권의 편을 드는 일일 수 없다. 이제 남은 과제는 좋은 교과서 만드는 일이다. 정부에 맡겨진 책무는 막중하다.

〈선사연 칼럼. 2015-11-19〉

06 교육, 그 높은 가치와 끝없는 혼란

호랑이 · 독수리 · 고래 · 오리가 모임을 만들면 누가 회장이 될까. 호랑이는 맹수의 왕이라며, 독수리는 하늘을 날 수 있기에, 고래는 헤엄칠 줄 안다고 자기가 회장을 하겠다고 우겨 논쟁은 끝없이 이어졌고 결국 오리가 회장이됐다는 이야기가 있다. 오리는 뛸 수도, 날 수도, 헤엄칠 수도 있어 모든 걸 다할 수 있기 때문이라는 것이다. 그러나 오리는 제대로 잘 하는 게 하나도 없다. 한국의 교육을 오리 사육(飼育) 교육이라고 하면 지나친 말일까.

미국 이민자들에게 이민 이유를 물으면 아이들 교육 때문이라고 답하는 사람들이 많다. 자녀 교육을 위해서라면 어떤 일이든 할 수 있는 게 한국의 부모다. 미국 이민세관단속국(ICE)에 따르면2006년 말 현재 미국 내 외국인 유학생수는 한국이 9만3천728명으로 전체 외국유학생(63만998명)의 14.9%로 1위를 차지했다. 11억 인구의 인도(7만6천708명), 13억 인구의 중국(6만850명), 1억2700만 인구의 일본(4만5천820명)을 제친 대단한 기록이다.

어디서 교육을 받든 우수한 인재는 우리의 자산이고 경쟁력의 원천이다. 그러나 국내 교육환경이 워낙 열악하기 때문에 초등학생부터 고교생까지 조기 유학을 떠나고 있는 것은 분명 문제다. 해외유학 · 연수비용은 해마다 증가, 2001년 10억 7000만 달러이던 것이 2005년에는 33억 8000만 달러, 2006년에는 44억 5700만 달러를 기록했다.

한국의 공(公)교육은 붕괴됐고 고교등급제 · 대학본고사 · 기여입학제를 금지하는 이른 바 '3불'(3不)정책은 한국 교육의 발목을 잡고 있다. 2006년 말 초등학생의 88.2%, 중학생 78.4%, 고교생 63.1%가 사(私)교육을 받은 것으로 조사됐다. 기여입학제를 뺀 '2불'이라도 논의하자고 대학총장들이 주장하지만 정부는 '3불'정책과 평준화 교육정책을 고칠 생각이 없다.

산다는 게 경쟁이고 교육 역시 경쟁이다. 잘 하는 사람은 더욱 잘 하도록, 뒤쳐진 사람은 수준을 끌어올리도록 격려하면서 가르치는 게 교육이다. 평준화 교실에서는 학업 능력과 적성이 천차만별인 학생을 함께 가르친다. 우수한 학생은 물론 뒤쳐진 학생 거의 모두가 흥미를 잃을 수밖에 없다. 공교육이 부실해지면 가정이 어려운 학생일수록 피해를 입는다. 과거엔 학교공부만 열심히 하면 좋은 학교를 갈 수 있었지만 지금은 어렵다. 학교공부만으로는 부족하고 과외 받을 형편은 안 되기 때문이다. 가난의 대물림이 평준화정책에서 잉태되는 것이다. 또 학생 선발권도 없는 대학에 어떤 창조적 결과를 기대할 수 있는가.

한국에서는 5월 15일 '스승의 날'을 학년말인 2월로 바꾸자고 한다. 학년말이면 학부모는 '촌지'라는 이름의 돈 봉투를 주지 않아도 된다고 생각할 것이라는 기대가 그 배경에 깔려있다. 스승의 날을 옮기겠다는 뜻이 그렇다면 차라리 그런 날을 없애는 게 옳다.

어린이날, 어버이날도 없애자. 오늘날 어린이는 위험에 팽개쳐져있거나 때로는 과보호되고 있고 어버이는 홀대되고 있는 사례는 흔하다. 기념일에만 어린이를 사랑하고 어버이와 스승을 공경할 게 아니다. 365일을 어린이와 어버이, 스승의 날로 생각하기 위해서 기념일을 없애자.

'촌지 사절'이라는 글을 써 붙인 교문을 지나는 교사들은 어떤 마음일까. 스승의 날만 되면 교사가 된 걸 후회한다는 교사들의 마음을 헤아려보자. 교육의 질, 교사의 자질문제를 교사 개인의 책임만으로 돌리 수 없다. 하지만 어쩌랴. 우리를 싸고도는 여건이 아무리 열악해도 문제 해결의 열쇠는 교사들이 쥐고 있다. 교사들에게 힘을 실어주는 국민운동이라도 벌려야하지 않겠는가. 교육이 우리의 희망이기 때문이다.

80년대 초의 일이다. 초등학교 전교 어린이회장이 된 아이가 있었다. 아이의 어머니는 오래 병석에 있었기에 학교에 갈 수 없었고 교수인 아버지는 학교에 갈 이유가 없다고 생각했다. 그랬더니 "학생의 성적은 좋은데 학부모의 성적은 안 좋다"는 이야기가 들려왔다. 학교에 어떤 성의표시를 안 했기 때문이었던 같다. 그 때 아이는 중학교에 가서는 절대 학생회장 같은 거 안 할 것이라는 말을 했다. 어린 아이가 받은 심적 압박은 짐작하고도 남는 일이다. 교단에서 묵묵히 사명을 다하는 선생님들에게 죄송한 일이지만 필자에게 남아있는 씁쓸한 기억이다.

일류지식정보국가를 건설해야 살아남을 수 있는 시대에 한국의 교육은 비효율적이고 질적 수준이 낮다는 걸 부정할 사람은 없을 것이다. 부모의 최대 관심사는 자녀 교육과 진학문제이며 교육문제 때문에 자녀를 낳지 않겠다고 하는 게 오늘의 한국이다.

한때 스승의 날을 전후해서 촌지와 선물 수수문제가 최대 이슈로 등장했다. 교육이 풀어야 할 현안과제가 얼마나 많은데 스승의 날에 고작 한다는 게 촌지 단속이다.

촌지의 사전적 의미는 얼마 되지 않은 적은 선물이라는 뜻으로 드리는 선물을 겸손하게 이르는 말이다. 하지만 촌지는 자녀 잘 봐달라는 청탁성 뇌물로 인시되는 세상이 됐다. 몇 천만 원도 떡값이라고 하지 않던가.

스승의 날을 앞두고 '촌지를 받지 않겠다'는 서약서를 교사들에게 강요하고 '교사에게 촌지를 주지 말라'는 가정통신문을 학생을 통해 학부모에게 보내는가 하면 촌지수수 현장을 잡는다며 수리공이나 요구르트 아줌마를 가장한 암행 감찰반을 운영하는 사례도 나타났다. 교사를 촌지나 받는 비윤리적 인간으로 , 학교를 비리의 소굴로 보지 않고서야 있을 수 없는 일이 벌어지는 것이다.

선생님에게 보람을 느낄 수 있도록 교육환경을 바꾸자. 한국교육 이대로는 안 된다. 나라발전의 엔진은 각급 학교에서 가동돼야한다. 언제까지 평준화에 사로잡혀 제대로 잘하는 것이 없는 오리들을 양산하는 교육을 할 것인가. 경쟁 없는 사회에 발전이 없다는 건 역사의 교훈이다.

〈우리신문, 2007-04-27〉

07 대학생은 누구이고 무엇을 할 것인가

대학신입생을 프레시맨(freshman)이라고 한다. 새롭고 신선하며 생기 있는 사람이라는 뜻이다. 그렇다면 대학신입생은 낡은 것을 깨고 새로운 걸 창조할 의지와 능력이 있어야한다. 여러분은 어떤 문제로 고민하고 있으며, 밤을 새우며 고민해본 적이 있는가.

경제든 정치든 사회든 교육이든 보는 사람의 시각에 따라 평가는 다르다. 우리가 해결해야할 문제는 켜켜이 쌓여있다. 그러나 가장 중요한 건 먹고사는 문제다. 자동차 반도체 무선통신기기 철강 조선 등은 과거 집중적으로 투자하고 육성해온 결과 주력산업이 돼 우리 경제를 지탱하고 있다. 앞으로 10년, 20년 또는 50 후 우리가 무얼 먹고살 것인가는 지금 우리가 어떤 산업을 키우려고 노력하느냐에 달려있다. 봄에 씨앗 뿌려야 가을에 추수할 수 있는 이치와 같다.

세계 각국은 생존경쟁을 치열하게 벌인다. 인간세계는 문명의 베일을 쓰고 있지만 강한 동물이 약한 동물을 잡아먹는 동물세계와 다를 바 없다. 지혜로운 우두머리는 자기 종족의 장단점을 파악해서 힘센 종족과 적절한 관계를 유지하며 살아가는 게 기본전략이다.

우리는 한반도 주변정세를 제대로 파악하지 않고 세계 최강국 미국을 얕잡아보면서 중국 일본 러시아에는 방비를 게을리 하며 살아가는 게 아닌가 하는 의문이 생긴다. 우리는 19세기 말과 20세기 초 한반도를 둘러싸고 주변 강대국이 벌이는 싸움을 모르고 있다가 일제에 나라를 잃었다. 중국이 우리 편인가, 일본이 우리 편인가, 아니면 러시아가 우리 편인가.

오늘날은 세계화시대다. 이는 싫든 좋든 이미 우리 앞에 전개되고 있는 현실이다. 이미 세계는 한 마을이 돼있다. 그래서 지구촌이라고 하는 것이다. 국가 간에 칸막이가 없어졌다는 뜻이다. 경쟁에서 이기려면 1등을 하고 일류가 돼야한다. 무엇을 만들건 무엇을 하건 세계시장에 내놓을 수 있는 것이어야 한다.

그렇다면 세계의 변화를 읽어야한다. 지금은 말을 타고 싸우고나 칼을 들고 싸움을 하는 세상이 아니다. 머리로 싸우는 세상이다. 대학생은 세계를 무대로 활동할 준비를 해야 한다. 좁은 한반도를 벗어나서 활동해야 하는 것이다. 고추장 들고 해외여행 떠나지 말고 현지의 모든 걸 익히고 즐겨라. 생각은 세계적으로, 행동은 현지에 걸맞게 해야 한다. 국가 간의 관계에서 가장 중요한 것은 경제력이다. 우리가 경제력을 키워 선진국으로 진입할 수 있을까. 우리가 어떻게 하느냐에 달렸다.

❖ 학생들의 관심사는 무엇이며 대학은 무엇을 하는 곳인가

대학생에게 중요한 건 미래다. 여러분은 미래를 준비하고 있는가. 미래를 준비하려면 실력을 쌓아야한다. 여러분은 실력을 쌓고 있는가. 해야 할 일이 많은데 노력을 하고 있는가. 최선을 다하는가.

언젠가 고3학생이던 친구의 아들에게 대학에 왜 가느냐고 물은 적이 있다. 그 녀석의 대답은 "대학 가요제에 나가기 위해서"라는 것이었다. 물론 웃자고 한 이야기였다. 대학가요제에 나가기 위해 대학을 간다는 게 아무 생각 없이 대학에 가는 것보다 오히려 목적이 분명한 게 아닌가 하는 생각도 들었다. 이런 이야기를 하는 이유는 대학에 왜 가는가를 모르는 학생들이 많기 때문이다.

니컬러스 네그로폰테(Nicholas Negroponte)교수의 '디지털이다'(Being Digital)라는 책의 한국어 판 서문에는 "당신들, 학교교육 지금처럼 계속하면 머지않아 망할 것이다"라고 쓰여 있다. 우리의 잘못된 교육현실을 지적한 쓴 소리다. 듣기 거북하다기보다 우리의 아픈 곳을 찌르는 말이다. 우리의 교육은 '오리 키우는 교육'이라는 말이 있다. 오리는 날 수도 있고 달릴 수도 있고 헤엄칠 수도 있다. 그러나 제대로 하는 게 하나도 없다. 우리의 교육이 그렇다면 하루 빨리 바꿔야한다.

미국의 실리콘밸리에는 벤처기업을 일구어 미래세계를 열어가려고 가슴이 울렁거리는 젊은이들이 모여 있다. 한국의 어느 지역 고시촌에는 과거를 들추며 가슴이 답답한 젊은이들이 모여 있다. 과거를 들추며 가슴이 답답한 젊은이와 미래를 창조하고 가슴이 울렁거리는 젊은이들이 펼치는 경쟁에서 누가 이길 수 있을 것인가. 실리콘밸리 벤처열풍의 힘은 근본적으로 대학에서 나온다. 대학은 오늘날 무한경쟁을 강요받고 있다.

대학생 여러분은 도전하는 삶을 살아야한다. 미국의 육상선수 로저 배니스터는 1952년 헬싱키 올림픽 때 1500미터 경주의 가장 유력한 금메달 후보였다. 그러나 결과는 4위에 그쳐 비난을 받자 명예를 회복하려고 1954년 '1마일 4분 벽 돌파'에 도전했다. 당시 그것은 불가능한 것으로 알려져 있었는데 그는 3분 59초4를 기록, 벽을 깼다. 그 일이 있자 한 달 만에 4분 벽을 깬 사람이 10명이나 됐고 1년 후에는 37명, 2

년 후에는 300여 명이나 됐다. 넘을 수 없다고 생각했던 마음의 벽을 배니스터가 허물자 모두 도전에 나서서 이룬 성과였다. 도전하라. 할 수 있다고 생각하고 도전하라. 그런 삶을 살아야 한다.

대량생산의 시대는 가고 대량사고(大量思考)의 시대가 왔다. 모방으로 남을 이길 수는 없다. 남의 그물 빌려 고기 잡는 식이어서는 안 된다. 좋은 그물을 빌려주는 데도 없다. 새로운 그물을 개발해야 한다.

❖ 대학생활 어떻게 할 것인가

대학을 나와야 성공할 수 있는 것은 아니다. 졸업장 그 자체는 별 의미가 없다. 여러분의 경쟁상대는 거의 모두 대학졸업자 이상이다. 문제는 능력이다. 여러분은 꿈이 있는가. 꿈이 있다면 철저히 준비를 하라. 중요한 건 바로 여러분의 미래다. 미래는 창조하는 것이다. 디즈니랜드에는 이런 글이 새겨져 있다. 꿈을 꾼다면 그것은 이루어진다.

오늘날을 지식기반사회라고 한다. 지식이란 무엇인가. 생산성과 효율을 올리는데 도움이 는 게 지식이다. 이것저것 많이 알고 많이 외우고 있는 게 지식이 아니다. 1750년경부터 동서양의 격차가 나기 시작했다. 당시 서양은 "누가 어떤 상품을 얼마나 잘 만드느냐" 등에 관한 지식을 중시했다.

1) 이제 시작이다.

졸업은 새로운 시작을 의미한다. 졸업식을 the commencement 라고 하는 까닭이 여기에 있다. 인생이란 승차권 하나 들고 떠나는 기차여행이다. 연습할 기회도 없이 떠나면 시간은 어김없이 흐른다. 중도에서 하차하는 건 불가능하다.

이제부터 독서를 철저히 하라. 진짜 공부는 독서에서부터 시작된다. 듣는 훈련을 잘 하라. 관심을 가지고 들으면 잘 들리고 관심을 가지고 보면 잘 보인다고 했다. 사람은 일생동안 3권의 책을 쓴다고 한다. 과거, 현재, 미래라는 책이다. 현재라는 책이 가장 중요하다. 거기에는 현재의 말과 행동 하나 하나가 모두 기록된다. 과거라는 책과 미래라는 책은 현재라는 책의 부록에 불과하다. 오늘을 어떻게 사느냐에 따라 삶의 방향은 달라진다.

2) 일류가 되고 1등을 하고 최고가 되고 명품이 되라.

자기를 닮은 사람은 없다. 모두의 지문이 다르지 않는가. 1등을 하라. 1등 하는 법은 의외로 간단하다. 남이 안 하는 것 하고, 남이 하기 싫은 것 먼저 하는 것이다. 모두 360도 다른 방향으로 달리면 모두 1등을 할 수 있는 그런 경주를 하라는 것이다. 시험 쳐서 1등 하라는 것 아니다. 남과 비교하지 말라. 설탕과 소금을 비교할 수 있는가.

스스로 몸값 높이는 노력을 하라. 아무도 여러분의 몸값을 높여주지 않는다. 첼로의 거장 파블로 카잘스는 95세 때 하루에 6시간씩 연습을 했다. 제자가 왜 그렇게 연습을 하느냐고 묻자, 나의 연주 실력이 매일 향상되고 있다는 걸 느낀다고 했다.

스스로 명품이 되라. 여러분은 여러분의 이름 그 자체를 명품으로 만들어라. 이름 그 자체가 최고의 브랜드가 돼야한다. 명품의 옷 가방 신발로 치장하지 마라. 유행 따르는 걸 젊음이라고 착각하지 마라. 머리에 염색할 시간이 있으면 뇌를 염색하라.

3) 시간을 아껴라. 최선을 다하라. 끈기를 가져라.

28세의 사형수가 있었다. 사형집행 5분전, 살아온 세월을 생각하며 다시 살아난다면 시간을 아껴 좋은 일에 매달리겠다고 다짐했지만 때는 이미 늦었다. 그런데 극적으로 사형집행이 정지되고 살아났다. 그는 시간을 허비하지 않고 모든 일에 열심히 매달렸다. 그가 죄와 벌, 까라마조프가의 형제들이라는 소설을 쓴 도스토예프스키였다.

시간이라는 그릇에 담기는 것이 인생이다. 중요한 것은 시간이라는 그릇에 "무엇을 담느냐"이다. 노력 도전 성취 보람 같은 게 담겨 있다면 성공한 인생일 것이다. 인도의 사상가 크리슈나무르티는 사람이 시간과 공간을 초월할 수 있는가를 묻고, 시간과 공간을 초월하면 지금이고 여기라고 했다. 이는 현재 바로 서 있는 그 자리에서 최선을 다해야한다는 걸 말해주는 것이다.

켄터키프라이드치킨(KFC)의 창시자 커널 샌더스의 이야기를 보자. 자기만의 특별한 치킨요리 기술을 가진 그는 자기의 지식을 필요로 하는 자를 찾아 나섰다. 63세 때였다. 무려 1009번 거절당하고 드디어1010번 만에 자기의 꿈을 믿어주는 사람을 찾은 것이다. "될 때까지, 할 때까지, 이룰 때까지" 도전했고 성공한 것이다. 오늘날 전 세계에 산재한 수천 개 지점의 시초가 됐다

4) 배움에는 끝이 없다

얼마만큼 배우면 되는가. 배움에는 끝이 없다. 그래서 졸업을 시작이라고 하는 것이다. 일정기간에만 배우는 게 아니다. 계속 배우지 않고서는 발전은커녕 현상유지도 어렵게 돼있다. 인생은 장기전이다. 단기전에 이겼다고 성공이 아니며 단기전에 졌다고 실패도 아니다. 처음부터 남보다 두세 배 시간을 들일 각오를 하라. 우리의 뇌 세포의 수는 140억 개로 알려져 있다. 그 중 10%~20%를 끄집어내어 쓸 수 있다고 한다. 잠자고 있는 세포들을 사용하기 위해서 남보다 시간을 더 많이 투자해야한다.

사람의 가치는 그가 어느 학교를 나왔고 어떤 자리에 있었느냐로 평가되는 게 아니다. 가장 중요한 것은 현재 무엇을 할 수 있느냐에 있다. 사람의 가치는 장부가격이 아닌 시장가격으로 평가되는 것이기 때문이다. 그렇기에 능력을 키우기 위해 배우고 익혀야한다.

◆ 성공하는 인생을 위하여

성공하는 삶을 살아야한다. 성공은 실패하지 않는 게 아니라 실패해도 좌절하지 않고 일어서는 것이다. 무엇이 성공인가를 따지는 게 쉬운 일은 아니지만 어느 분야에서 1인자 되는 건 분명히 성공일 것이다.

성공적인 삶을 살기 위해 스스로 인재가 되기 위한 노력을 해야 한다. 그러기 위해서 핵심역량을 집중적으로 키워야한다. 미치지 않으면 미치지 않는다(不狂不及)고 했다. 겨울 밤 철새들이 날개로 호수의 얼음을 깨려고 사투를 벌인다. 얼음이 얼면 호수의 고기를 잡아먹을 수 없기 때문이다. 먹고살기 위해 새들도 사투를 벌인다. 그게 생존경쟁이다. 나라의 미래는 대학생들의 어깨에 달려 있다는 걸 명심하라.

〈대학신입생들에게 들려준 강의록〉

08 대학총장 직선제 폐지해야

한국과학기술원(KAIST) 총장에 98년 노벨 물리학상 수상자 로버트 러플린 미국 스탠퍼드대 교수가 선임됐다. 그가 총장으로서 어떤 성과를 거둘 것인지 속단하기는 이르다. 하지만 총장직선제로 온갖 잡음과 갈등을 일으키고 있는 우리의 실정을 고려할 때 KAIST 이사회의 이번 결단은 높이 평가될 만하다.

총장직선제는 80년대 민주화 운동의 결실로 도입됐다. 당시 직선제는 대세였고 제도의 장단점은 따질 겨를도 없었다. 직선제를 하다보니 총장을 염두에 두고 연줄을 찾거나 안면을 익히고 관리하는 교수가 생겨난다. 대학을 개혁하고 변화시킬 인물이 총장으로 뽑힌다는 보장도 없다.

총장직선제 도입 이후 연임하는 총장은 없다. 총장 하겠다고 줄을 서 있는데 연임을 누가 반기겠는가. 더욱이 대학 밖에서 유능한 총장을 영입하는 일은 사실상 불가능하다. 교수들만 총장선거에 참여하는 게 아니다. 직원과 학생들도 총장선거 참정권을 달라고 해서 홍역을 치른다.

다들 먹고살기 어렵지만 노무현 대통령의 진단처럼 현재 한국 경제는 위기가 아니라고 하자. 하지만 앞으로 성장 가능성은 있는가. 국가경쟁력의 핵심은 인적 자원이라는 걸 모를 사람은 없다. 문제는 학교 교육, 특히 대학이 인재를 키우지 못하고 있다는 점이다. 스위스 국제경영연구원은 한국 대학의 경쟁력이 60개국 중 59위를 차지하고 있다고 분석한 바 있다. 대학생들이 등록금을 깎겠다고 총장실을 점거하는 게 연례행사처럼 돼 있는 것도 우리네 대학이다.

1980년대 후반 미국 경제가 일본에 밀리던 시절, '후기 산업사회의 도래' 등을 쓴 대니얼 벨이 일본에서 강연을 한 적이 있다. 미국 경제의 장래에 대한 질문을 받은 그의 답변은 분명했다. "국가경쟁력을 결정하는 핵심적인 요소는 대학의 경쟁력인데 1세기가 넘는 기간에 미국 대학의 경쟁력은 세계 최고 수준을 유지하고 있다. 그런데 미국의 경제가 살아나지 못할 이유가 있겠는가."

우리는 어떤가. 세계 수준에 크게 미치지 못하고 있는데도 한국에서는 잘 나간다는 이유만으로 서울대를 없애겠다고 까지 하고 있다. 또 다른 대학이 잘 나가면 그 대학도 없애자고 할 것인가. 잘 하는 것을 깎아내려 키 맞추기 하는 하향평준화, 잘못된 평등주의로는 다 함께 망한다. 일부 대학의 총장들은 세계 수준의 대학을 만들겠다고 발벗고 나서고 있지만 아직은 걸음마 단계다.

그런가 하면 얼마 전 부산지역 대학 총장 7명이 여당의 부산시장 선대위원회 의원장과 위원으로 선거운동에 나섰다. 학교 발전에 매달려도 시간이 모자랄 총장들이 정치판 들러리가 된 것이다. 어떻게 7명이나 한꺼번에 동원된 것인지 알 수 없지만, 교육 현장을 정치판에 오염시키고 교육까지 정치의 하위 영역으로 전락시킨 책임을 그들은 져야 할 것이다.

우리 사회에는 아직도 대학 총장이라고 하면 지성의 사표로 여기는 사람이 많다. 어느 대학 총장이 대통령 비서실장으로 옮기자 세간의 평가는 어떠했던가? 대통령 비서실장은 국가적으로 중요한 자리다. 그렇지만 격(格)이나 모양새가 어울리지 않는다는 평가가 많았다. 대학 총장은 그런 평가가 나올 정도의 자리다.

모리시마 미치오 런던대 경제학 교수는 '왜 일본은 몰락하는가'라는 책에서 경제적 이유 때문이 아니라 교육과 정신의 황폐 때문에 일본은 몰락할 것이라고 했다. 고등교육의 질도 낮지만 고등교육을 개혁해서 훌륭한 관료와 기업가, 문화인을 키워내도 훌륭한 정치인을 키워내지 못하면 희망이 없다. 훌륭한 정치교육이 실시되리라고 생각할 수도 없고 정치인의 질이 높아지리라고 기대할 수도 없다. 일본 출신인 그의 일본 미래 전망이다. 이건 바로 우리의 이야기라고 해도 틀림이 없다.

우리 사회는 지금 이공계 위기를 걱정한다. 이공계 위기라고 말하기 전에 학문의 위기, 대학의 위기라고 해야 옳다. 대학은 위기인데 '일그러진 우리들의 총장'은 지금 어디에 있는가. 또, 누구를 총장으로 뽑는가. 총장직선제부터 손질할 때가 됐다.

〈문화일보 2004-06-01〉

09 대학총장 직선제 폐해 많다

서울대가 국·공립대 총장의 간선제를 골자로 하는 교육공무원법 개정안을 거부하고 나섰다. 서울대 교수들이 차기 총장을 직선제로 뽑기로 결정함으로써 교육부와의 충돌이 불가피하게 됐다. 총장 선출 문제는 서울대에만 국한된 게 아니라, 모든 대학에 관련돼 있다. 교육 당국은 학생 선발권을 빼앗는 등 대학을 통제 대상으로 보는 시대착오적 발상을 해 온 터라 대학과 교육 당국 간의 갈등은 그 뿌리가 깊다.

80년대 후반, 총장 직선제는 시대적 상황에 편승하여 대부분의 대학에 도입됐다. 그 제도의 장단점은 따질 겨를이 없었고 그럴 분위기도 아니었다. 하지만 시간이 흐르면서 문제점이 나타났다. 총장 출마를 염두에 두고 연줄을 찾거나 안면을 익히고 관리하는 교수가 생겨나는 건 어쩔 수 없는 일이라고 하자. 선거 과정에서 파벌 조성은 물론 상호비방·금품거래설 등 혼탁 양상도 나타났다. 선거 후에는 능력과 관계없이 논공행상(論功行賞) 식으로 보직이 배정되는 경우가 허다했다. 교내 정치바람으로 연구는 뒷전으로 밀려났다는 교수들의 자조적인 목소리도 나왔다.

교육공무원법 개정안에는 대학 교수와 직원 등 절반 이상이 직선제를 찬성하는 경우 해당 지역 선거관리위원회에 총장 선거 진행을 위탁하도록 하는 규정도 들어있다. 선거 잡음을 없애겠다는 발상이다. 총장선거 과정에서 잡음을 일으키는 대학사회도 한심하지만, 더 한심한 것은 정부 당국이 대학총장 선거를 선관위를 통해 관리하겠다는 발상이다.

선거 과정의 잡음만 없애면 문제가 풀리는가? 그렇지 않다. 진짜 문제는 직선제로는 대학을 개혁하고 변화시킬 인물을 총장으로 뽑을 가능성이 희박하다는 데 있다. 더욱이, 대학 밖에서 유능한 총장을 영입하는 일은 사실상 불가능하다. 총장이 일을 잘 하면 몇 번이고 연임하는 건 당연하고 자연스러운 일인데도 직선제로 뽑힌 총장 가운데 연임하는 경우는 없다. 유능하지 않아서라기보다 총장 하겠다고 대기중인 교수들이 많은데 연임을 누가 반기겠는가?

잭 웰치 GE 회장은 수십년 동안 자리를 지켰고, 앨런 그린스펀 미국 연방준비제도이사회(FRB) 의장은 내년 1월까지 19년간 자리를 지키게 된다. 출중한 능력 때문이다. 하버드대 총장 5명의 평균 재임 연수는 21년, 직선으로 뽑히는 서울대의 최근 총장 5명의 평균 임기는 2.6년에 불과했다는 숫자는 무엇을 말하는가?

대학총장은 자기 대학의 교수일 필요도, 대학교수 신분일 필요도 없다. 유능한 학자라야 유능한 총장이 되는 것도 아니다. 총장은 교수들에게 인기 있는 인물보다는 미래를 보는 눈과 대학 경영 능력이 탁월한 사람이어야 한다. 대학발전기금 조성을 위해 전화통에 매달리고 동분서주(東奔西走)하는 총장이라야 대학을 살린다. 그게 오늘 우리가 맞고 있는 현실이자 과제다.

축구 대표팀 감독을 축구선수들이 직접 뽑는다고 하자. 선거 과정만 공정하다고 유능한 세계적 감독을 뽑을 수 있는 건 아닐 것이다. 대학총장 직선제에 문제가 있지만 교육부가 모든 대학의 총장 선출 방법을 정해주겠다는 발상은 옳지 않다. 각 대학은 선진국 명문 대학의 경우에서 보듯이 총장추천위원회(search committee)를 구성해서 자질과 능력을 갖춘 인재를 찾아야 한다. 그것이 최선의 대안이다. 위원회는 교수와 동문회, 지역사회와 정부 등 관련 부문 대표들로 구성하면 된다.

헨리 로좁스키 전 하버드대 문리대학장 등 6명의 세계적 대학행정 전문가들이 2001년 서울대를 사례로 집중 연구한 '초일류 대학의 조건' 보고서의 결론은 이렇다. "세계 수준의 대학으로 성장하려면 총장직선제를 폐지하는 등 경영 구조를 바꾸고 '최고경영자(CEO)형 총장'을 만들어라."

〈문화일보. 2005-05-19〉

제9부

불법과 탈법, 막말하고 떼쓰는 사회

01 김영란법은 부정부패 척결 출발점

부정청탁 및 금품 등 수수의 금지에 관한 법률이란 이름의 김영란법이 오는 28일부터 시행된다. 이제는 공직자 등이 직무 관련성이 있을 때 식사 · 선물 · 경조사비는 '3 · 5 · 10만원'을 초과하면 처벌되고 직무 관련성과 대가성을 묻지 않고 1회 100만원(연 300만원)이 넘는 금품을 받으면 처벌된다.

그런데 이 법 때문에 한우 · 인삼 · 과일 · 곶감 · 굴비 등 농축수산물의 소비가 위축되고 소상공인과 요식업, 골프장이 어려움을 당할 것이라는 우려의 목소리가 높다. 우산장수 아들과 소금장수 아들을 둔 부모는 날씨가 좋아도, 비가 내려도 걱정이듯 상황이 바뀌고 새로운 제도가 도입되면 희비가 엇갈리고 이해가 충돌하는 경우는 흔하다. 이런 경우 무엇이 옳은가, 우리 사회가 어디로 가야 하는가를 묻고 답을 찾아야한다.

세계경제 10위권이라는 한국의 부패정도는 OECD 회원국 중 최상위권이다. 부정부패만 없어도 연평균 경제성장률이 0.6% 높아진다는 분석도 있다. 기업이 카드로 결제한 접대비만 연 10조원이다. 이는 청탁과 접대 없이 기업 활동이 어렵다는 걸 반증한다.

선물이라는 이름의 뇌물수수와 부정부패를 관행이라고 용인하면서 청렴과 개혁을 말할 수는 없다. 권력자와 공직자를 접대하지 않아도 기업 활동 등에 지장이 있어서는 안되는 세상을 만들어야 한다. 과도한 규제를 없애는 게 급하다. 그렇지 않는 한 공직자와 기업의 부정한 연결고리를 끊기는 어렵다.

법의 적용대상자는 공무원, 공공기관 임직원, 언론계 종사자, 사립학교 · 사립유치원 임직원 등 240만명, 배우자까지 포함하면 400만명에 이른다. 그런데 공공성이 강하고 국민생활과 밀접히 관련돼있는 금융 · 법조 · 의료계와 시민단체는 법적용대상에서 빠졌다.

국회의원과 정당, 시민단체 등이 공익적인 목적으로 제 3자의 고충 민원을 전달하는 행위 등은 '부정청탁'에 해당하지 않는다고 했다. 청탁금지법의 허점이다. 어떤 게 '공익적인 목적'인가를 누가 따질 건가. 부정청탁의 소지가 가장 큰 국회의원을 뺀 것은 '단팥 없는 찐빵'에 비유하기에 알맞다.

국회의원 자신들이 스스로에게 면죄부를 발행하다니! 공직자가 친인척 채용과 취업을 돕는 행위, 예산과 공용물을 사적으로 사용하는 행위 등을 막기 위한 '이해충돌 방지 조항'도 국회 심의과정에서 빠졌다. 앞으로 기업의 로비는 국회의원에게 집중될 게 뻔하다. 그렇다면 청탁금지법은 '국회의원 청탁 독점법'이라고 해도 과언이 아니다. 국회의원은 지역구의 민원을 청탁하는 브로커가 아니다. 국가적 과제를 다뤄어야 하는 사람이다.

청탁금지법의 또 다른 문제점은 공직자 등이 업무와의 관련성과 대가성이 없는 경우 1회에 100만원(1년에 300만원)까지 금품을 받아도 된다고 한 점이다. 업무관련성과 대가성을 따지는 잣대는 있는가. 부정부패를 없앤다면서 금품수수 액수까지 정해주는 까닭은 무엇인가.

정치인과 검찰을 비롯한 고위권력층의 권력형 비리는 어려운 삶을 사는 서민들을 분노 · 좌절시키기에 부족함이 없다. 특권을 누리는 그들의 오만과 횡포, 저질 갑질을 뿌리 뽑지 않고 선진사회로 간다는 건 통통배 타고 태평양 건너기와 다를 바 없다.

청탁금지법에 문제가 없지 않다. 청탁금지법 하나로 부정부패의 사슬이 끊어지고 공직사회가 맑아지리라고 기대할 수는 없다. 그동안 부정부패는 법이 없어서 일어난 게 아니지 않은가.

하지만 고위권력층에는 더욱 엄격한 법적 기준을 적용해야 한다는 점에서 청탁금지법 시행은 일단 의미가 있다. 당연히 고위권력층의 도덕적 의무는 강조돼야한다. 또 한편 부정과 부패척결은 국민 모두의 과제라는 인식을 확산시키는 것도 우리의 과제다.

〈중소기업뉴스. 2016-09-07〉

02 떼쓰면 통하는 나라 '떼~한민국'

"이게 재판입니까? 개판이지" 영화 '부러진 화살'에 나오는 대사다. 최근 잇단 이상한 재판에 고개를 흔든 사람들이 많았는데 때마침 영화에서 그런 대사가 나왔다. 재판보다 정치판이 더 개판이다. 정치판의 두 가지 사례를 보자. 첫째, 국회가 법치를 무너뜨린 일이다. 국회정무위는 9일 저축은행 영업정지에 따른 예금자 피해를 소급 보상하는 특별법을 여야 합의로 통과시켰고 본회의에서 통과되면 시행된다. 예금자 보호한도는 금융기관별 1인당 5000만 원(원금+이자)이다.

이런 예금자보호법 규정을 무시하고 5000만 원 이상 예금과 후순위채 보유자에게 피해액의 일정부분을 보전해 주는 법을, 그것도 피해가 발생한 다음에 만든 것이다. 선거를 앞두고 표심을 잡으려고 정치권이 무리수를 두었다. 더욱 큰 문제는 피해 보상에 필요한 재원은 정상 저축은행이나 은행, 보험사 고객들이 낸 예금 보험료로 충당한다는 점이다. 남의 돈으로 피해를 보상한다는 게 옳은 일일 수 없다.

후순위채는 예금보호 대상이 아니고 발행 기관이 망하면 돈을 떼이는 고위험 고수익 상품이다. IMF 외환위기로 은행이 도산했을 때 후순위채 피해자는 구제받지 못했다. 예금이든 주식투자든 자기책임으로 하는 것이다. 주식투자로 손해를 봤다고, 배추 고추 마늘 쌀값이 떨어져 손해를 봤다고 집단으로 떼쓰는 경우가 생기면 정치권은 그런 요구를 수용할 것인가.

둘째, 야당의 한・미 FTA 일방폐기 선언이다. 민주통합당은 오바마 미국 대통령에게 공개서한을 보내 한・미FTA 재협상을 요구하고 이게 관철되지 않을 경우 총선에서 다수당이 되면 한・미 FTA 폐기를 위한 모든 조치를 취하고 대선에서 승리하면 협정을 종료시키겠다고 밝혔다. 민주당은 20~30대와 농촌에서 얻는 표가 잃는 것보다 많다는 계산을 한 것이다.

미국 국무부는 민주당의 서한에 대해 "우리는 한・미 FTA가 미국은 물론이고 한국의 이해에 부합하는 것이고, 양국 관계에 도움이 되는 협정이라 믿는다"고 했다. 한・미 FTA는 노무현 정부에서 시작했다. 민주당은 노무현 대통령의 뜻을 이어가겠다는 정당이다. 노무현 정부 때 국무총리와 장관을 지낸 자들이 한・미 FTA를 안 하면 안 된다고 그렇게 강조하며 국민을 설득해 놓고 바로 그들이 이제 와서 폐기하겠다고 한다. "그때는 몰랐다"는 어이없는 말도 한다. 전 세계 FTA는 297개에 이르지만 어느 한쪽이 폐기시킨 사례는 없다. 국회가 비준한 국제협약을 스스로 폐기하겠다니!

한국은 세계에서 가장 가난한 나라에서 출발, 무역을 통해 발전했다. 앞으로도 무역으로 먹고살아야한다. 우리가 통상관련 협약을 헌신짝 취급한다면 그건 국세적 따돌림을 자초하는 일이다. 국제사회는 한 치의 허술함도 용납하지 않는 냉혹함의 세계다. 대한민국은 세계 100개국과 각종 조약을 맺고 있다. 이런 관계를 바탕으로 우리 기업들이 무역을 하고 경제활동을 하고 있는 것이다.

떼쓰는 것은 불가능한 요구와 같은 것이다. 집단으로 떼쓰고 힘으로 밀어붙이면 법은 의미가 없어진다. 법이 있는 나라에서 법치가 무너지면 정글사회가 되는 것이다. 정글사회에선 힘 있는 자가 왕이다.

법치국가에서 법을 허물고 잘못된 논리로 민심을 흔드는 일을 일삼아 어떤 나라를 만들자는 것인가. 아무리 선거에서 표가 중요하다 해도 지켜야할 도리가 있다. 선거에 이겨서 건설하겠다는 나라는 어떤 나라인가. 우리 모두가 살고 싶은 나라일까.

〈Ukopia.com, 2012-02-11〉

03 '땅콩 회항' 사건에서 황제경영의 민낯을 본다

참으로 황당한 '땅콩 회항'사건이었다. 아무리 그 항공사의 부사장이고 재벌오너의 딸이라고 하지만 땅콩 한 봉지가 뭐라고 이런 어처구니없는 행동을 했을까.

더욱이 사건이 터진(12월5일) 후의 대처과정이 가관이다. 대한항공의 첫 입장발표(8일)는 "조현아 부사장은 기내 서비스를 책임지는 임원으로서 가능한 지적"이라는 것이었다. 여론이 악화되자 조 부사장의 보직 사퇴를 발표(9일)하면서 부사장 신분은 유지했다. 꼼수를 부렸으나 여론의 뭇매에 못 이겨 부사장직도 사퇴(10일)한다고 했다. 이런 한심한 대응은 사태의 심각성과 분노한 여론을 제대로 읽지 못하고 기업 오너의 딸을 두둔하려는 잘못된 기업문화 탓이었다. 잘못한 자가 전문경영인이었다면 그렇게 했을까.

비행기에서 내쫓긴 사무장은 "나와 여승무원이 무릎을 꿇린 상태에서 모욕을 받았다"고 했고 회사 측이 이 사건에 관해 거짓진술을 하도록 강요했다고 밝혔다. 당시 목격자였던 일등석 승객의 진술도 "고성을 지르고 폭행도 있었다"는 것이었다. 이에 대해 조 전 부사장은 "처음 듣는 일"이라며 잡아떼는 거짓말까지 했다.

기장의 회항결정도 큰 잘못이다. 공항규칙에 어긋나고 항공법에도 저촉된다며 부사장의 부당한 명령을 거절했어야 했다. 그렇게 못한 것은 주인과 하인관계 때문인가. 잘못된 기업문화에 익숙해져 직업윤리를 저버린 것이라고 할 수밖에 없다. 그런 식이라면 세월호 선장과 무엇이 다른가.

지난 해 포스코에너지의 어떤 상무가 미국행 비행기 기내에서 여승무원을 폭행하는 '라면소동'이 있었다. 대한항공 사내게시판에는 "승무원 폭행사건 현장에 있었던 승무원이 겪었을 당혹감과 수치심이 얼마나 컸을지 안타깝다. 승무원의 업무를 방해하는 행위를 처벌할 수 있는 법률조항도 마련될 것"이라는 글이 올랐다. 이 글을 조현아 부사장이 썼다는 것이다. 그는 이번에 그의 욕설과 폭행을 당한 승무원과 사무장이 어떤 당혹감과 수치심을 느꼈을까를 생각해 봤을까. 이런 그의 두 얼굴을 보는 우리는 차라리 민망하다.

조 전 부사장의 아버지, 조양호 회장은 "여식의 어리석은 행동, 교육 잘못시킨 내 탓"이는 사과문을 발표했다. 나이 40살이고 부사장인 딸의 행동에까지 아버지가 책임을 져야하는지 알 수 없다. 마음대로 안 되는 게 자식이라지만 인성도 갖춰지지 않고 경영능력도 검증 안 된 자식을 기업의 중요자리에 앉힌 잘못에 대해서는 사과하는 게 마땅하다.

이번 사건으로 재벌 2,3세 경영자들의 일탈행태가 다시 도마 위에 올랐다. 그렇다고 기업경영의 대물림을 나쁘다고 매도해서는 안 된다. 세계적 대기업 중에는 가족기업이 많다. 문제는 후계자의 자질과 경영능력이다. 일부 재벌 2,3세의 공통점은 '스스로 잘나서 그 자리에 있는 것'으로 착각한다는 점이다. 기업은 오너 일가의 사유물이 아니고 사회의 공기(公器)인데도 직원을 머슴 또는 하인처럼 다루는 사례가 많다. 이번 땅콩사건이 그 본보기이지만 그런 예는 다른 기업에도 분명 있다.

세계 주요 언론은 한국 대기업들의 '황제 경영 때리기'에 가세했다. 외신의 논조를 보면 대한항공의 이미지는 물론 한국도 나라망신을 당하고 있다. 이번 사건은 재벌 후계자 교육의 중요성을 다시 일깨운다. 이런 사건 한 번 터지면 그렇지 않아도 우리 사회에 만연한 반(反)기업 · 반재벌 정서는 확산되고 대기업과 재벌이 도매금으로 매도당한다.

모든 기업에서 "내 기업이니까 내 마음대로 한다"는 '황제경영' 폐단부터 털어내야 한다. 일그러진 기업문화를 바꾸지 않고 기업하기 좋은 환경조성과 기업의 중요성을 강조하는 건 설득력이 없다. 재벌과 가진 자가 앞장서서 노블리스 오블리주를 다짐하고 실천하는 노력 없이 세계적 기업으로 발돋움하거나 우리가 선진국으로 도약할 길이 있겠는가.

〈선사연 칼럼. 2014-12-18〉

04 철도노조 파업, 법과 원칙으로 대처해야

철도노조 파업을 보는 국민의 마음은 어지럽고 괴롭다. 철도노조는 "중단 없는 총파업 투쟁"을 선포하고 있지만 국민은 파업 이유를 제대로 알지 못한 채 불편만 겪는다. 이미 물류대란과 인명피해 등 부작용이 나타나고 있다.

정부는 불법파업에 대해 법에 따라 엄정 대처하겠다고 하지만 결과는 두고 봐야 한다. 엄정대처라는 말은 그동안 자주 들었지만 결과는 말과 달랐기 때문이다. 코레일 최연혜 사장도 "법과 원칙에 따라 파업에 대처하겠으니 국민들도 참고 기다려달라"고 했다. 법과 원칙대로 대처하겠다면 기다려주지 못할 까닭이 없다.

정부가 수서발 KTX 법인설립을 하려는 것은 내부경쟁을 통해 경영개선과 부채감축을 꾀하겠다는 것이다. 철도법인 지분(코레일 41%, 공공자금 59%)은 공공기관만 가질 수 있다. 더욱이 정부가 "민영화는 절대 없다"고 거듭 강조했다. 그러나 노조는 법인설립이 민영화 수순 밟기라며 실체가 없는 민영화를 반대하겠다고 한다. 이런 거짓과 선동과 억지가 어디 있는가. 법인을 설립해서 어떤 형태로 운영하든 그건 노조가 따질 일은 아니다. 노조의 민영화 반대 속셈은 경쟁반대와 또 다른 목적을 달성하려는데 있다. 경쟁하는 당사자에게는 힘들지라도 경쟁 없이 발전 없고 경영개선도 가능하지 않다는 건 강조할 필요조차 없는 일 아닌가.

공공기관의 부채는 493조4000억 원(2012년 말)에 이른다. 코레일의 부채는 이자만 하루 12억 원, 일 년에 4300억 원 이상이 나가는 17조6000억 원이다. 빚은 계속 늘어날 것이고 빚 갚기는 결국 세금 내는 국민의 몫이다. 칼바람 나는 구조조정을 해도 부족할 텐데 파업이라니! 철도노조는 부채문제나 경영개선에 눈감고 경쟁 없이 편하게 지내면서 각종 혜택만 누리겠다는 것 아니고 무엇인가.

정부가 민영화 계획을 접은 것은 결코 잘 한 일이 아니다. 세금 내는 국민은 허리가 휘는데 빚 많은 공기업은 왜 노조의 놀이터가 돼야하는가. 공기업의 주인은 노조인가. 코레일은 값싸고 질 좋은 서비스를 제공할 뾰족한 방법과 빚 갚을 계획을 가지고 있다는 것인가.

노동자의 권익은 보호돼야한다는 데 이의를 달 사람은 없다. 노동자와 경영진의 관점과 주장이 다를 수 있기 때문에 대화와 타협이 필요한 것이다. 타협은 불법을 적당히 덮는 게 아니다. 어떤 경우든 원칙은 지켜야한다. 원칙은 타협의 대상이 돼서는 안 되는 것이다. 그동안 여러 사례에서 보듯 그럴듯한 명분을 내세우며 정부와 코레일이 한발 물러섰고 편법을 쓰면서 파업을 봉합하는 걸 타협이라 했다. 그러다보니 불법은 관행처럼 굳어졌고 파업은 계속됐다. 코레일 파업은 2002년 이후 이번이 7번째라고 하지 않는가.

철도노조 파업에 동조하겠다던 서울 지하철 노조는 임금인상과 각종 복지 혜택을 챙기면서 파업을 철회됐다. 파업철회로 교통대란을 막았다고 안도할 일만은 아니다. 파업만 하면 무언가를 챙길 수 있으니 파업은 복지증진 수단이 되는 것 아닌가.

미국 레이건 행정부는 1981년 8월 항공관제사 노조가 불법파업을 벌이자 4시간 만에 복귀명령을 내렸다. 복귀하지 않은 1만3000여 명을 해고하고 다른 공공부문 취업도 막았다. 새로운 항공관제사들이 숙련될 때까지 1년 이상 여객기 운항에 차질을 빚었지만 노조의 불법파업에 단호히 대처했다.

영국의 대처 정부는 막강한 힘을 가진 석탄노조의 파업을 예상, 미리 석탄을 대량 수입하는 등 파업에 대비했다. 석탄노조가 1984년 파업하자 1년 간 장기전을 펼치며 석탄노조를 굴복시켰다. 영국병을 치유하고 영국경제가 번영을 누리게 되는 계기를 마련한 것이다.

질서만 바로 잡아도 경제는 1% 더 성장한다는 연구결과도 있다. 불법에 책임을 묻지 않거나 적당히 덮고 넘어가면 그게 관행이 되고 비슷한 일은 언제든 되풀이된다. 우선 좋은 게 좋은 게 아니다. 진짜 좋은 건 옳은 건 옳게 하고 그른 건 바로 잡는 것이다. 타협과 소통은 중요하지만 법과 원칙을 무시해서는 안 된다. 정부가 알아야할 것은 법과 원칙에 따른 단호한 대처와 철저한 대비다.

〈선사연 칼럼, 2013-12-18〉

05 세월호 침몰 책임과 국가개조론

세월호 침몰은 국민들에게 대한민국호가 침몰되지 않을까 하는 불안감과 무력감까지 안겼다. 어처구니없는 사고였지만 터져버린 걸 어찌하겠는가. 문제는 사고발생 후 구조 활동에서 보여준 불협화음과 당국의 허둥대는 모습이었다.

세월호 침몰의 원인과 책임을 직접 물어야 할 대상은 자명하다. 그런데도 국민의 생명을 지키지 못한 책임이 대통령에게 있다면서 정권퇴진론까지 제기됐다. 박근혜 대통령은 '최종책임이 대통령 저에게 있다'는 대 국민 사과발표를 하면서 해경 해체와 안전행정부의 기능 축소, 국가안전처와 행정혁신처 신설 등 정부조직 개편과 공직자 인사제도 혁신방안을 내놓았다. 관피아(관료+마피아) 척결도 다짐했다. '이대로는 안 된다'는 절박감에서 나온 국가개조론이다.

어떤 책임이 박 대통령과 정권에 있다는 것인가. 대통령 스스로 책임이 있다고 했으니 할 말은 없다. 사고 후 당국이 허둥댄 점에 대해서는 사과하는 게 마땅하다. 그러나 세월호가 박 대통령 때문에 침몰한 것인가. 지난 대선에서 민주당 문재인 후보가 당선됐다면 세월호 사고가 없었을까. 선박 침몰, 건물 붕괴, 화재, 지하철 추돌, 살인, 납치, 방화 등 개별적인 사고를 두고 대통령에게 책임을 묻는다면 그건 지나친 억지고 정치선동이나 다름없다. 대통령과 정권을 옹호하자는 말이 결코 아니다. 정권에 책임을 물으려면 정책방향의 잘못과 정책의 실패를 따져야한다는 걸 말하고자 함이다. 그래야 제대로 된 비판이 되는 것이다. 국정에 대한 책임은 대통령과 행정부에만 있는 것은 아니다. 국회와 사법부에도 분명 있다.

국가개조는 정부조직 개편과 관피아 척결로 가능한 것인가. 정부조직을 어떻게 바꾸어도 각 부처가 제 역할을 하지 못하면 결과는 마찬가지다. 정부가 국가개조에 앞장서는 건 좋지만 국가개조가 정부주도로 또는 조직개편으로 완성되는 건 아니다. 정치권은 물론 언론과 교육계와 산업계를 비롯해서 모든 국민이 함께 나서야 한다.

도산 안창호 선생은 1919년 중국 상해에서 온전한 독립국가를 만들기 위해서 교육과 종교, 풍속과 습관은 물론 심지어 우리 강과 산까지도 개조해야한다는 '강산개조론'을 역설했다. 춘원 이광수는 도산의 생각을 이어받아 1922년 우리 민족 쇠퇴의 근본원인은 추락한 민족성에 있다면서 거짓과 속임과 탁상공론을 하지 말자는 무실 역행(務實力行)의 사상으로 민족을 개조해야 한다고 했다. 이광수의 '민족개조론'은 식민지적 현실 인식이 잘못됐다는 비판을 받았지만 이 점을 일단 접어두고 민족개조론 그 자체만 놓고 보면 오늘날 우리의 현실을 미리 내다 보고 쓴 것 같다는 느낌이다.

국가를 개조하려면 법과 질서부터 지키는 노력을 펼쳐야한다. 세월호 참사에 이어 발생한 지하철 추돌사고나 고양종합터미널 화재도 세월호와 다를 바 없는 안전불감증이 낳은 사고다. 제도와 매뉴얼을 아무리 잘 만들어놓아도 지키지 않으면 무용지물이다. 세월호 참사가 제도 미비나 매뉴얼이 없어서 터진 게 아니다. 원칙과 규정을 무시하고 적당히 얼버무리는 사례를 들자면 한이 없다. 끼리끼리 뭉치고 봐주는 집단 또는 지역이기주의는 '의리'라는 이름으로 곳곳에 뿌리내려져 있다.

우리 사회에는 우파와 좌파가 있는 게 아니라 자파(自派), 즉 자기들 편만 있다고 하지 않는가. 관피아만 문제 아니다. 안전관련 법안을 붙들고 있는 국회를 보라. '김영란법'으로 알려진 부정청탁금지법안만 해도 국회에 계류 중에 있다. 전관예우 문제로 말썽이 많은 법피아(법조인+마피아), 같은 고향사람끼리 봐주는 향피아(고향사람+마피아)는 어떤가.

잘못된 오랜 관행과 관습, 적당주의 등 적폐를 없애려면 시간이 걸린다. 법질서 지키기는 유치원에서부터 가르쳐야 한다는 건 이를 말해준다. 국가개조를 위해서는 제도개선과 함께 국민의 의식구조 변화가 필요하다. 법질서와 규정을 어기면 정치인이든 누구든 당연히 제재돼야한다. 책임져야할 사람에게 책임을 묻는 일은 국가개조를 위한 필수조건이다.

〈선사연 칼럼. 2014-05-29〉

06 세월호 참사 극복위해 해야 할 일

세월호 참사가 선진국 진입을 갈망하던 우리에게 안긴 건 엄청난 충격과 국제적 망신이다. 일어나서는 안 되는, 가장 후진적인 형태의 인재(人災)였기 때문이다. 그래서 참을 수 없는 분노가 치민다.

낡은 선박의 선체 증축, 과적, 평형수 빼기 등 세월호 그 자체의 문제점은 말할 것도 없고 돈만 알고 안전은 뒷전인 부실 선박회사와 선주, "선실에서 대기하라"는 안내방송을 해놓고 배와 승객을 버리고 먼저 탈출한 선장과 선원들은 살인자나 다름없다. 그들은 직업윤리는 고사하고 인간적 도리마저 망각했다. 그런 선박을 운항하게 하는데 협조한 관련기관도 세월호 침몰을 도운 공범이다.

1970년대 이후 겪었던 사고를 되돌아보라. 와우아파트 붕괴(33명 사망, 1970), 서울 대연각 화재(163명 사망, 1971), 이리역 폭파(59명 사망, 1987), 부산 구포역 열차 전복(78명 사망, 1973), 서해 훼리호 침몰(292명 사망, 1993), 성수대교 붕괴(32명 사망, 1994)대구지하철 공사장 도시가스 폭발(101명 사망, 1995), 삼풍백화점 붕괴(502명 사망, 1995), 씨랜드 화재(23명 사망, 1999), 인천 호프집화재(52명 사망, 1999), 대구지하철 참사(192명 사망, 2003)는 모두 자연재해가 아닌 인재였다.

서울 지하철 2호선 추돌사고와 수도권 전철 300m 역주행 사고도 규정대로 점검과 수리와 안전수칙을 지키지 않아서 발생했다. 세월호와 닮은꼴 사고다. 안전사고가 나지 않을 수 없는 상황은 우리 주변에 즐비하다. 연안 여객선들은 안전한가. 원전(原電)은 어떤가. 고속도로를 달리는 과적트럭, 시내외를 질주하는 택시와 입석버스, 부실공사와 부실관리, 막혀있는 비상구, 작동 안 되는 소화전 등등.

소득이 높다고 선진국은 아니다. 선진사회는 옳은 걸 옳게 하고 잘못된 걸 바로 잡는 사회다. 경제와 사회가 지속적으로 발전하려면 시대변화에 맞게 제도의 개선과 이에 따른 국민들의 의식구조가 변화해야한다. 제도개선과 국민의 생각이 같이 가야하는 것이다. 법과 제도를 잘 만들어 놓아도 지키지 않는다면 아무 소용이 없지 않은가.

세월호 참사의 직접원인은 세월호 선주와 선원, 관련기관이지만 간접적으로는 우리 모두의 책임이다. 결코 세월호 관계자의 죄를 가볍게 하자는 말이 아니다. 우리 사회에 만연한 법과 질서 경시현상, 규정과 원칙을 무시하는 적당주의, 공직사회의 비리, 정부의 무능, 안전은 뒷전으로 밀쳐놓고 국가임무를 복지확대로 착각하며 경쟁한 정치에도 책임이 있다는 말이다.

왜곡된 정보를 퍼뜨리는 일부 언론도 한심하다. 민간잠수사를 사칭하며 유언비어를 퍼뜨린 얼빠진 사람과 "다이빙 벨 만능"을 주장한 엉터리를 방송에 출연시켜 결과적으로 사태수습을 지연시키고 실종자가족을 우롱했다.

세월호 참사를 정치선동에 이용하는 자들의 작태도 우리를 분노케한다. 유가족의 아픔은 어찌하라고 정부가 '일부러 구조를 안 하고 있다'거나 미국잠수함에 충돌했다는 유언비어도 날조한다. 전교조는 정부가 국가정보원의 간첩 증거 조작 사건을 축소하기 위해 세월호 사고를 키웠을지 모른다는 식으로 왜곡하며 박근혜정부의 무능이 학생들을 타살했다고 한다. 교육자들의 이런 반(反)교육적 행태도 한심하기 그지없다.

정부의 무능은 사고현장의 지휘체계와 현장대응, 사태수습과정에서도 드러났다. 당연히 비판받아 마땅하고 책임도 져야한다. 하지만 대통령 하야까지 요구하며 국가적 불행을 정치선동에 이용하는 건 세월호 참사의 본질과 맞지 않은 일이고 유가족의 아픔을 달래는 일도 아니다. 고귀한 생명들이 스러졌는데 이를 정치쟁점화 하는 건 살아있는 자들의 도리일 수 없다. 정부의 책임이 무겁다는 것과 정치쟁점화는 다른 것이다.

이제는 달라져야한다. 이런 참사를 겪고도 생각이 바뀌지 않는다면 우리에게 미래는 없다. 우리 사회에 만연한 부조리와 공직사회의 비리부터 도려내야한다. 직업윤리 · 기업윤리를 더욱 강조하자. 하나마나 한 뻔한 이야기라고 하지 말라. 기본은 원래 뻔한 이야기다. 우리가 기본을 지키지 않아서 생긴 사고가 아닌가. 정치인과 공무원, 기업인과 국민 모두가 거듭나지 않는다면 대한민국 호는 침몰한다. 치미는 분노를 발전의 에너지로 바꾸어 우리는 다시 일어서야한다.

〈선사연 칼럼, 2014-5-13〉

07 아! 광우병, 또 국력소모 국론분열?

미국에서 6년 만에 광우병이 발생한 것으로 밝혀지자 한국에는 광우병 공포분위기가 감돌고 있다. 바로 4년 전 3개월이나 지속된 광우병 촛불시위를 떠올리기 때문이다. 당시 촛불시위는 새로 출범한 이명박 정부를 흔들었다. 정권 출범초기라서 그랬는지 터무니없는 괴담에 제대로 대응하지 못하고 쩔쩔맸다.

또다시 '인간광우병' 괴담이 퍼지고 있다. 광우병국민대책위원회 등 4년 전 촛불시위를 주도했던 세력들은 촛불시위 4주년인 5월2일 서울시청 앞 광장에서 대규모 촛불집회를 열겠다고 밝혔다. 소설가 공지영은 '촛불항쟁 시즌2가 시작됩니다. 최대한 모여봅시다'라는 글을 띄워 분위기를 조성한다. 국민건강을 앞세워 반미와 정권 흔들기를 하려는 것이다.

해방 이듬해 1946년 여름 콜레라로 많은 사람들이 죽어갔다. 당시 혼란한 해방공간에서 제대로 된 방역체제가 없었고 더욱이 농촌지역은 무방비상태였다. 온갖 괴담이 돌았고 풋고추와 마늘을 고추장에 찍어먹으면 콜레라를 막을 수 있다고 해서 눈물을 흘리며 그걸 먹었던 기억이 새롭다.

지금도 온갖 광우병 괴담이 횡행한다. 과학은 팽개쳐져 있고 괴담과 미신이 퍼져 확신으로 둔갑한다. 이번 미국에서 발견된 소는 나이가 127개월의 젖소 한 마리다. 비정형(非定型) 광우병이며 발병원인도 사료가 아닌 자연발생 또는 돌연변이로 광우병 위험이 없다는 게 미국조사 결과다. 광우병 관련 최고 권위자인 이영순 서울대 명예교수는 "지금까지 비정형 광우병으로 사망한 사람은 한 명도 확인되지 않았다"고 말한다. 한국은 30개월 미만의 육우를 수입하기 때문에 미국의 광우병 발병이 국내에 수입되는 미국산 쇠고기와 연관될 가능성은 거의 없다는 게 전문가들의 소견이다.

하지만 이러한 과학적 설명에도 한국 국민의 심리적 불안은 가시지 않는다. 광우병 트라우마(정신적 외상)가 깊게 박혀있기 때문이다. 야당은 물론 여당 일각에서도 '검역 중단' 또는 '수입중단' 쪽으로 기울고 있다. 시민단체들도 사실상의 수입중단을 요구하고 나섰다. 국민의 건강을 위해서는 광우병에 철저히 대비하는 건 백번 옳은 일이다. 그러나 그것이 괴담을 확산시키고 촛불을 드는 일일 수는 없고 정치적으로 접근할 일도 아니다.

2008년 4월 29일 '긴급취재! 미국산 쇠고기, 과연 광우병에서 안전한가?'라는 MBC 프로그램은 엉터리 그 자체였다. 그러나 그게 국민을 공포로 몰아넣고 촛불시위를 불러왔다. 엄청난 낭비와 사회적 갈등을 겪은 후 2011년 9월 대법원은 MBC보도의 주요 내용은 허위라고 지적했다. 보도는 허위로 밝혀졌지만 국민의 머릿속에는 광우병 공포가 깊게 자리 잡고 있는 것이다.

광우병 촛불시위로 어려움을 겪던 2008년 5월 8일 정부는 "미국에서 광우병이 발생하면 즉각 수입을 중단하겠습니다"라는 광고를 냈다. 수세에 몰려 급한 불을 끄자는 절박함에서 그랬다. '즉시 수입중단'이 과도한 것임을 알고 그 후 개정된 가축전염병예방법에 '긴급한 조치가 필요한 경우 일시적 수입 중단 조치 등을 취할 수 있다'는 조항을 넣었다. 그런데도 지금 여야는 당시의 신문광고를 근거로 정부를 압박한다.

지도력은 위기 때 발휘되는 법이고 발휘돼야하는 것이다. 2008년 때처럼 청와대 뒷산에 올라가 노래를 부를 일이 아니다. 당당하게 대처해야한다.

문제의 본질은 쇠고기 안전 문제다. 미국산 쇠고기가 광우병 위험이 있다는 걸 과학적으로 검증해서 판단하면 된다. 우리가 필요해서 수입하는 쇠고기를 두고 반미 또는 친미를 들먹일 까닭이 없다. 과학으로 설명하고 국민을 설득해야 한다. 그게 정부의 임무다.

〈Ukopia.com, 2012-05-01〉

08 이자스민 모함하면서 무슨 세계화?

이자스민은 필리핀에서 시집와 한국국적을 취득한 한국 국민이다. 그가 지난 4·11 총선에서 새누리당 비례대표로 국회의원에 당선되자 일부 몰지각한 네티즌들로부터 근거 없는 인신공격과 모함을 받고 '매매혼으로 팔려온 여자'라는 막말도 들었다.

그는 1995년 한국인과 결혼해 1남 1녀의 어머니이고 남편이 사망하는 아픔을 겪은 후에도 시부모를 모시고 살고 있는 한국인의 며느리이다. 1998년 귀화해서 서울시 공무원으로도 일했다. 대한민국 국민이 대한민국 국회의원이 돼서는 안 된다고 하는 건 모함이고 억지다.

미국 공화당 연방 하원의원을 지낸 김창준 씨는 미국에서 성공을 거둔 한국인이고 우리는 그를 자랑스럽게 생각했다. 김용 다트머스대 총장이 7월부터 임기가 시작되는 세계은행 총재로 정식 선출됐다. 김 총재는 서울에서 태어나 5세 때 부모를 따라 미국으로 이민 가서 성공한 한국계 미국시민이다. 성 김(김성용) 주한 미국대사 역시 서울에서 태어나 미국에서 성공한 미국시민이다. 미국연방판사 루시 고(고혜란)도 자랑스러운 한국인 2세다.

우리는 외국에서 활동하고 있는 한국인들의 성공담을 듣고 보면서 자신의 일처럼 기뻐한다. 골프선수 한국인 2세 미셸 위의 활약에도 박수를 보내며 미셸 위라고 부르기보다 위성미라고 부르며 한국인임을 강조한다.

그런 우리들이 국내에서 활동하는 외국인이나 외국계 한국인에 대해서는 다른 잣대로 평가한다. 영어권 국가 외국인에 대해서는 너그러우면서도 피부색이 다르거나 동남아 지역 외국인에 대해서는 홀대를 하기도 한다. 몰염치한 일이고 도를 넘는 이중성이다.

지구촌이라는 이름에서 보듯이 세계는 한마을처럼 돼있다. 해외에서 그 나라 국민으로 생활하고 있는 한민족은 1000만 명이나 된다. 한국에 거주하는 외국인은 140만 명을 넘었다. 결혼 이주민은 21만 명, 자녀는 15만 명에 이르고 있다. 이미 한국은 다문화사회에 접어들었다. 이는 우리가 선택하고 안하고의 문제가 아니라 그런 환경에 속해있다는 것이다.

우리 국회에도 다문화 국회의원이 탄생한 것은 외국인 혐오증(제노포비아)이 심한 우리 사회의 잘못된 인식을 바꾸어 가는데 조금이라도 도움이 될 수 있을 것이다. 국제사회에 한국의 위상을 높이는 데에도 도움이 될 수 있다.

아메리칸 드림만 말할 게 아니라 코리안 드림도 이룰 수 있는 판을 마련함이 옳지 않은가. 이자스민씨가 국회의원 자질이 있는가를 따지는 일은 있을 수 있다. 그렇다면 다른 국회의원의 자질도 따져야 하는 것이다.

외국인 노동자들과 시집온 여성들이 차별과 편견에 시달리고 있다는 건 잘 알려진 이야기다. 한국의 아이들인 그들 자녀는 학교에서 '왕따'를 당하는 사례도 흔하다. 그러면서 우리는 세계로 뻗어 나가려한다.

한국은 세계 최대 입양 송출국이라는 사실을 잊었는가. 해외에서 생활하고 있는 한국인들이 그 나라에서 부당하게 홀대를 당하고 차별을 받고 있다면 우리는 이를 어떻게 받아들여야 할까?

하인스 워드는 한국인 어머니와 흑인 아버지 사이에서 태어난 혼혈아였다. 그가 미식축구 최우수선수(MVP)가 되었을 때 한국사회는 그가 한국계임을 강조하고 그를 국내로 불러와 환영하는 행사를 벌였다.

그런가 하면 혼혈가수 인순이가 현재의 위치에 오르기까지 숱한 어려움을 겪었듯이 한국에 살고 있는 혼혈인들에 대한 눈은 따뜻하지 않았다. 우리가 세계로 뻗어나가기 위해서, 세계시민으로 살아가기 위해서 이러한 배타성과 폐쇄성, 이중성은 극복해야하는 우리의 과제다.

〈Ukopia.com, 2012-04-24〉

09 거짓말과 막말하는 정치인은 몰아내야한다

갈등이 없는 사회는 없다. 중요한 것은 갈등해소와 극복이다. 갈등극복이 곧 발전이기 때문이다. 선거 때나 중요한 이슈가 있을 때마다 갈등은 분출된다. 우리 사회에는 자신들의 주장만이 옳다며 목청을 높이면서 막말과 저주를 쏟아내는 사람들이 넘쳐난다.

정치권에서 오고간 말들을 한 번 되씹어보라. 말 뒤집기와 욕설과, 저주와 거짓말의 진원지가 어디인가. 철도파업에 대한 평가를 보자. 2003년 철도파업 당시 청와대 민정수석으로 파업 현장 공권력 투입에 관여했던 현 민주당 국회의원은 그때의 파업은 불법이어서 경찰력 조기 투입이 불가피했다면서 지난 연말의 파업은 합법파업인데 왜 공권력을 투입하느냐고 비판했다. 무슨 잣대로 불법파업과 합법파업을 가르는 것인지 모르겠지만 '내가 하면 로맨스고 남이 하면 스캔들'이라는 말이나 다름없다.

재판결과에 대한 평가도 그렇다. 국정원 댓글 사건 수사를 방해했다는 김용판 전 서울경찰청장에게 무죄가 선고되자 야당과 일부 시민단체는 '정치 판사'의 "살아있는 권력의 입맛에 맞춘 재판"이라고 했다. 한명숙·박지원 등이 무죄를 받았을 때에는 재판부를 칭송했던 그들이다. 판결이 자기들 마음에 들지 않는다고 비난하거나 정치 쟁점화한다면 삼권분립은 왜 있는 것인가. 김 전 청장과 각을 세웠던 현직 경찰간부는 "재판부가 판단을 잘못했다"면서 정치인처럼 기자회견을 했다. 현직 경찰간부가 어떻게 이런 회견을 할 수 있는가.

정치는 갈등을 조정하는 장치인데 오히려 갈등을 조장하고 있다. 일부 종교인과 법조인, 시민단체도 갈등조장에 동참한다. 세상을 보는 눈은 사람에 따라 다르다. 하지만 사실관계를 확인하거나 옳고 그름을 가리기는커녕 진영논리에 매몰돼 있는 건 문제다.

정치인들은 여당일 때와 야당일 때의 말이 다르다. 말을 바꿀 때 그 까닭을 설명하지도 않는다. 국민의 기억력은 결코 짧지 않은데 슬쩍 넘어가려는 꼼수를 부린다. 거짓말을 하는 데에도 거리낌이 없다.

정치인들은 평생 야당을 하거나 여당만 할 것처럼 말하고 행동한다. 대선이 끝나도 끝이 아니다. 민주당이 지난 대선에 대한 불복성 언행을 하자 새누리당은 발끈했다. 하지만 2002년 대선에서 패한 새누리당 전신인 한나라당은 대선불복의 원죄가 있다.

대통령은 성역이 아니다. 대통령과 정부의 정책을 비판하는 걸 누가 뭐라 하는가. 대통령과 정부를 지지하든 안 하든 그건 자유다. 하지만 현직 대통령을 귀태(鬼胎)라고 하거나 암살을 연상케 하는 말을 하는 건 치졸한 작태다. 해외 순방 중인 대통령을 겨냥, '비행기 사고로 즉사'를 바라는 저주는 정상인이 할 말이 아니다. 현직 판사가 '가카새끼 짬뽕'이라며 당시 이명박 대통령을 비하했고 어느 국회의원은 명박급사라는 말도 했다.

언론매체도 오염된 언어를 쏟아내고 저질사회를 만드는 데 한 몫을 한다. 인터넷에는 품위를 찾아볼 수 없는 말들이 난무한다. 영향을 받은 어린 학생들까지 거친 말을 입에 달고 산다. 특정 목적을 가진 세력은 광우병 괴담을 비롯한 온갖 괴담을 만들어 낸다. 그들은 그런 괴담으로 이미 목적을 달성했거나 또 다른 괴담을 퍼뜨릴 준비를 한다.

국민소득은 잘 살고 못 사는 나라를 가르는 기준으로 흔히 사용된다. 개인의 품위나 교양수준은 그 사람의 소득수준과 일치하지 않듯이 국민이 느끼는 행복감과 국민의 품위는 국민소득수준에 비례해서 상승하는 것은 아니다.

국민소득에 걸맞게 국민의 품위도 올라가야한다. 말은 그 사람의 인격이고 얼굴이다. 우선 막말하는 정치인부터 몰아내자. 한국의 민주주의가 위기라고 주장하는 정치인들은 그 위기가 자신들의 일그러진 언행에 크게 기인하고 있다는 사실을 알까 모를까.

〈선사연 칼럼, 2014-02-25〉

10 저질 욕설이 판치는 '닥치고 사회'

저속한 말과 거짓 정보는 빠르게 퍼져나간다. 논리적으로 생각하는 버릇이 없어지고 감정에 휩쓸려 멋대로 생각하고 행동하는 사람이 늘어난다. 반(反)지성주의가 팽배한다. 오늘의 한국사회 모습이다. 인터넷문화 탓이 크다.

팟캐스트 형식의 방송에서 온갖 비속어와 진실을 가장한 가짜 정보가 횡행한다. 풍자든 폭로든 비판이든 사실에 바탕을 두어야한다. 사실에 바탕을 두지 않으면 그건 거짓이고, 거짓은 범죄다. 거짓을 퍼뜨리는 게 풍자일 수 없고 비판일 수 없는 것이다. 저속한 표현이나 욕설은 또 있다. '부러진 화살'의 실제 주인공 전 성균관대 김명호 교수는 '판사 니들이 뭔데?'라는 책에서 "비난해야 할 상황에서 욕하는 것이 뭐가 잘못되었다고 지랄인가. … 판사, 니들 그렇게 까불다가는 뒈지는 수가 있어"라며 막말과 욕설을 쏟아냈다. 출판사들이 출간을 망설이자 직접 출판사를 차려 책을 낸 것이다. 감히 지성이란 말을 들먹일 수가 없다.

현직 판사들이 대통령을 비난하는 "가카새끼 짬뽕", "가카 빅엿"이라는 말을 쏟아내는 세상이다. '막 가는' 세상이다. 하고 싶은 말이 있으면 당당히 정론을 펼쳐야 옳은 일이고 그게 용기다.

사람은 말을 하기 때문에 짐승보다 높은 수준에 올라갈 수 있었고 또한 말 때문에 악마의 수준으로 자주 떨어질 수도 있다. 영국의 문학평론가 올더스 헉슬리가 한 말이다. 우리 사회는 분노와 막말과 거짓말, 천박한 말과 욕설이 넘쳐흐르고 있다.

정치판의 막말은 들추자면 끝이 없다. 품위를 잃은 표현은 말할 것도 없고 말 속에 증오와 복수심을 깔고 있다. 정치가 전쟁이란 말인가. 정치인들의 말 바꾸기를 들추면 한이 없다. 어떤 해명도 없는 말 바꾸기는 무책임이고 국민을 상대로 한 사기 치기나 다름없다.

"거짓말은 권력획득 및 유지의 수단이고 상대에 따라 시시때때로 자신의 의견을 번복하기도 하고 서로 모순되는 두 가지 말을 할 필요가 있다." 걸리버 여행기를 쓴 조너선 스위프트가 '정치적 거짓말'이라는 글에서 한 말이 생각난다.

초등학생들도 쌍욕이 안 들어가면 이야기가 안 된다고 한다. 상대방에게 온순하게 대하면 얕보이기 때문에 욕을 한다는 것이다. 거리에서도 TV나 영화에서도 욕지

거리를 흔하게 접한다. 증오의 말, 저질스런 말에 우리는 어느새 익숙해져 있고 별 감각이 없다. 일종의 불감증이다.

그런 불감증을 퍼뜨리는 바이러스를 죽여야 한다. 어디서부터 손을 써야할까. 날카로운 말, 저질스러운 말, 증오의 말은 외과의사도 치료할 수 없는 깊은 상처를 주는데.

〈Ukopia.com, 2012-02-15〉

정치가 바로서야 경제는 산다

초판발행 2018년 8월 31일

지은이 류동길
펴낸이 황준성
펴낸곳 숭실대학교 지식정보처 중앙도서관 학술정보출판팀
주소 서울 동작구 상도로 369
등록 제14-2호(1982. 1. 25)
TEL. (02) 820-0771~2 FAX. (02) 817-5297
http://press.ssu.ac.kr
찍은곳 한컴인쇄정보 (02) 2274-3394
ISBN 978-89-7450-386-4 03320
값 12,000원